취업에 강한 에듀윌 시사상식

# 75개월 베스트셀러 1위

KB073673

## 우수콘텐츠잡지 2020

· 월별 Cover Story

· 정치 · 경제 · 사회 등 **분야별 최신상식**

· 취업트렌드 & 꿀팁을 알려주는 **생생 취업정보**

· 최신 논술 분석! ISSUE & 논술 · 찬반

· 다양한 교양을 만나는 **사상 · 역사 · 예술 · 과학 칼럼**

---

## 취업 준비에 필요한 상식의 모든 것!

**多통하는 일반상식**　　**공기업기출 일반상식**　　**언론사 기출상식**　　**기출 금융상식**

# 에듀윌 시사상식과
# #소통해요

더 읽고 싶은 콘텐츠가 있으신가요?
더 풀고 싶은 문제가 있으신가요?
의견을 주시면 콘텐츠로 만들어 드립니다!

## #소통하는 방법

**방법 1**

QR코드 스캔 접속

**방법 2**

ko.surveymonkey.com/
r/W3LR2QX

인터넷 주소 입력으로 접속

· 에듀윌 시사상식은 독자 여러분의 의견을 적극 반영하고자
합니다.

· 읽고 싶은 인터뷰, 칼럼 주제, 풀고 싶은 상식 문제 등 어떤
의견이든 남겨 주세요.

· 보내 주신 의견을 바탕으로 특집 콘텐츠 등이 기획될 예정
입니다.

※ 보내 주신 의견이 채택되면 개별 연락 드려 소정의 선물을 드립
니다.

# 하루아침에 완성되지 않는 상식!
# #정기구독으로 완성하세요

6개월에서 1년 이상 정기구독하면
각종 이슈에 대한 감이 생겨
시사상식을 완벽 대비할 수 있습니다!

## 6개월 or 1년 정기구독 신청 시
## #10% 할인

| 6개월 | ~~60,000원~~ ▸ **54,000원** |
| 1년 | ~~120,000원~~ ▸ **108,000원** |

※정기구독 시 매달 배송비가 무료입니다.
※구독 기간 중 정가가 올라도 추가 부담 없이 이용하실 수 있습니다.

---

### 정기구독 신청 방법

**인터넷**

에듀윌 도서몰(book.eduwill.net) 접속 ▸
시사상식 정기구독 신청
※ QR을 스캔하면 '에듀윌 도서몰'로 바로 연결됩니다.

**전 화**
02-397-0178 (평일 09:30~18:00 / 토·일·공휴일 휴무)

**입금계좌**
국민은행 873201-04-208883 (예금주 : 에듀윌)

취업에 강한

# 에듀윌
# 시사상식

MAR. 2021

03

# CONTENTS

**발행일** | 2021년 2월 25일(매월 발행)
**편저** | 에듀윌 상식연구소
**내용문의** | 02) 2650-3912
**구독문의** | 02) 397-0178
**팩스** | 02) 855-0008
**ISBN** | 979-11-360-0877-0
**ISSN** | 2713 -4121

# PART 02
# 분야별 최신상식

# PART 03

# 취업상식 실전TEST

# PART 04

# 상식을 넘은 상식

164

192

PART

# 01

# Cover
# Story

이달의 가장 중요한 이슈

# 미얀마 군사 쿠데타
# 무너진 민주주의의 꿈…"군부 독재 타도" 거리로

미얀마 군부가 지난 총선 결과에 불만을 품고 2월 1일 쿠데타를 일으켰다. 군부는 1년간 국가비상사태를 선포했고 민 아웅 흘라잉 미얀마군 최고사령관이 전권을 거머쥐었다. 군부는 '미얀마 민주화의 상징' 아웅산 수치 국가고문과 윈 민 대통령을 비롯해 정부 핵심 인사들을 납치, 구금했다. 지난해 11월 총선에서 수치 국가고문이 이끄는 민주주의민족동맹(NLD)이 승리하자 군부는 부정선거 의혹을 제기했고, 결국 의회 개회를 하루 앞두고 문민정부를 전복시켰다. 미얀마군 최고 실력자로 권력을 장악한 흘라잉은 미얀마 내 소수 무슬림인 로힝야족 학살을 일으킨 책임자로 국제사회에 알려졌다.

국제사회는 미얀마 쿠데타를 규탄했다. 미국 국무부는 미얀마 군부의 정권 장악을 쿠데타로 규정하고 대외 원조 중단과 인적 제재를 무기로 압박에 나섰다. 하지만 미얀마 사태 논의를 위해 열린 UN 안전보장이사회(안보리) 긴급회의에서 비판 성명 채택은 중국과 러시아가 미온적 반응을 보이면서 무산됐다. 미얀마는 장기간 군부 독재를 거치며 몇 차례 민주화의 기회가 있었지만 그때마다 또 다른 군부 세력이 쿠데타를 일으켰다. 민주주의 공든 탑이 이번에도 무너지는 것을 좌시하지 않은 미얀마 시민 수십 만 명이 쿠데타에 반대하는 시위를 벌였고 군부는 계엄령을 선포하며 탄압했다.

## 미얀마 군사 쿠데타...아웅산 수치 감금

▲ 아웅산 수치 미얀마 국가고문

53년 만에 군부 독재에서 벗어난 미얀마 민주화의 꿈은 5년 만에 무너졌다. 로이터통신, AFP통신 등에 따르면 미얀마 군부가 지난 총선 결과에 불만을 품고 2월 1일 쿠데타를 일으켰다. 군부는 1년간 국가비상사태를 선포했고 **민 아웅 흘라잉 미얀마군 최고사령관이 전권**을 거머쥐었다.

군부는 '미얀마 민주화의 상징' ✦**아웅산 수치 국가고문과 윈 민 대통령을 비롯해 미얀마 정부 핵심 인사들을 납치, 수도 네피도에 구금**했다. 군부는 주요 인사들을 구금하자마자 11개 부처 장관을 모조리 교체했고 군부 출신인 민 쉐 부통령이 대통령 대행을 맡았다.

네피도와 **미얀마 최대도시 양곤** 거리에는 군 병력이 투입됐다. 미얀마 국영 방송사 MRTV는 방송이 중단됐고 양곤 등 주요 도시에서는 데이터 연결 및 이동통신 서비스도 차단됐다. BBC와 CNN 등 해외 언론사 방송도 끊겼다.

지난해 11월 총선에서 **수치 국가고문이 이끄는 민주주의민족동맹**(NLD)은 476석 가운데 396석을 확보해 단독정부 구성에 성공했다. 그러나 군부는 부정선거 의혹을 제기하며 "특정 상황에서는 헌법이 폐지될 수 있다"고 쿠데타 가능성을 암시했다. 결국 군부는 의회 개회를 하루 앞둔 상황에서 문민정부를 전복시켰다.

로이터통신에 따르면 NLD는 구금 상태인 수치 고문의 발언을 전한 성명에서 "국민들이 이 사태를 용납하지 말고 군부의 쿠데타에 대응하고, 전폭적으로 반대하기를 촉구한다"고 밝혔다.

### ✦ 아웅산 수치 (Aung San Suu Kyi, 1945~)

아웅산 수치는 미얀마 독재 정부에 맞서 민주화 운동을 벌인 정치인이자 민주화 운동의 상징이다. 미얀마 독립운동 영웅인 아웅산 장군의 딸이다. 아웅산 수치는 1988년 군부 독재 정권에 맞서 민주화 운동을 이끌었다가 1990년 가택연금에 처해져 세계적인 민주화 투사로 떠올라 1991년 노벨평화상을 수상했다.

이후 군부 세력에 의해 가택연금 상태를 반복하다가 2010년 석방돼 정치 활동을 재개했고 자신이 이끄는 민주주의민족동맹(NLD)이 2015년 총선에서 압승을 거뒀다. 외국 시민권을 가진 가족이 있으면 대선에 출마할 수 없다는 군부가 만든 헌법 조항으로 대통령 자리에 오르지 못했지만 국가고문으로서 미얀마의 실질적인 국가 지도자가 되었다.

하지만 미얀마의 탄압받는 소수 민족인 로힝야족 인권 문제에 눈 감으면서 수치는 국제사회의 비난을 받았다. 수치의 노벨 평화상을 취소해야 한다는 여론이 일기도 했다. 여기에 2021년 군부 쿠데타가 일어나면서 권력까지 잃었다.

## 쿠데타 주역 흘라잉은 누구?... 로힝야족 학살 주범

미얀마에서는 대통령이 아니라, 군 총사령관이 군내 합의에 의해 추대되어 군 통수권을 갖는다.

▲ 2월 7일 태국 방콕에서 열린 미얀마 쿠데타에 반발하는 시위에서 한 시위자가 민 아웅 흘라잉 미얀마군 최고사령관 사진 아래 "독재자여 부끄러운 줄 알아라. 우리는 당신을 절대 용서하지 않을 것이다"라고 쓰인 종이를 들고 있다.

미얀마는 동남아시아에서 두 번째로 군사조직이 크다. 총사령관이 국회 전체 의석의 4분의 1을 지명할 수 있는 등 민주화 이후에도 군의 위세는 여전했다.

2011년부터 미얀마군 최고 실력자로 권력을 장악한 흘라잉은 2017년 미얀마 내 소수 무슬림인 ◆로힝야족 학살을 주도한 인물이다. 이 박해로 로힝야족 74만 명 이상이 방글라데시로 피신하는 엑소더스(exodus : 많은 사람이 동시에 탈출하는 상황)를 일으켰다.

미얀마에 남은 로힝야족 50만 명도 탄압에 시달리며 비인간적인 환경에서 살고 있다. 수치 고문도 로힝야족 탄압으로 국제적으로 비판을 받았지만 실제 로힝야족 학살·탄압의 직접 책임은 흘라잉에게 있다고 알려졌다.

유엔 인권이사회(UNHRC) 조사단은 2018년 "미얀마 군부가 인종 청소 의도로 대량 학살과 집단 성폭행을 저질렀다"면서 처벌을 촉구했다. 미국 정부는 2019년 흘라잉을 포함해 미얀마 군부 최고위급 인사들에게 미국 입국 금지 조치를 내리고

재무부 제재 명단에도 올렸다.

한편, 로이터 통신에 따르면 흘라잉은 2월 3일 기업인 면담 자리에서 공정한 선거 관리를 위해 비상사태 1년이 끝난 뒤에도 6개월 더 군정을 이끌 수 있다며 장기 집권 본색을 드러냈다.

◆ 로힝야족 (Rohingya 族)
로힝야족은 불교도가 주류인 미얀마에서 박해를 받아 온 무슬림 소수 민족이다. 미얀마 서부 아라칸주 북부 지역에 거주하는 이들은 지난 30여 년 이상 미얀마 군부에 의해 계획적으로 고향 땅에서 축출됐고 시민권을 부정당하고 있다. 안토니우 구테흐스 UN 사무총장은 이들을 가리켜 세계에서 가장 박해받는 민족이라고 표현했다. 미얀마가 영국 식민지였을 때 영국은 미얀마인들의 토지를 수탈해 농장으로 만들고 이를 로힝야족에게 경영하도록 했다. 이로 인해 로힝야족은 미얀마 사람들의 원수가 됐고, 1962년 군부가 쿠데타로 집권한 이후 로힝야족은 탄압받는 소수 민족으로 전락했다.

## 국제사회 규탄…미얀마 군부, 쿠데타 전 중·러 접촉

국제사회는 미얀마 쿠데타를 규탄했다. 미국 국무부는 미얀마 군부의 정권 장악을 쿠데타로 규정하고 대외 원조 중단과 인적 제재를 무기로 압박에 나섰다. 조 바이든 미 대통령은 직접 성명을 내고 군부의 권력 포기와 구금자 석방 등을 촉구했다. 미 국무부는 "미얀마의 집권당 지도자 아웅산 수치와 적법하게 선출된 정부 수장 윈 민이 2월 1일 쿠데타로 물러난 것"이라며 원조 중단을 암시했다.

안토니우 구테흐스 UN(국제연합) 사무총장은 대변인 성명을 통해 "미얀마 의회 개회를 하루 앞두

▲ 1월 12일 미얀마를 방문한 왕이 중국 외교부장이 민 아웅 흘라잉 국방부 최고사령관을 만나는 모습

고 발생한 아웅산 수치 국가고문과 윈 민 대통령, 다른 정치 지도자들의 구금을 강력 규탄한다"고 밝혔다.

하지만 미얀마 사태 논의를 위해 열린 UN 안전보장이사회(안보리) 긴급회의에서 비판 성명 채택은 무산됐다. 안보리 15개국이 미얀마 군부를 규탄하고 구금된 정치 지도자들에 대한 석방을 촉구하는 내용이 담긴 성명 초안을 작성했지만 **중국과 러시아가 미온적 반응을 보이면서 성명 채택이 무산된** 것이다.

이에 중국과 러시아가 미얀마 군부 쿠데타를 미리 알고 있었거나 도왔다는 의혹이 제기됐다. **흘라잉 최고사령관은 1월 중국 왕이 외교 부장, 세르게이 쇼이구 러시아 국방부 장관과 면담했다.** 홍콩 인권단체는 "쿠데타가 발생한 2월 1일 중국 인민해방군이 미얀마 국경 근처에 기갑부대와 공습부대 등 1만2000명 병력을 긴급 배치했다"고 주장했다. 중국이 미얀마 쿠데타를 사전에 인지하고 있었다는 뜻이다.

중국은 쿠데타 이후 미얀마 문제를 미얀마 내부에서 풀어야 한다는 입장을 거듭 밝혔다. 중국 외교부는 2월 3일 정례 브리핑에서 미얀마 군부 쿠데타에 중국의 암묵적 지지와 묵인이 있었다는 의혹에 대해 "사실이 아니다"라면서도 "미얀마가 헌법 틀 내에서 갈등을 잘 처리하고 사회 안정을 유지하기 바란다"고 강조했다.

**유엔 안보리 이사국 현황**

| 구분 | 임기 | 국가 |
|---|---|---|
| 상임 이사국 | 영구 | 미국, 영국, 프랑스, 러시아, 중국 |
| 비상임 이사국 | 2020~2021 | 니제르, 튀니지, 베트남, 세인트 빈센트 그레나딘, 에스토니아 |
| | 2021~2022 | 노르웨이, 아일랜드, 인도, 케냐, 멕시코 |

## 닿으면 멀어지는 미얀마 민주화의 꿈

▲ 미얀마 국기

미얀마는 국토가 한반도의 3배이며 인구는 5350만 명 정도로 아세안(ASEAN, 동남아국가연합)에서도 상당한 규모를 자랑한다. 문재인 정부의 외교 핵심 축 중 하나인 남방정책에서 중요하게 고려하지 않을 수 없는 나라다.

쌀을 3~4모작하고 원유·천연가스·구리·아연 등 천연자원도 풍부한 미얀마는 연평균 7%대의 경제 성장률을 기록하며 성장 잠재력을 주목받고 있다. 그럼에도 미얀마는 1인당 국민소득이 1200달러(2018년 기준) 정도인 최빈국이다. 전문가들은 미얀마가 가난한 주요 원인으로 오랜 식민 지배와 군부 통치, 쇄국 정책을 꼽는다.

버마라고 불렸던 미얀마는 1752년 이후 콘바웅 왕조에 의해 통일 국가를 유지했지만 1824년 제1차 버마–영국 전쟁 후 일부가 영국 통치를 받기 시작했고 1885년 왕조가 무너지며 전 국토가 영국 식민지가 됐다.

미얀마는 2차 세계대전 종전 후 1948년 '버마 연방'으로 영국에서 독립했다. 당시 버마 독립군을 이끌었던 지도자가 바로 아웅산 수치의 부친 아웅산이었다. 아웅산은 영국령 버마 총리를 맡아 영국과 독립협상을 벌이다가 독립 직전인 1947년 의문의 폭탄 테러로 숨졌다. 버마 독립군의 후신인 반(反)파시스트 인민자유 연맹(AFPFL)은 집권당이 됐다.

그러나 AFPFL 내에서 권력 투쟁이 일다가 1962년 네 윈 장군의 쿠데타로 군사 통치가 시작됐다. 네 윈은 '미얀마식 불교 사회주의'를 추구하며 26년간 집권했다. 미얀마는 135개 민족과 종족으로 이뤄진 복잡한 나라다. 이 때문에 내전과 무장 투쟁이 끊이지 않았고 군부 정권은 이를 진압하며 국민 지지를 이어갈 수 있었다. 네 윈의 '버마식 불교 사회주의'는 1당 독재와 외국인 추방, 쇄국주의, 산업 국유화, 소수 민족 억압으로 얼룩졌고 인권 억압과 경제 파탄을 불렀다.

미얀마식 불교 사회주의하에서 신음하던 버마 민중들은 1988년 8월 8일 100만 명 이상이 참여하는 민주화 시위(8888 항쟁)를 벌였다. 아웅산 수치가 민주화 운동의 상징으로 떠오른 시점이다. 네 윈 정권은 혹독한 탄압으로 최대 1만 명을 살해한 끝에 붕괴했지만 곧바로 신군부가 쿠데타를 일으켜 집권했다. '◆서울의 봄'이 연상되는 장면이다.

수치는 2010년이 되어서야 반복된 가택연금과 구금에서 풀려났고 NLD를 이끌며 2015년 11월 총선에서 압승을 거뒀다. 미얀마가 53년 만에 군부 독재에서 벗어나는 순간이었다. 수치는 국가고문이라는 자리를 만들어 사실상 최고 지도자 역할을 해왔다.

2020년 총선에서 수치의 권력은 절정에 올랐다. NLD는 11월 8일 치른 총선에서 83% 득표로 224석 중에서 161석을 차지하는 압승을 거뒀다. 의석 25%가 자동으로 군부에 할당되는 미얀마에서 문민정부가 도달할 수 있는 최고의 결과였다. 그러자 군은 선거 직후 유권자 3700만 명을 기재한 유권자 명부가 실제와 660만 명이 차이가 난다며 의혹을 제기했고 급기야 권력을 찬탈(簒奪 : 왕위, 국

◆ **서울의 봄**

서울의 봄은 1979년 박정희 대통령이 피살된 10·26 사건 이후 전두환이 이끄는 신군부에 의해 1980년 5월 17일 비상계엄 전국 확대 조치가 단행되기 전까지 민주화 운동이 활발했던 당시를, 1968년 체코슬로바키아가 소련 침공을 받기 전 민주화 시기인 프라하의 봄에 비유한 것이다. 서울의 봄은 신군부가 투입한 계엄군에 의해 5·18 광주 민주화 운동이 무력 진압되면서 종결됐다.

**'버마'인가 '미얀마'인가?**

미얀마는 1988년 쿠데타로 집권한 군사 정권이 들어서면서 버마가 영국 식민지 시대의 잔재라는 이유로 국호를 미얀마로 변경했다. 버마는 전체 국민의 70% 정도를 차지하는 다수 민족인 버마족에서 영국이 따온 것이란 이유에서다.
하지만 서방 국가에서는 미얀마가 독재 군사 정권이 임의로 바꾼 국호라는 이유로 옛 버마를 고수하는 경우도 있다. 미국 정부는 지금도 버마라고 표기하며 과거 미얀마를 식민 지배했던 영국은 미얀마(버마)라는 방식으로 병기하고 있다.

가 주권 등을 억지로 빼앗음)했다.

## '세 손가락' 펴들고 "군부 독재 타도"... 수십만 명 거리로

미얀마 국민들은 힘들게 쌓아 올린 민주주의의 공든 탑이 무너지는 것을 좌시하지 않았다. 2월 8일(이하 현지시간) AFP 통신에 따르면 네피도, 양곤, 만달레이 등 주요 도시에서 수십만 명이 쿠데타에 반대하는 시위를 벌였다.

시내 곳곳에서 시위대는 "군부 독재 패배, 민주주의 승리"와 같은 구호를 외치며 행진했고 수치 고문 등 구금된 인사 석방을 요구했다. 외신이 전한 영상에서 시위대는 빨간색 머리띠와 깃발을 흔들고 세 손가락을 하늘로 치켜들며 거리를 행진했다. 붉은색은 수치 고문이 이끄는 NLD를 상징하는 색이다. 세 손가락은 ▲민주주의 ▲선거 ▲자유를 상징하는 것으로서 2014년 태국의 민주화 시위를 통해 저항의 상징이 된 제스처다.

미얀마 경찰은 물대포와 최루탄, 고무탄을 쏘며 시위대는 물론이고 현장을 취재하는 언론인까지 마구잡이로 체포했다. 2월 9일 미얀마 군경은 시위를 벌이는 시민들을 향해 발포했다. 로이터 통

신은 이날까지 4명이 부상을 입고 일부가 중태가 빠졌다고 보도했다.

미얀마 군부는 시위 확산 저지를 위해 2월 8일부터 일부 대도시에 계엄령을 선포하고 5명 이상 단체로 모이거나 시위하는 것을 금지했다. 군부는 인터넷 접속을 막고 페이스북과 트위터, 인스타그램까지 모든 소셜미디어를 금지했다.

영국 텔레그래프는 미얀마 민주화 시위의 최전선에는 소셜미디어에 익숙한 24세 이하 ◆Z세대가 있다고 분석했다. 미얀마 군부가 과거에는 인터넷 차단으로 민주화 시위를 덮을 수 있었지만 정보기술(IT) 지식으로 무장한 Z세대는 인터넷 차단을 뚫고 우회 접속하는 방법을 이내 찾아내 미얀마의 상황을 전 세계로 생중계하고 있다는 것이다.

한편, 한국에 거주하는 미얀마 노동자와 유학생들도 현지 군사 쿠데타를 규탄하는 집회를 이어갔다. 쿠데타 이후 재한 미얀마 국민들이 긴급 결성한 '군사 쿠데타 반대 위원회'는 "군부가 총칼을 앞세운 것은 미얀마 국민의 민주주의 열망을 짓밟는 것"이라며 2월 10일 서울 미얀마 대사관 국방무관부 건물 인근에서 집회를 열었다.

---

### ◆ Z세대 (Z generation)

Z세대는 1990년대 중반에서 2000년대 초반에 출생한 현재 10대 후반~20대 세대를 뜻한다. 알파벳 순서대로 X·Y세대의 뒤를 잇는 세대라는 뜻이다. Z세대의 가장 큰 특징은 태어났을 때부터 인터넷과 정보기기를 접한 디지털 원주민(digital native)이라는 점이다. 이들은 IT 기술에 익숙함을 느끼고 사교 생활에 있어서도 SNS를 자유롭게 사용한다. 막강한 정보력으로 무장한 이들은 미래 소비의 주축이자 여론 형성에서도 중요한 집단으로 떠올랐다.

## 국회, 헌정사상 첫 법관 탄핵소추
# 탄핵소추안 국회 표결 통과...사법부 신뢰 타격

여당의 주도로 헌정사상 초유의 현직 법관 탄핵소추 발의가 이뤄졌다. 더불어민주당과 정의당·열린우리당·기본소득당 등 범진보 성향 정당 국회의원들은 2월 1일 임성근 부산고법 부장판사에 대한 탄핵소추안을 발의했다. 임 부장판사는 양승태 전 대법원장 재임 당시 발생한 사법농단 사건에 연루된 인물이다. 탄핵소추안은 2월 4일 국회 표결을 통과했다. 이날 국회 본회의에서 탄핵안은 재석 288명, 찬성 179표, 반대 102표, 기권 3표, 무표 4표로 가결됐다. 임 부장판사의 탄핵 여부는 헌법재판소의 판단으로 최종 결정된다. 보수 야권은 이번 탄핵안 추진이 '사법부 길들이기'라며 반발했다.

현직 법관으로 첫 탄핵 위기에 놓인 임성근 부장판사는 김명수 대법원장과 면담할 때 녹음한 녹취 파일을 언론에 공개해 파문을 일으켰다. 녹취록 내용은 김 대법원장이 여권의 눈치를 보면서 임 부장판사가 입법부로부터 탄핵당할 수 있도록 도왔던 것으로 해석할 수 있어 야당은 물론 법원 내부에서도 비판이 쏟아졌다. 임 부장판사의 사상 초유 탄핵에 김 대법원장의 부적절한 언동까지 맞물려 사법부의 신뢰가 무너졌다는 평가가 나왔다. 국민의힘은 2월 15일 김 대법원장을 직권남용과 허위공문서작성 등의 혐의로 검찰에 고발했다. 이에 대해 민주당은 "정쟁도 적당히 하라"고 일침을 놓았다.

## 헌정사상 첫 현직 법관 탄핵소추 발의

▲ 기본소득당 용혜인(왼쪽부터), 열린민주당 강민정, 정의당 류호정, 더불어민주당 이탄희 의원이 2월 1일 국회 소통 관에서 임성근 부장판사 탄핵소추안 발의에 관해 기자회 견하고 있다.

여당의 주도로 헌정사상 초유의 현직 법관 탄핵 소추 발의가 이뤄지며 정치권에 후폭풍을 예고했 다. **더불어민주당과 정의당·열린우리당·기본소득당 등 범**(凡: 무릇 범)**진보 성향 정당** 국회의원들은 2월 1일 임성근 부산고법 부장판사에 대한 탄핵소추 안을 발의했다.

이날 탄핵안 발의에는 의원 161명이 이름을 올렸 다. 2월 1일 민주당 이탄희, 정의당 류호정, 열린 민주당 강민정, 기본소득당 용혜인 의원 등 4개 정당 소속 의원들은 국회 사무처 의안과를 찾아 임 부장판사 탄핵소추안을 제출했다. 과거 대법관 에 대한 탄핵안 발의는 두 차례 있었으나 부결되 거나 자동 폐기됐다. 현직 일선 법관에 대한 탄핵 발의는 이번이 처음이다.

임 부장판사는 **양승태 전 대법원장 재임 당시 발생 한 사법농단 사건에 연루**된 인물이다. 탄핵 발의 의 원들은 2월 1일 공동 기자회견을 열고 "피소추자 임성근 당시 서울중앙지방법원 형사수석부장은 사건을 담당하는 재판장 뒤에 숨어 권력자의 입맛 에 맞게 재판을 바꾸기 위해 재판절차에 개입하고

판결 내용을 수정하는 등 사법농단 브로커 역할을 했다"고 주장했다.

### 양승태 대법원 사법농단 사건

양승태 대법원 사법농단 사건은 양승태 전 대법원장이 재임 당시 숙원이었던 상고법원을 도입하기 위해 법원 행정처를 매개로 행정부, 입법부에 불법적 로비를 하고 상고법원 도입에 반대하는 법조계 인사들을 사찰하여 외압을 가했으며 박근혜 정부에 유리하도록 '정권 맞춤 용 판결'까지 쏟아낸 사건이다. 박근혜 정부의 한일 위 안부 문제 타결에 부담이 가지 않도록 대법원이 강제징용 피해자 소송 재판 진행을 지연시킨 사례가 대표적이다.

### 농단(壟斷)의 유래

농단[壟(언덕 농)斷(끊을 단)]은 이익이나 권리를 독차지하 는 것을 부정적으로 일컫는 말이다. '깎아 세운 듯 높은 언덕'이라는 뜻도 있다. 농단은 『맹자』「공손추 하편(公孫 丑 下篇)」의 '유사농단언(有私壟斷焉)'이라는 구절에서 나 왔다. 어느 상인이 시장에 갔다가 주변을 두루 살필 수 있는 높은 언덕을 발견하고 자리를 독점해 물건을 비싼 값에 팔아 치웠다는 내용이다.

『맹자』 원문에는 '壟'자 대신 '龍(용 용)'자가 쓰였다. '龍' 자는 상상의 동물인 용 이외 언덕이란 뜻이 있고 언덕 이란 의미로 쓸 때는 '농'이라고 읽는다. 이후 언덕이란 의미를 분명히 하기 위해 '龍'자 밑에 '土(흙 토)'자를 붙 여 '壟(언덕 농)'자를 만든 것이다.

## 탄핵소추안 국회 표결 압도적으로 통과

탄핵소추안은 2월 4일 국회 표결을 통과했다. 이 날 국회 본회의에서 탄핵안은 재석 288명, 찬성 179표, 반대 102표, 기권 3표, 무표 4표로 가결됐 다. 현직 판사의 탄핵안이 가결된 것 역시 처음이 다. 찬성 179명은 이번 탄핵소추안 발의에 참여한 의원 규모(161명)뿐 아니라, **탄핵안 가결 정족수**(재

▲ 임성근 부산고법 부장판사

적의원 151명 이상)를 넘어선 숫자다.

탄핵안 본회의 표결은 무기명 투표로 이뤄졌지만, 민주당 이낙연 대표와 김태년 원내대표가 표결 찬성을 독려하면서 사실상 민주당 당론이 탄핵안 찬성으로 수렴한 것으로 보인다. 임 부장판사의 탄핵 여부는 헌법재판소의 판단으로 최종 결정된다.

표결에 들어가기 전 판사 출신 이탄희 민주당 의원은 탄핵안 제안 설명에서 "판사는 헌법을 위반해도 아무 처벌을 받지 않고 서민들은 상상할 수 없는 수임료의 전관특혜를 누리다 공직사회로 복귀하는, 그런 잘못된 악순환을 끊어내야 한다"며 "압도적인 표로 가결해달라"고 요청했다.

탄핵소추는 대통령, 국무총리, 장관, 법관 등 고위직 공직자가 헌법이나 법률을 위배한 때 심판하여 처벌·파면하는 제도다. **탄핵소추는 국회 재적의원 3분의 1 이상의 발의**(대통령의 경우 과반수)**가 있어야 하며, 그 의결은 국회 재적의원 과반수**(대통령의 경우 3분의 2)**의 찬성이 있어야 한다.**

탄핵소추의 의결을 받은 자는 탄핵 결정이 있을 때까지 그 권한행사가 정지된다. 탄핵심판은 헌법재판소가 행하되 **탄핵의 결정을 할 때는 재판관 9인 중 6인 이상의 찬성이 있어야 한다.** 탄핵이 인용된

법관은 5년간 변호사 등록·공직 취임이 불가능하며 퇴직 급여 일부가 제한된다.

이번 탄핵 심판 결과는 예측하기 어렵다. 임 부장판사는 2월 말 임기 만료로 퇴직할 예정이라 헌재에서 탄핵 심판 청구가 각하될 가능성도 있다. 헌법재판소법은 '탄핵 피청구인이 헌재의 결정 선고 전에 공직에서 파면되면 헌법재판소는 심판청구를 기각해야 한다'고 규정한다. 그러나 임기가 만료된 경우에 대한 규정은 없다.

> **탄핵소추 대상자**
>
> 헌법 65조에서 명시한 탄핵소추 대상자는 대통령·국무총리·국무위원·행정 각부의 장·헌법재판소 재판관·법관·중앙선거관리위원회 위원·감사원장·감사위원·기타 법률이 정한 공무원이다. 기타 법률이 정한 공무원의 범위는 입법이 명확하지 않으나 검찰총장을 비롯한 검사·정부위원·각군 참모총장·고위 외교관·정부직 또는 별정직 고급 공무원·각급 선거관리위원회 위원 등이 해당할 수 있다. 국회의원은 탄핵 대상이 아니다.

## 보수 야권 "사법부 길들이기" 반발

보수 야권은 이번 탄핵안 추진이 '사법부 길들이기'라며 반발했다. 2월 4일 탄핵안이 가결되자 국민의힘 의원들은 일제히 자리에서 일어나 "사법 장악 규탄한다"는 구호를 던졌다.

배준영 국민의힘 대변인은 논평을 내고 "본보기식 길들이기 탄핵"이라며 "탄핵 대상 판사가 2월에 임기를 마치는지도 몰랐던 이탄희 민주당 의원의 선동에 의해 여권 의원들이 탄핵의 수렁에 몸을 던졌다"고 쏘아붙였다.

▲ 2월 4일 국회 본회의에서 임성근 부장판사에 대한 탄핵소추안이 가결되자 국민의힘 의원들이 "김명수 대법원장을 탄핵하라"는 구호를 외치고 있다.

배 대변인은 "국회법 제130조 제1항에 따르면 탄핵소추가 발의되었을 때에는 의장은 발의된 후 처음 개의하는 **본회의에 보고하고, 본회의는 의결로 국회 법제사법위원회**(법사위)**에 회부하여 조사하게 할** 수 있게 되어 있다"고 설명했다.

여당이 부장판사 탄핵을 추진하자 국민의힘은 법사위에 회부해 우선 조사하자고 제안했지만 부결됐다. 전주혜 국민의힘 의원은 "탄핵소추 사건에 대한 조사 없이 법관 탄핵소추안을 국회가 졸속으로 처리한다면 이것은 명백한 정치 탄핵이며 역사적으로 최악의 선례로 남을 것"이라고 지적했다.

국민의힘은 김명수 대법원장에 대한 탄핵소추안을 발의하겠다며 맞불을 놓았다. 주호영 국민의힘 원내대표는 "김명수 대법원장은 사법부의 독립성과 중립성을 훼손하고, 정권의 외풍이 법원의 곳곳에 스며들도록 방치한 책임을 피할 수 없다"라며 "대법원의 인사권 남용과 코드 인사는 이 정권이 적폐로 몰았던 전 정권의 패악을 넘어선 상태"라고 목소리를 높였다.

야당의 거센 반발 속에서 탄핵을 추진한 민주당은 헌재의 인용 결정을 기대하고 있다. 그러나 헌재가 탄핵심판 청구를 각하하거나 기각한다면 무리하게 법관 탄핵을 밀어붙였다는 비판에 직면하고 대통령 임기 말에 국정 주도권을 잃을 수 있다.

### 탄핵 심판 법률 용어

| 구분 | 내용 |
|---|---|
| 인용(認容) | 소를 제기한 측의 의견(예를 들어 국회의 임성근 부장판사 탄핵 청구)이 옳다고 생각하는 경우다. 9명의 헌법재판관 중 6명 이상이 찬성할 경우 인용 결정이 나온다. 탄핵 심판에서 인용 결정이 내려지면 당사자는 파면된다. 대통령이 탄핵되면 60일 이내 보궐선거를 실시해야 한다. |
| 기각(棄却) | 인용과 반대 의미로서 심판 청구 이유가 타당하지 않은 경우를 말한다. 기각 시 탄핵소추 기간 중 정지됐던 권한이 자동 복권된다. |
| 각하(却下) | 심판청구 절차상 문제가 있어 심판 청구 요건이 안 된다는 결정이다. 재판관 5명 이상이 판정해야 이뤄진다. '탄핵 절차에 문제가 있어 심판을 하지 않겠다'는 재판관은 각하 의견을 낸다. |

### 파면(罷免)과 해임(解任)의 차이

파면과 해임은 잘못을 저지른 공직자를 강제로 퇴직시키는 중징계 처분이지만 차이점이 있다. 파면은 징계를 받은 공직자를 공직에서 내쫓는 강제 퇴직 처분으로, 해임보다 무거운 처벌이다. 파면된 공무원은 향후 5년간 공무원이 될 수 없고 퇴직금은 5년 미만 근무자의 경우 4분의 1을, 5년 이상 근무자의 경우 2분의 1을 감액한 후 지급한다.

해임 처분으로 강제 퇴직이 되면 3년 동안 공무원이 될 수 없으나 원칙적으로 퇴직금 감액은 없다. 다만 금품 수수 등 횡령으로 인한 해임 처분일 경우 퇴직급여액의 최대 25%까지 감액될 수 있다.

## 김명수 대법원장 거짓 해명 논란... 사법부 신뢰 타격

현직 법관으로 첫 탄핵 위기에 놓인 임성근 부장판사는 김명수 대법원장과 면담할 때 녹음한 녹취

▲ 김명수 대법원장

파일을 언론에 공개해 파문을 일으켰다. 녹취록에서 김 대법원장으로 추정되는 인물은 "사표 수리 제출 그러한 법률적인 것은 차치하고 나로서는 여러 영향이랄까 뭐 그걸 생각해야 하잖아"라며 "지금 상황을 툭 까놓고 얘기하면 지금 뭐 탄핵하자고 저렇게 설치고 있는데"라고 말했다.

이는 **사법부 수장인 김 대법원장이 여권의 눈치를 보면서 임 부장판사가 입법부로부터 탄핵당할 수 있도록 도왔던 것으로 해석할 수 있어** 야당은 물론 법원 내부에서도 비판이 쏟아졌다. 임 부장판사의 사상 초유 탄핵에 김 대법원장의 부적절한 언동까지 맞물려 사법부의 신뢰가 무너졌다는 평가가 나왔다.

앞서 김 대법원장은 '임 부장판사가 건강 악화 등으로 사표를 내자 김 대법원장이 국회에서의 탄핵소추를 거론하며 사표를 거론했다'는 취지의 언론 보도를 반박했다. 임 부장판사와 면담을 한 것은 사실이지만 탄핵 문제로 사표를 수리할 수 없다고 말한 사실이 없다고 했다.

하지만 임 부장판사의 녹취록이 공개되면서 김 대법원장의 주장은 거짓말로 탄로 났다. 거짓말을 가려내는 게 본업인 법관의 수장이 거짓말을 한 형국이 되면서 김 대법원장은 사면초가에 몰렸다.

야당은 김 대법원장에게 "탄핵 **부역자**(附逆者 : 국가에 반역이 되는 일에 동조하거나 가담한 사람)"라며 사퇴를 촉구했다.

국민의힘은 2월 15일 김 대법원장을 직권남용과 허위공문서작성 등의 혐의로 검찰에 고발했다. 국민의힘은 김 대법원장이 임 부장판사의 사직서를 반려하고 이로 인해 국회 탄핵소추 대상이 되도록 한 점은 직권남용권리행사방해죄, 국회 법사위원들이 요청한 답변 요구에 허위 답변한 것은 허위공문서작성에 해당한다고 적시했다.

또한 2017년 본인의 대법관 임명 동의안에 대한 국회 인준 표결을 앞두고 임 부장판사에게 야당 의원 상대로 로비를 부탁했으며 대법원 청문회 준비팀 관계자들을 시켜 ◆**디가우징** 방식으로 이러한 로비 자료 등을 인멸하도록 지시한 점은 증거인멸죄에 해당한다고 덧붙였다.

이에 대해 박진영 민주당 부대변인은 "이 정도 사안으로 고발을 할 거라면 (임 부장판사) 탄핵에도 당연히 동의해야 한다"며 "정쟁도 적당히 해야 국민이 정치의 한 부분으로 받아들일 수 있다"고 일침을 놓았다.

---

◆ **디가우징 (degaussing)**

디가우징이란 강력한 자력으로 컴퓨터 하드디스크의 모든 데이터를 삭제하는 기술이다. 디가우서(degausser)라는 장비에 하드디스크를 넣어 작동시키면 하드디스크의 저장공간 등이 망가져 기록을 복구할 수 없는 상태가 된다. 이 기술은 비리 사건 관련자가 증거인멸을 하는 수법으로 언론에 종종 등장했다. 2013년 '국가정보원 정치·대선 개입 의혹' 사건에서 경찰 수뇌부가 검찰의 서울경찰청 압수수색 직전에 관용 컴퓨터에 저장돼 있던 데이터를 디가우징 방식으로 삭제한 것이 이슈화되기도 했다.

# 여당, 상생연대 3법 처리 추진

## 상생연대 3법 주요 내용

여당이 코로나19로 인한 양극화 해소를 위해 상생연대 3법을 2월 임시국회에서 통과시키겠다고 밝힌 가운데 야당과 재계가 반대했다. 상생연대 3법은 ▲영업제한 손실보상법 ▲협력이익공유법 ▲사회연대기금법을 지칭한다.

**영업제한 손실보상법은 사회적 거리두기로 매출이 급감한 자영업자들의 피해를 보전해주자는 내용이다.** 민병덕 더불어민주당 의원이 제출한 법안은 소상공인·소기업을 대상으로 하며, 집합금지업종은 매출 손실액의 70%, 집합제한업종은 60%, 일반업종은 50%를 보상하는 내용이다.

**협력이익공유법은 •플랫폼 기업이 입주업체, 배달노동자 등과 이익을 공유하면 이익공유금액에 대한 법인세 감면 비율을 20%로 확대하는 세제 혜택 등 인센티브를 지원하는 방안 등이 골자다.** 정부는 정부 출연과 민간의 자발적 참여, 대중소기업 상생협력 기금 등 기존 기금 활용 등으로 협력이익공유 재원을 조성할 계획이다.

### •플랫폼 기업 (platform company)

플랫폼 기업은 주로 모바일 앱이나 웹사이트, 프로그램 등을 통해 생산자와 소비자가 서로 원하는 가치를 거래할 수 있도록 매개하는 기업이다. 구글, 애플, 페이스북, 아마존 등이 대표적인 플랫폼 기업으로 분류된다. 배달 앱이나 차량공유 앱 서비스도 이에 속한다. 플랫폼 기업의 성공은 자신들의 생태계를 얼마나 활성화하느냐에 달렸다. 무료 메신저 앱으로 시작한 카카오가 수많은 서비스를 제공하는 것처럼, 생태계가 활성화되고 이용자가 많아지면 다양한 사업 모델을 접목할 수 있다.

**사회연대기금법은 노사정**(노동계·기업계·정부) **등이 함께 기금을 조성하고 지역 공동체에 경제적 투자와 지원을 하는 것이 뼈대다.**

이용우 민주당 의원의 사회연대기금법 제정안은 국무조정실 산하에 민간 참여형 공적기금을 설치해 저소득층 생계지원, 저신용자 신용회복, 실직자 취업지원, 비정규직 처우개선 등에 사용하도록 했다.

야당은 상생연대 3법이 기업에 부담을 주는 악법이라고 비판했다. 김은혜 국민의힘 대변인은 "코로나19로 인한 소상공인·자영업자에 대한 손실보상은 어떤 식으로든 이뤄져야 한다"면서도 "상생연대 3법 입법 추진 등으로 기업들을 옥죄는 것은 반대한다"고 밝혔다.

**이낙연 "우분투 정신" VS 주호영 "정권의 배신"**
이낙연 민주당 대표는 2월 2일 국회에서 열린 교섭단체 대표연설에서 '연대와 협력'을 의미하는 **•우분투** 정신을 언급하며 손실보상제, 협력이익공유제, 사회연대기금 도입 등을 위한 상생연대 3법 추진 의지를 강조했다. 이 대표는 "불평등의 심화를 차단해야 한다. **서민과 중산층의 붕괴를 저지해야 한다**"며 법안에 대한 구체적 구상을 밝혔다.

이 대표는 양극화 현상을 반영한 신조어 '벼락 거지'를 언급하며 "소득과 자산의 양극화가 심해졌다"고 우려했다. 그러면서 "우리는 연대와 협력으로 코로나 방역에 성공했다. 이제 민생과 경제 회복에서도 성공해야 한다"고 강조했다.

반면 주호영 국민의힘 원내대표는 2월 3일 원내 교섭단체 대표연설에서 "문재인 정권은 국민들의 소망을 철저히 배신했다"면서 "대한민국의 위기를 극복하는 첩경은 무능하고 무도한 정권을 교체하는 것"이라고 강조했다.

주 원내대표는 이날 국회 연설에서 코로나19 대응, 부동산 정책, 대북 원전 의혹, 검찰개혁 논란 등 현안을 열거하며 문 정권을 전방위로 비판했다. 그러면서 "4월 7일 있을 서울시장과 부산시장 선거는 문재인 정권에 대한 단호한 심판의 무대가 되어야 한다"고 호소했다.

**•우분투 (ubuntu)**
우분투는 사하라 이남 아프리카 반투어에서 유래한 말로 사람들 간의 관계와 헌신을 중시하는 아프리카 전통 윤리 사상이자 평화운동의 사상적 뿌리이다. 타인과 내가 얽혀 있다는 유대감, 다른 사람을 돕는 자비심, 열린 마음으로 다른 사람의 생각을 인정할 줄 아는 관용 정신 등 다양한 의미가 있다.
우분투는 남아프리카 공화국에서 인종차별이 극심했던 시절 백인들이 흑인들을 핍박한 과거사를 넬슨 만델라 대통령 집권 이후 청산하는 과정에서 용서와 화합으로 국가 통합을 이끌어낸 사상으로 널리 알려졌다. 리눅스 기반 오픈소스 무료 컴퓨터 운영체제(OS)인 우분투의 명칭도 우분투 사상에서 따온 것이다.

**✋ 세 줄 요약**
❶ 여당이 상생연대 3법을 추진하고 있다.
❷ 야당은 상생연대 3법이 기업에 부담을 주는 악법이라고 비판했다.
❸ 여야 교섭단체 연설에서 상생연대 3법을 두고 설전이 이어졌다.

## '현직 의원 성추행' 김종철 정의당 대표 전격 사퇴

▲ 김종철 전 정의당 대표

공당(公黨 : 공적으로 인정되는 정당) 대표가 현직 국회의원을 성추행해 사퇴하는 사상 초유의 사태가 벌어졌다. 평소 성 평등과 소수자의 인권을 여느 정당보다 강조했던 정의당에서 벌어진 일이다.

배복주 정의당 부대표(젠더인권본부장)는 1월 25일 긴급 기자회견을 열고 "매우 부끄럽고 참담한 소식을 알려드리게 됐다"며 **김종철 정의당 대표가 당 소속 장혜영 의원을 성추행한 사실이 드러나 이날 당대표직에서 물러났다**고 전했다.

배 부대표에 따르면 지난 1월 15일 여의도에서 장 의원과 김 대표는 당무와 관련한 면담을 겸해 식사 자리를 가졌다. 면담 종료 후 나오는 길에 김 대표가 장 의원에게 성추행을 하는 사건이 발생했다.

김 대표는 모든 사실을 인정하고 사퇴 의사를 밝혔다. 김 대표는 이날 당 징계절차인 중앙당기위원회에 제소됐고 당규에 따라 **직위해제**(職位解除 : 직위를 부여하지 않는 인사처분) 됐다.

배 부대표는 "피해자(장 의원) 의사에 따라 (김 전

대표를) 형사 고소하지 않고 당 차원의 공동체적 해결을 위해 노력하겠다"고 말했다. 배 부대표는 "향후에 피해자 책임론, 가해자 동정론 같은 2차 피해가 발생하지 않도록 엄격하게 책임을 묻고 징계하겠다"고 말했다.

정치권에서는 김 전 대표의 성추행 문제가 정의당의 해체를 거론할 정도로 심각한 문제라는 점에 공감했다. 다만 국민의힘 측은 "고(故) 박원순 전 서울시장과 오거돈 전 부산시장의 성추행 파문에 별다른 조치를 내리지 않으면서 2차 가해 논란까지 일으키고 있는 더불어민주당에 비해 정의당이 더 적절한 조치를 했다"고 평가했다.

### 류호정 '갑질 해고' 논란

정의당은 엎친 데 덮친 격으로 '갑질 해고' 논란까지 휘말렸다. **류호정 의원이 의원실 비서를 면직하는 과정에서 노동법을 위반했다는 의혹**이 제기됐다. 자신을 경기 광주 정의당원이라고 밝힌 신 모 씨는 1월 29일 "류 의원이 전직 비서를 면직하는 과정에서 통상적 해고 기간을 준수하지 않고 단 7일 전에 통보해 노동법을 위배했다"고 밝혔다.

류 의원은 "면직 사유는 업무상 성향 차이"라며 "오해는 풀었지만 함께 일하기 어려웠다"고 해명했다. 그러나 면직된 전직 비서 측은 "류 의원은 부당해고 가해자이며 문제는 해결되지 않았다"고 반박했다.

### 성범죄와 친고죄 논란

친고죄는 피해자의 고소·고발이 있어야만 공소를 제기할 수 있는 범죄를 말한다. 친고죄를 인정하는 이유는 피해자나 피해자 가족의 의사와 명예를 존중할 필요가 있어서다. 형법상 사자(死者)명예훼손죄, 모욕죄 등은 친고죄에 해당한다.

과거에는 성범죄에도 친고죄가 유지됐다. 가해자에 대한 고소 여부를 피해자가 직접 결정함으로써 피해자의 사생활과 명예를 지킨다는 명분이었다. 그러나 2013년 피해자에게 합의를 강요한 가해자를 처벌할 수 없는 등 폐해가 드러나 성범죄 친고죄가 폐지됐다.

최근 김종철 정의당 전 대표 성추행 사건과 관련해 피해자 장혜영 의원의 의사와 상관없이 한 시민단체가 김 전 대표를 경찰에 강제추행으로 고발함에 따라 논란이 일었다. 장 의원은 "피해자다움에 갇히지 않고 일상으로 돌아가고 싶다"며 형사 고소를 하지 않았다.

하지만 이에 대해 하태경 국민의힘 의원은 "성범죄를 개인의 일탈이 아닌 사회적 문제로 받아들여야 한다는 입장에 섰던 정의당의 입장과 모순된다"고 지적했다. 반면 친고죄 폐지는 피해자가 자유로운 의사 선택으로 가해자에게 책임을 묻는 방식의 선택지를 넓히고 피해자를 보호하는 취지이므로 성범죄 피해자라면 고소를 해야 한다고 강요하는 것은 또 다른 폭력이 될 수 있다는 지적도 있었다.

## ▌세월호 특수단, 1년 2개월 수사 종료

옛 국군기무사령부(현 국가안보지원사령부)나 국가정보원이 세월호 유가족을 사찰했다는 의혹과 관련해 검찰이 장기간 수사 끝에 무혐의 결론을 내렸다. °**세월호 참사** 특별수사단(특수단)은 지난 1년

2개월간의 수사 결과를 발표하고 1월 19일 활동을 마무리했다.

특수단은 세월호 참사를 둘러싼 각종 의혹을 전면 재조사해야 한다는 유가족 측 요구와 국민청원에 여론의 힘이 실리면서 윤석열 검찰총장의 지시로 2019년 11월 설치됐다. 특수단은 해경의 구조 책임, 진상 규명 방해 등 '윗선'의 책임을 규명하는 데 수사의 초점을 맞춰 조사를 진행했다.

그러나 **선박자동식별장치**(AIS, Automatic Identification System) 항적자료 조작, 고(故) 임경빈 군 구조 방기, 법무부의 검찰 수사 외압, 청와대의 감사원 감사 외압, 기무사와 국정원의 세월호 유가족 사찰 등 **13개 의혹은 '혐의없음'** 처분을 내렸다.

임관혁 특수단장은 "수사단은 각종 의혹의 사실관계를 철저히 확인해 유족의 한을 풀어주려고 최선을 다했지만, 법률가로서 되지 않는 사건을 만들 수 없었다"며 "세월호 참사 희생자분들께 깊은 조의를 표한다"고 말했다.

### 세월호 유족 측 조사 결과 불복

세월호 유가족 단체들은 1월 22일 서울 종로구 청와대 분수대 앞에서 기자회견을 열고 "특수단의 발표 내용은 제대로 된 세월호 참사의 진상 규명과 책임자 처벌을 염원하는 국민들이라면 도저히 용납할 수 없는 것"이라며 "수사 결과를 규탄한다"고 주장했다.

이들은 "특수단은 출범 당시 '백서를 쓰는 심정으로 한 점 의혹이 남지 않도록 철저히 수사하겠다'고 밝혔는데, 결국 과거 검찰의 부실수사와 세월호 참사 책임자들에게 면죄부를 준 것이나 다름없다"고 지적했다. 그러면서 "국민들의 염원을 저버린 검찰 특수단을 규탄하지 않을 수 없으며 검찰 개혁이 왜 필요한지를 검찰 스스로 드러냈다"고 비판했다.

유가족들은 세월호 참사 진상 규명 약속 이행을 위해 이제는 문재인 대통령이 직접 나서야 한다고 촉구했다. 이들은 "문재인 정부는 그동안 일관되게 검찰 수사 결과를 지켜보고 미흡하면 나서겠다고 이야기해왔다"며 "만일 정부가 나서지 않는다면 특수단의 수사결과는 문재인 대통령의 뜻이라고 볼 수밖에 없다"고 강조했다.

## °세월호 참사

세월호 참사란 2014년 4월 16일 인천에서 제주로 향하던 여객선 세월호가 진도 인근 해상에서 침몰하면서 승객 304명(전체 탑승자 476명)이 사망·실종된 대형 참사다. 세월호 참사는 ▲엉뚱한 교신으로 인한 초기 대응 시간 지연 ▲선장과 선원들의 무책임 ▲해경의 소극적 구조와 정부의 뒷북 대처 등 총체적 부실로 발생한 최악의 인재(人災)였다. 세월호 침몰 원인으로는 ▲최대 화물 적재량(1077톤)의 두 배에 달하는 과적(2142톤) ▲3등 항해사와 조타수의 급격한 변침(變針 : 배의 경로를 바꿈) 등으로 꼽히지만, 왜 세월호가 급변침했는지, 세월호 침몰 후 왜 1명도 구조하지 못했는지에 대한 이유는 밝혀진 바가 없다.

## 경기도, 2월 1일부터 전 도민에 10만원씩 재난소득 지급

이재명 경기도지사가 2월 1일부터 모든 경기도민에게 10만원씩 2차 °**재난기본소득**을 지급하겠다고 1월 28일 밝혔다. 여당 내 방역 우려와 지자체 간 형평성 논란에도 불구하고 애초 계획대로 **설**(2월

▲ 경기도 2차 재난기본소득 지급 안내 (자료 : 경기도청)

12일) **명절 전 지급을 결정**한 것이다.

이 지사는 온라인 기자회견에서 "방역과 경제 등 현재의 모든 여건을 고려할 때 (코로나19) 3차 대유행의 저점에 도달한 지금, 설 명절 전에 재난기본소득을 지급하는 것이 바람직하다는 결론을 내렸다"며 이같이 밝혔다.

방역 방해 우려에 대해선 "사회적 거리두기가 강화된 지금도 소비는 이뤄지고 있고, 방역에 협조적인 우리 국민께서 1인당 10만원을 쓰기 위해 수칙을 위반하지는 않을 것"이라고 내다봤다. 지급 대상은 1월 19일 24시 현재 경기도에 주민등록을 둔 도민 1399만 명이며, 외국인(등록외국인·거소신고 외국국적동포) 58만 명도 포함된다.

이번에는 현장 혼잡을 최소화하기 위해 방문자의 출생연도를 기준으로 신청이 가능한 주간을 구분하고 요일별 5부제도 적용한다. 1차 때와 달리, 온라인 신청에도 출생연도에 따른 요일별 5부제가 적용된다.

재난기본소득의 사용 기간은 사용승인 문자 수신일로부터 3개월이다. 6월 30일까지 사용해야 하며, 이후 미사용분은 환수된다. 주민등록 주소지 시군 내 경기지역화폐 가맹 업소에서 사용해야 한다. 연매출 10억원 이하 업소만 가능하며, 백화점·대형마트·기업형 슈퍼마켓·유흥업종·사행성 업소·프랜차이즈 직영점 등은 사용이 제한된다.

### 재난기본소득 (災難基本所得)

재난기본소득이란 국가나 지방자치단체가 재난 상황에서 위축된 경기를 극복하기 위해 모든 국민 또는 주민에게 지급하는 직접적인 소득 지원을 말한다. 주로 태풍·지진과 같은 자연재난이나 화재 등 사회재난으로 인근 지역에 막대한 경제적 피해를 입었을 때 경제 지원을 목적으로 시행된다. 2020년 코로나19가 전 세계적으로 확산됨에 따라 재난기본소득이 논의됐고, 그해 4월 30일 추가경정예산안이 국회를 통과하면서 전국 2170만 가구를 대상으로 1인 가구 40만원, 2인 가구 60만원, 3인 가구 80만원, 4인 이상 가구 100만원씩 지급됐다.

## 김진욱 공수처장 취임 "여야 아닌 국민 편 들겠다"

▲ 김진욱 초대 고위공직자범죄수사처장 (자료 : 고위공직자범죄수사처)

1월 21일 김진욱 고위공직자범죄수사처장이 정부과천청사에서 열린 공수처 취임사에서 "권한을 맡겨주신 국민 앞에서 겸손하게 권한을 절제하며 행사할 것이다. 국민 앞에서 오만한 권력이 되지 않을 것"이라고 강조했다.

김 처장은 "수사와 기소 결정에 앞서 주권자인 국민 눈높이에 맞는 결정인지 항상 되돌아볼 것"이라고 말했다.

이날 김 처장은 **공수처를 이끌어나갈 3가지 원칙을** 공개했다. 첫 번째 원칙은 ▲정치적 중립성·독립성이다. 김 처장은 먼저 "정치적 중립성과 독립성을 철저히 지키고 고위공직자 비리를 성역 없이 수사할 것"이라고 했다. 공수처법 취지를 밝히며 "여당 편도 아니고 야당 편도 아닌 오로지 국민 편만 드는 정치적 중립을 지키는 수사와 기소라야 국민의 신뢰를 얻을 수 있을 것"이라고 했다.

**두 번째 원칙은 ▲절제된 수사다.** 김 처장은 "적법절차와 무죄추정 원칙을 따른 '절제된 수사'를 공수처 원칙으로 삼겠다"고 말했다. 김 처장은 "인권친화적 수사를 하면서 다른 수사기관과 협조할 것은 협조하고, 견제할 것은 견제하는 관계를 구축하겠다"고 밝혔다.

공수처 출범으로 기존 수사기관들과 갈등이 발생하거나 반부패수사 역량이 오히려 낮아질 것이라는 우려에 대해서도 "새로 출범하는 공수처와 검찰·경찰이 서로 협조하고, 견제할 것은 견제한다면 국민의 기본권 보장을 위해 선의의 경쟁을 하는 상생 관계가 되리라 확신한다"고 설명했다.

**세 번째 원칙은 ▲공정한 채용과 수평적 조직문화다.** 김 처장은 "다양한 경력과 배경을 가진 인재를 공정하고 투명한 절차로 채용하겠다"며 "외부위원들이 참여하는 면접시험 등으로 출신과 배경에 관계없이 사명감과 능력, 자질을 갖춘 인재들을 공수처 검사와 수사관, 직원으로 선발하겠다"는 방안을 밝혔다.

조직 내부에서도 견제와 균형이 이뤄질 수 있는 직제를 만들고, 공정한 수사절차를 운영하는 등 원활한 내부 소통을 위한 구조를 구현하겠다는 포부도 전했다.

## 공수처 1호 수사대상 누가 될까?

김진욱 공수처장은 1월 19일 인사청문회 당시 공수처 수사대상 1호에 대해 "모든 가능성을 열어놓고 있다"고 밝혔다. 아직까지는 이성윤 현 서울중앙지검장이 공수처 수사대상 1호라는 설이 유력하다. 이 지검장은 2019년 3월 당시 대검찰청 반부패·강력부장으로 김학의 전 법무부 차관에 대한 '불법 출국금지'에 개입했다는 의혹을 받고 있다.

안양지청 수사팀은 2019년 수사를 통해 ▲출입국심사과 직원들의 출금정보 무단조회 및 공유 ▲인천공항 정보분석과 직원들의 불법 모니터링 및 대검 조사단 보고 ▲수사권 없는 파견검사의 긴급출국금지요청 및 승인 요청 ▲출입국본부 간부의 부적절한 긴급출국금지 및 승인, 관련 전산 조작 사실 등을 확인했다. 이에 따라 이 지검장이 김 전 차관 불법 출금 수사에 외압을 넣어 중단시켰다는 의혹이 일파만파 커지는 상황이다.

그간 이 지검장은 ▲청와대 울산시장 선거 개입 의혹 ▲채널A 사건 ▲옵티머스 펀드 사기 의혹 ▲나경원 전 의원 관련 사건 ▲윤석열 검찰총장 처가 의혹 ▲최강욱 열린민주당 의원 사건 등에 개입했다는 의혹을 받아 왔다.

▲ 강경화 전 외교부 장관 (자료 : 외교부)

## 文 마지막 원년 멤버 강경화 교체...
## 신임 외교부 장관 정의용

작년 12월 김현미 국토부 장관과 박능후 보건복지부 장관이 교체된 데 이어 강경화 외교부 장관이 이번 개각 대상에 포함됐다. 문재인 대통령은 1월 20일 **강 장관 후임에 정의용 대통령 외교안보특별보좌관을 지명**했다. 이로써 문재인 정부 출범 때 취임한 '원년 멤버'는 모두 교체됐다.

강 장관은 2017년 6월 **문재인 정부 초대 외교부 장관에 취임해 3년 7개월째 자리를 지켜 문재인 정부에서 최장수 장관 반열에 올랐다.** 지난 12월 개각 때

는 문 대통령이 강 장관을 재신임할 것이라는 관측도 있었다.

그런 강 장관을 교체한 배경에 대해 청와대는 "미국 바이든 행정부가 출범하는 등 주요국의 행정부 변화에 따라 외교라인을 재정렬하는 취지"라고 했다. '미국통'인 정의용 장관 중심의 외교 라인을 가동하겠다는 것이다.

문재인 정부 초대 청와대 국가안보실장으로 3년을 재임한 정 신임 장관은 문 대통령이 가장 신뢰하는 외교 안보 참모로 꼽힌다. 주미 대사관과 공사 근무 이력이 있어서 문재인 정부에서는 미국통으로 분류된다. 대북 특사단장 자격으로 남북 정상회담을 성사시켰고, 작년 1월 트럼프 전 미국 대통령과 면담을 했다.

### 여성 장관 30% 룰 깨지나

더불어민주당 서울시장 후보로 출마하면서 사퇴한 박영선 중소벤처기업부 장관 후임에는 권칠승 민주당 의원이 지명됐다. 18개 정부부처 중 **여성 장관은 유은혜 교육부 장관과 정영애 여성가족부 장관 2명만** 남게 됐다. 청와대는 여성 장관 30% 기용 룰이 깨진 것에 대해선 "여성 (장관)을 채우기 위해 부단히 노력 중"이라고 했다.

한편, 지난 12월부터 이어진 개각에서 박범계 의원이 법무부 장관으로, 한정애 의원이 환경부 장관으로 취임했고 문화체육부 장관에 황희 의원, 중기부 장관에 권칠승 의원이 지명되면서 민주당 의원들이 줄줄이 입각했다.

**문재인 정부 국무위원 현황** (2021년 2월 18일 기준)

| 직위 | 이름 |
| --- | --- |
| 국무총리 | 정세균 |
| 경제부총리 겸 기획재정부 장관 | 홍남기 |
| 사회부총리 겸 교육부 장관 | 유은혜 |
| 과학기술정보통신부 장관 | 최기영 |
| 외교부 장관 | 정의용 |
| 통일부 장관 | 이인영 |
| 법무부 장관 | 박범계 |
| 국방부 장관 | 서욱 |
| 행정안전부 장관 | 전해철 |
| 문화체육관광부 장관 | 황희 |
| 농림축산식품부 장관 | 김현수 |
| 산업통상자원부 장관 | 성윤모 |
| 보건복지부 장관 | 권덕철 |
| 환경부 장관 | 한정애 |
| 고용노동부 장관 | 이재갑 |
| 여성가족부 장관 | 정영애 |
| 국토교통부 장관 | 변창흠 |
| 해양수산부 장관 | 문성혁 |
| 중소벤처기업부 장관 | 권칠승 |

○ **기출tip** 대규모 개각 시 각 부처 장관을 묻는 문제가 언론사 상식 시험에서 자주 출제되니 개각 이슈가 있을 때마다 한번씩 확인하도록 하자.

## ▌독립유공자 1500명 중 '가짜' 가려낸다

정부가 **˚독립유공자** 1500여 명의 공적을 올해 다시 검증해 '가짜 유공자'로 드러날 경우 서훈(敍

▲ 브리핑 중인 이남우 국가보훈처 차장 (자료 : 국가보훈처)

勳 : 훈장이나 포상을 주는 것)을 박탈할 예정이다. 국가보훈처는 1월 27일 청와대 서면 업무보고에서 '독립유공자 공적 전수조사' 1차 대상자인 초기 서훈자(1949~1976년)와 언론에서 적절성 문제가 제기된 유공자 등에 대해 연말까지 검증을 완료하겠다고 밝혔다.

일제 강점기 독립군 부대 대한군무도독부와 대한북로독군부 사령관을 지낸 최진동 장군을 비롯해 '밀정 혐의자'라는 의혹이 불거진 인사들도 대거 포함된 것으로 알려졌다. 최진동 장군은 문재인 대통령이 지난해 6월 현충일 추념사에서 언급하기도 했던 유공자로 초기 서훈자여서 포함됐다.

보훈처는 '가짜 유공자'와 달리 독립운동을 하고도 **그간 국가로부터 예우 받지 못한 '숨은 유공자'를 발굴하고 포상은 더 적극적으로 확대한다는 방침**이다. 심사기준 개선안을 마련해 올해 광복절 계기 포상 시부터 적용할 계획이다. '숨은 유공자 발굴' 방침으로 사실상 심사 기준이 완화될 것으로 전망된다.

한편, 보훈처는 김원웅 광복회장의 부친인 김근수 씨와 모친 전월순 씨에 대해 가짜 독립운동가 의혹이 제기된 것과 관련해 독립유공자 공적 검증위에서 조사를 진행한 결과 서훈 자격에 문제가 없다고 밝혔다.

### 독립유공자 (獨立有功者)

독립유공자란 '독립유공자 예우에 관한 법률'이 지정한 순국선열과 애국지사를 말한다. 순국선열은 일제의 국권침탈 전후로부터 1945년 8월 14일까지 국내외에서 일제의 국권침탈을 반대하거나 독립운동을 하기 위하여 항거하다가 그 항거로 인하여 순국한 자로서, 그 공로로 건국훈장·건국포장 또는 대통령표창을 받은 자이다.
애국지사는 일제의 국권침탈 전후로부터 1945년 8월 14일까지 국내외에서 일제의 국권침탈을 반대하거나 독립운동을 하기 위하여 항거한 사실이 있는 자로서, 그 공로로 건국훈장·건국포장 또는 대통령표창을 받은 자이다. 법률은 독립유공자와 유족에 대해 보상금, 연금, 사망일시금, 생활조정수당, 교육보호, 취업보호, 의료보호 등을 보장한다.

## ▌유시민, '검찰 사찰 의혹' 제기 사과

▲ 유시민 사람사는세상 노무현재단 이사장 ('알릴레오' 유튜브 캡처)

유시민 **사람사는세상 노무현재단** 이사장이 1월 22일 자신이 제기한 '검찰의 노무현재단 금융거래 정보 사찰' 의혹에 대해 사과했다. 유 이사장은 "저는 제기한 의혹을 입증하지 못했다. 그 의혹은 사실이 아니었다고 판단한다"고 했다.

유 이사장은 이날 노무현재단 홈페이지에 사과문을 올리고 "누구나 의혹을 제기할 권리가 있지만 그 권리를 행사할 경우 입증할 책임을 져야 한다"며 이같이 밝혔다. 유 이사장은 "사실이 아닌 의혹 제기로 검찰이 저를 사찰했을 것이라는 의심을 불러일으킨 점에 대해 검찰의 모든 관계자들께 정중하게 사과드린다"고 했다.

유 이사장은 지난 2019년 12월 24일 **유튜브 채널 '알릴레오'**에서 "검찰이 노무현재단 은행 계좌를 들여다본 것을 확인했다. 제 개인 계좌도 다 들여다봤을 것으로 짐작한다"며 "내 뒷조사를 한 게 아닌가 싶다. 제 처의 계좌도 다 들여다봤을 가능성이 농후하다"고 주장했다.

이어 작년 7월 라디오 인터뷰에서도 "윤석열 검찰총장이나 한동훈 당시 반부패강력부장이 조국 사태 와중에 제가 알릴레오를 진행했을 때 대검에서 실시간으로 모니터링했다"며 "그래서 '애 이대로 놔두면 안 될 것 같다. 뭔가를 찾자'해서 노무현재단 계좌도 뒤진 것 같다"고 말했다.

### 친문 대선 주자 몸풀기?

유 이사장의 사과를 두고 여권 일각에서는 유 이사장이 대선 출마를 염두에 둔 것이 아니냐는 해석이 나온다. 유 이사장은 정권 초기부터 **차기 대권 주자로 꾸준히 거론**돼 왔다. 스스로 '어용(御用 : 임금이나 정부가 쓰는 것, 친여권이란 의미) 지식인'을 자처하며 각종 사안마다 여권의 변호인을 자처해 친문(재인) 진영 내에서 꾸준히 입지를 다져왔다. 그런 측면에서 이번 사과문이 정계복귀의 신호탄이 될 수 있다는 해석이다.

반면 정치평론가인 윤태곤 더모아 정치분석실장

은 "유 이사장의 그동안 발언이나 움직임으로 볼 때 대선 주자로 나선다거나 현실정치에 복귀하려는 움직임으로 보이지는 않는다"며 "굳이 이유를 찾아본다면 대통령의 신년 기자회견 등이 영향을 미치지 않았을까 생각한다"고 말했다. 문 대통령은 이번 신년기자회견에서 윤석열 검찰총장에 대해 화합의 메시지를 냈다.

윤 실장은 또 유 이사장이 1년 만에 사과를 한 것에 대해서도 "검찰이 계좌를 조회했을 경우 1년 안에 조회사실이 당사자에게 통보된다는 점을 고려했을 때 이번에 사과가 갑작스러운 것은 아니다"라고 말했다. **금융실명제법상 수사기관은 계좌 조회를 했을 경우 1년 안에 당사자에게 의무적으로 알려야 한다.**

### 사람사는세상 노무현재단

사람사는세상 노무현재단(약칭 노무현재단)은 대한민국 16대 대통령 노무현의 가치와 철학, 업적을 선양하고 유지 계승 발전시켜 그 뜻이 나라 발전과 민주주의 발전의 중요한 토대가 되도록 함을 목적으로 2009년 11월 1일 설립된 재단법인이다. 노무현 전 대통령이 2009년 5월 23일 사망한 후 49재 안장식에서 재단 설립에 대한 계획안이 발표됐고 11월 1일 출범했다. 이사장은 한명숙 전 총리가 초대 역임했고 2대 이사장은 문재인 대통령, 3대 이병완 전 대통령 비서실장, 4대 이해찬 전 총리를 거쳐 현재 유시민 전 보건복지부 장관이 맡고 있다.

## ▎김종인 "한일 해저터널도 추진 검토"

국민의힘 김종인 비상대책위원장이 2월 1일 부산을 찾아 '가덕도 신공항' 사업을 적극 지지한다고 밝혔다. 신공항에 대한 국민의힘의 모호한 태도 탓에 부산 민심이 흔들리자 직접 정리에 나선 것

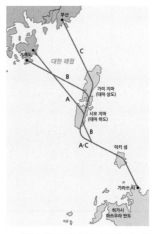

▲ 한일 해저터널 구상도 (자료 : 한일터널연구회)

이다. 여기에 더해 김 위원장은 '**한일 해저터널**'이라는 또 다른 초대형 사회간접자본(SOC) 사업까지 공약했다. 부산시장 보궐선거를 겨냥해 승부수를 던진 것이다.

김 위원장은 이날 부산시당에서 현장 비대위를 열고 "국민의힘은 가덕도 신공항 건설을 적극 지지하며, 가덕도 신공항 건설 특별법이 여야 합의하에 처리되도록 노력할 것"이라고 말했다. 그러면서 "부산 재도약의 계기가 될 세계 엑스포 유치와 연계된 신공항 건설이 차질 없이 수행될 수 있게 지원하겠다"고 강조했다.

김 위원장은 또 "**가덕도와 일본 규슈를 잇는 해저터널 건설**을 적극 검토할 것"이라며 "일본에 비해 월등히 적은 재정부담으로 생산 부가효과 54조 5000억원, 고용유발 효과 45만 명에 달하는 엄청난 경제효과가 기대되는 사업"이라고 설명했다.

더불어민주당은 가덕도 신공항 논의가 앞선 정부에서 잇달아 무산됐던 점을 부각하며 국민의힘에 견제구를 던졌다. 최인호 수석대변인은 "김 위원장은 이명박, 박근혜 전 대통령이 (가덕도 신공항을) 공약했다가 집권 후 무산시킨 잘못에 대해 사과부터 하라"고 지적했다.

한일 해저터널에 대해서는 "부산이 규슈의 경제권

에 편입돼 국익에는 도움이 안 되고 단순 '경유지화'가 될 우려가 있다"며 "일본에서도 주요 관심사가 아닌데 생뚱맞다"고 평가했다.

한일 해저터널은 김대중·노무현 전 대통령을 포함해 역대 정부에서 매번 검토했던 사업이지만 막대한 공사비와 기간, 일본 정부의 무관심 등으로 인해 검토 단계에만 머물러 있다.

---

### *한일 해저터널

한일 해저터널은 대한민국 부산광역시와 일본 사가현 가라쓰시를 잇는 약 230km를 대한해협 지하로 관통하는 터널 구상이다. 구상은 1930년대 일본에서 시작됐다. 일본 제국 치하에 있던 한반도의 부산을 기점으로 경성을 지나, 단둥에서 당시 만주국 영토로 진입, 선양을 지나 중화민국 영토에서 베이징, 난징 등을 경유하여 베트남의 하노이, 사이공, 프놈펜, 말레이반도까지 이어지는 약 1만km의 노선이다.

2000년대 들어 한국에서도 한일 해저터널을 추진하자는 주장이 나왔다. 찬성하는 쪽은 대한민국과 일본 간의 우호 증진, 또는 철도가 한반도를 경유하기 때문에 유라시아 대륙 각지를 통과하는 물류 허브로서의 기능을 할 수 있다는 것을 추진 이유로 내세우고 있다. 반대하는 쪽은 항공편을 이용한 수송이 주류인 이 시대에 큰 예산을 들여서까지 이런 터널을 건설할 필요가 있는가에 대해 의문을 제기하고 있다. 실제로 부산지자체와 국가에서 조사한 결과 경제성이 없다고 결론이 났다.

---

## '환경부 블랙리스트' 김은경 징역 2년 6개월...법정구속

이른바 '환경부 *블랙리스트* 사건으로 재판에 넘겨진 김은경 전 환경부 장관이 1심에서 실형을 선고받고 법정 구속됐다. 서울중앙지법 형사합의

25-1부는 2월 9일 업무방해, 직권남용 권리행사방해 등 혐의로 **불구속기소된 김 전 장관에게 징역 2년 6개월을 선고**했다. 함께 기소된 신미숙 전 균형인사비서관은 징역 1년 6개월에 집행유예 3년을 선고받았다.

이는 2018년 12월 처음 관련 의혹이 불거진 이래 약 2년 2개월 만이다. 검찰은 지난해 11월 열린 결심 공판에서 김 전 장관과 신 전 비서관에게 모두 징역 5년의 실형을 구형했다.

재판부는 김 장관에 대해 "청와대 또는 환경부가 정한 내정자들을 공공기관 임원 직위에 임명하고 내정자들이 공정한 심사를 거쳐 선임됐다는 외관을 가장했다"며 "공정한 심사 업무를 방해해 공공기관 임원 임명의 적정성과 공정성을 해쳤을 뿐 아니라 공공기관 운영법의 입법 취지를 몰각했다"고 질타했다.

이 사건은 청와대 특별감찰반에서 근무하다가 비위 의혹으로 검찰에 복귀한 김태우 전 수사관이 2018년 말 특감반과 관련한 각종 의혹을 폭로하면서 알려졌다.

---

### *블랙리스트 (black list)

블랙리스트는 요주의 인물들의 명단을 말한다. 흔히 수사기관 따위에서 위험인물의 동태를 파악하기 위하여 작성한다. 블랙리스트는 17C 잉글랜드의 국왕 찰스 2세가 즉위하자마자 아버지 찰스 1세를 죄인으로 몰아 사형을 선고한 정적들의 이름을 모은 리스트에서 유래됐다.

한국에서도 블랙리스트는 암암리에 존재했다. 이명박 정부는 방송장악을 위한 방송계 블랙리스트를 작성했고, 박근혜 정부는 비판적인 문화예술계 인사들의 발을 묶기 위해 블랙리스트를 만들었다. 문재인 정부 역시 이번 환경부 블랙리스트 논란에 휩싸이며 곤욕을 치렀다.

## 홍남기 "재정 너무 쉽게 본다"... 4차 지원금 가속에 작심 비판

▲ 홍남기 경제부총리 겸 기획재정부 장관

홍남기 경제부총리 겸 기획재정부 장관이 2월 2일, 이낙연 더불어민주당 대표가 제안한 4차 긴급재난지원금의 보편·선별 모두 지급 방안에 대해 "정부로서는 받아들이기 어렵다"며 강한 거부 의사를 밝혔다. 코로나19 장기화에 따른 추가 재난지원금의 필요성에는 공감하지만, 재정 여력을 감안해 신중하게 지급해야 한다는 것이다.

홍 부총리는 이날 오전 국회에 출석해 이 대표의 교섭단체 대표연설을 들은 뒤 오후 페이스북에 이러한 내용의 글을 게재했다. 홍 부총리는 "코로나 장기화로 특히 어려움을 크게 겪고 계신 분들의 피해와 고통에 저도 가슴이 시린다"고 했다.

그러면서도 "다만 지금 3차 재난지원금 지급이 한창이고 3월이 되어야 마무리된다. 경기 동향도 짚어보고 금년 슈퍼예산 집행 초기 단계인 재정 상황도 감안해야 한다"면서 "2월 추가경정예산(추경) 편성은 이를 것으로 판단되고, 필요 시 3월 추경 논의가 가능할 듯 보여진다"고 설명했다.

이 대표가 "(4차 재난지원금을 위해) 늦지 않게 충분한 규모의 추경을 편성하겠다"고 밝히자, 홍 부총리가 일부 동의하면서도 과도한 재정 부담엔 반대한다는 입장을 밝힌 것으로 해석된다.

홍 부총리는 "국가 재정은 국내총생산(GDP) 대비 숫자로만 비교되고, 또 그것으로 끝날 사안이 아니다. 물론 화수분도 아니다"라며 당청의 압박에 대한 섭섭함도 내비쳤다. 홍 부총리는 "최근 우리의 재정상황을 두고 '너무 건전한 것이 문제'라는 지적을 본 적이 있다"면서 "재정을 너무 쉽게 본 진중하지 않은 지적"이라고 꼬집었다.

그는 "'최선을 다한 사람은 결과에 연연하지 말고 담백하게 나아간다'는 말이 있다"며 "저부터 늘 가슴에 *지지지지(知止止止)의 심정을 담아 뚜벅뚜벅 걸어왔고 또 걸어갈 것"이라고 했다.

민주당은 이 대표 연설 직후 홍 부총리가 조목조목 반박하듯 SNS에 글을 게시한 것에 격분했다. 당내에서는 여당의 구상에 공개적으로 '반기'를 든 홍 부총리에 대한 '사퇴론'까지 분출했다.

---

**\*지지지지 (知止止止)**

지지지지(知止止止)란 노자 『도덕경』 44장에서 유래한 말로 '그침을 알고 그칠 데에서 그친다'는 말이다. 원문은 '만족함을 알면 욕됨이 없고 멈춤을 알면 위태함이 없어 가히 오래갈 수 있다'[知足不辱 知止不殆 可以長久(지족불욕 지지불태 가이장구)]로 풀이된다.

고구려 을지문덕 장군이 수나라 장수 우중문에게 보냈다고 전해지는 '여수장우중문시(與隋將于仲文詩)'에서도 비슷한 문구가 나온다. 612년 수나라는 30만 대군으로 고구려를 침공했지만 군사들은 기력을 잃고 굶주렸다.

을지문덕은 "그대의 귀신같은 전략은 천문을 꿰뚫고, 기묘한 계략은 지리에 통달했구나, 전쟁에 이겨 공이 높으니, 만족함을 알고 물러나게나"라는 시를 보내 수나라군의 사기를 꺾었고 회군하는 수나라군을 추격해 크게 이겼다(살수대첩).

# LG전자, 휴대폰 사업 접는다...
# AI · 전장에 집중

### 23분기 연속 적자 끝 '백기'

LG전자가 부진한 휴대전화 사업을 정리할 것으로 보인다. 26년 만에 휴대전화 제조에서 물러나는 셈이다. LG전자는 작년 플래그십 스마트폰 'LG 벨벳'과, *폼팩터 혁신을 내세운 'LG 윙' 등을 내놨지만 시장에서 큰 호응을 받지 못했다. 스마트폰을 만드는 **모바일커뮤니케이션(MC) 사업본부는 2015년 2분기 이후 23분기 연속 적자**의 늪에 빠졌고 작년 말까지 누적 영업적자가 무려 5조원에 달했다.

LG전자가 휴대전화를 만드는 MC 사업본부를 매각할 것이란 설이 꾸준히 나돌았고 그때마다 LG전자는 "사실 무근"이라고 대응했다. 하지만 1월 20일 입장문을 통해 "모바일 사업의 경쟁력을 냉정하게 판단해 최선의 선택을 해야 할 시점에 이르렀다"며 "모든 가능성을 열어 두고 사업 운영 방향을 면밀히 검토하고 있다"고 덧붙였다.

이어서 권봉석 LG전자 사장은 사내 이메일을 통해 "(MC 사업본부의)

**·폼팩터 (form factor)**

폼팩터는 산업과 공학 설계에서 제품의 크기나 구성, 물리적 배열처럼 구조화된 형태를 의미한다. 보통 메인보드 크기 등 컴퓨터 하드웨어의 규격을 뜻하는 말로 사용됐는데 최근에는 모바일 기기의 발전과 함께 스마트폰의 외형적 요소를 가리키는 용어로 많이 사용되고 있다.

고용은 유지되니 불안해 할 필요 없다"고 강조했다. 사실상 MC 사업본부 매각과 휴대전화 사업 철수 방침을 인정한 셈이다. MC 사업본부는 매출 감소로 2017년 5000명 수준이던 인력을 지난해 3700명까지 줄였다.

## '초콜릿폰' 영광 못 벗어나

LG전자는 한때 세계 휴대전화 점유율 3위에 오르며 기염을 토했지만 아이폰발(發) 스마트폰의 역풍에 제대로 대처하지 못해 나락으로 떨어졌다. 과거의 영광에 발목을 잡혀 **ˑ휴브리스의 함정**'에 빠진 전형적 사례다.

LG전자는 2005년 **피처폰**(feature phone : 스마트폰이 아닌 일반 휴대전화) 시절에 초콜릿폰 전 세계 1000만 대 판매로 선풍을 일으켰고 이어 나온 샤인폰, 프라다폰까지 승승장구했다. 하지만 2007년 애플이 아이폰을 출시한 이후 내리막길을 걸었다. LG전자는 그해 글로벌 컨설팅 회사인 맥킨지로부터 컨설팅을 받은 뒤 기술개발(R&D) 비중을 줄이고 마케팅 비용을 늘리는 방향으로 선회했다. 이는 모바일 생태계가 가져올 기술 변혁의 중요성을 간과한 패착이었다.

비슷한 시기 삼성전자는 옴니아 스마트폰 등 시행착오를 거치며 재빨리 갤럭시 시리즈를 내세워 아이폰과 스마트폰 시장을 양분했다. LG전자는 스마트폰 시장에 비교적 늦게 진입했고 기술력과 가격 모두 소비자를 만족시키지 못하는 어정쩡한 포지션에서 고전을 면치 못했다.

## 구광모 체제의 전략 '선택과 집중'

LG전자가 발목을 잡던 스마트폰 사업을 정리하기로 가닥을 잡자 시장은 오히려 호응했다. **과감**한 적자 사업 부문 정리로 인해 수익성이 극대화될 것이란 **기대감** 때문이다. 1월 20일 LG전자 주가는 스마트폰 사업을 철수할 수 있다는 소식에 하루에만 12.84% 급등했고 다음 날도 10.78% 상승하며 18만5000원으로 역대 최고치를 갈아치웠다.

재계에서는 2018년 취임한 구광모 LG그룹 회장 체제가 자리 잡으면서 미래 성장 가능성이 높은 사업에 치중하고, 안 되는 사업은 과감히 정리하는 선택과 집중 전략이 이어지고 있다고 해석한다.

집중이 이뤄지는 대표적인 분야는 **전장**(전기장치 부품)과 인공지능(AI) 사업이다. 지난해 LG전자는 자동차 부품업체인 캐나다 **마그나 인터내셔널과 전기차 파워트레인 분야의 합작법인을 설립**하기로 했다. 지난 12월에는 LG전자, LG디스플레이, LG화학 등 16개 계열사가 참여하는 AI 전담 조직인 LG AI 연구원을 출범하고 그룹 차원에서 AI 원천 기술을 확보하는 데 박차를 가했다.

---

### ˑ휴브리스 (hubris)

휴브리스는 '신의 영역까지 침범하려는 정도의 오만함'을 뜻하는 그리스어에서 유래한 역사 용어로, 성공한 사람이 자신의 능력과 방법을 진리라고 과신하다가 오류에 빠진다는 것이다. 영국의 역사학자 아놀드 토인비가 역사 해석학 용어로 사용한 말이다. 휴브리스는 기업 경영이나 국내외 정치에 이르기까지 다양한 영역에서 나타날 수 있다.

---

### ✋ 세 줄 요약

❶ LG전자가 적자의 수렁에 빠진 휴대전화 사업을 정리할 것으로 보인다.

❷ LG전자는 과거 휴대전화 점유율 3위였지만 스마트폰 시대의 대응에 실패했다.

❸ 구광모 회장 체제에서 LG전자는 선택과 집중 전략이 이어지고 있다.

## 대한상의, 차기 회장에 최태원 SK 회장 추대

▲ 대한상의 회장으로 추대된 최태원 SK그룹 회장 (자료 : SK 그룹)

**대한상공회의소**(대한상의)가 **박용만 회장**(두산 인프라코어 대표이사)**의 후임으로 최태원 SK그룹 회장**을 추대했다. 대한상의는 2월 1일 서울 중구 상의회관에서 회장단회의를 열고 최 회장을 차기 대한상의 회장에 추대할 것을 만장일치로 결정했다고 밝혔다.

최 회장은 2월 23일 열리는 임시 의원총회에서 서울상의 회장으로 최종 선출될 예정이다. 서울상의 회장은 관례에 따라 대한상의 회장을 겸임한다. 최 회장은 "상의와 국가 경제를 위해 제가 무엇을 할 수 있을지 고민하겠다"며 회장직을 수락했다. 서울상의와 대한상의 회장 임기는 3년이며 한 차례 연임할 수 있다.

대한상의 회장단은 최 회장의 그간 경영 업적과 글로벌 역량, ESG(환경·사회·지배구조) 선도 등 경제사회적 가치에 대한 혜안 등을 고려할 때 가장 적합한 인물이라고 평가했다. 국내 4대 **그룹**(삼성·현대·SK·LG) 총수가 대한상의 회장을 맡는 것은 최 회장이 처음이다.

4대 그룹 총수 중 한 명을 회장으로 맞이하는 대한상의는 재계의 입장을 전하는 통로로써 입지가 커질 것으로 보인다. 과거 재계를 대표하는 조직은 전국경제인연합회(전경련)였지만 박근혜·최순실 국정농단 사태 이후 정경유착의 통로로 지적을 받으며 회원사가 잇따라 탈퇴했고 입지가 축소됐다. 현재는 대한상의가 재계 단체의 만형 역할을 하고 있다.

### 대한상공회의소 (大韓商工會議所)

대한공회의소는 중소기업부터 대기업까지 이우르는 국내 최대 종합경제단체다. 경제계와 산업계의 현안을 조사하고 실태를 연구하며 회원 기업들의 권익을 대변하여 서울상의를 비롯한 전국 73개 지방 상공회의소를 대표한다. 전국 회원사가 18만 개에 달하고 전 세계 130여 국의 상공회의소와 글로벌 네트워크가 구축돼 있다.

상공회의소법에 정해진 주요 업무는 상공업 관련 정책에 관한 정부 및 지방자치단체 등에 대한 자문 및 건의, 상공업에 관한 조사 및 연구, 상공업에 관한 지원 계획의 수립 및 시행, 정보·자료의 수집 및 간행, 지도·교육 및 거래의 중개·알선, 상공업 진흥을 위한 박람회·전시회 등의 개최 및 알선, 직업능력 개발 및 교육·훈련 등이다.

### 주요 경제 단체

▲대한상공회의소(대한상의) ▲한국경영자총협회(경총) ▲전국경제인연합회(전경련) ▲한국무역협회(무협) ▲중소기업협동조합중앙회(중기중앙회) ▲은행협회 ▲벤처기업협회 ▲소상공인연합회 등

## 코로나 뚫은 삼성전자... 작년 236조원 팔고 36조원 벌어

삼성전자가 지난해 코로나19 등 불확실성 속에서도 역대 네 번째로 높은 영업이익을 달성했다.

▲ 삼성전자 서초사옥 (자료 : 삼성전자)

삼성전자는 지난해 연결 기준 잠정실적을 집계한 결과 **영업이익이 35조9939억원으로 전년 대비 29.62% 증가**했다고 1월 28일 밝혔다.

상반기 코로나19 팬데믹(세계적 대유행) 영향으로 예년보다 부진한 출발을 보였으나 3분기 들어 **펜트업(pent up : 억눌린) 수요가 폭발**하고 비대면·집콕 수요가 급증하면서 주력인 반도체와 스마트폰은 물론 가전부문까지 선전했다.

지난해 4분기 실적은 영업이익 9조470억원, 매출 61조5515억원을 기록했다. 2019년 동기 대비 각각 26.35%, 2.78% 증가한 것이다. 전년에 비해선 양호한 성적이지만 분기 12조원의 영업이익을 내며 •**어닝서프라이즈**를 기록했던 직전 분기(작년 3분기)에 비해서는 실적이 둔화했다.

### 삼성전자 '파격' 특별배당

삼성전자는 이날 4분기에 해당하는 **보통주 1주당 354원**과 함께 **1578원의 특별배당**을 지급한다고 발표했다. 이에 따라 지난해 1년간 1주당 배당금은 일반 배당금 1416원에 특별배당금을 더해 1주당 총 2994원에 이른다.

앞서 삼성전자는 2017년 10월에 **2018년~2020년까지 3년간 발생한 잉여현금흐름**(FCF, Free Cash Flow)의 50%를 주주들에게 환원하겠다는 계획을 발표했다. 삼성은 이렇게 배당을 하고도 이익이 많아 잔여 재원이 발생하면 추가 배당 또는 자사주 매입·소각 등을 통해 주주들에게 환원하겠다고 했다.

이번 특별배당으로 총수 일가가 받는 배당금은 1조원을 넘게 됐다. 배당금은 일가의 상속세 재원으로 사용될 전망이다. 이 회장의 주식 상속가액은 총 18조9633억원으로, 상속인들이 내야 할 주식분 상속세는 11조원대에 이른다.

이번 특별배당으로 향후 삼성전자의 배당금에도 관심이 쏠리게 됐다. 예상보다 큰 규모의 특별배당의 규모가 앞으로 더 커질 수 있다는 전망도 나온다.

---

### •어닝서프라이즈 (earning surprise)

어닝서프라이즈는 기업이 예상과 다른 실적을 발표하는 것으로, 우리나라에서는 '깜짝 실적'이라고 부르기도 한다. 예상치보다 실적이 현저히 낮아도 어닝서프라이즈라고 할 수 있지만, 통상적으로 실적이 예상치보다 높을 때 사용하는 말이다. 영업 실적이 예상보다 낮아 주가를 하락시키는 것은 어닝쇼크(earning shock)라 한다.

---

## 2021년 화물자동차 안전운임 확정

국토교통부는 1월 26일 화물차 안전운임위원회에서 2021년도 화물차 안전운임을 최종 의결했다고 밝혔다. 국토교통부 화물자동차 안전운임위원회는 개인사업자로 분류되는 벌크시멘트트레일러(BCT) 차주의 올해 안전 운임을 8.97%(일반 시멘트 기준) 인상한다고 발표했다.

화물차 안전운임제는 낮은 운임으로 과로·과적·과속 운행이 고착화된 화물운송 종사자의 근로 여건을 개선하고자, 화물차주 및 운수사업자가 지급받는 최소한의 운임을 공표하는 제도이다. 제도 도입 당시 시장 혼란에 대한 우려가 있어 수출입 컨테이너·시멘트 품목에 한해 3년 **˚일몰제**로 도입됐으며 올해 1월 1일부터 시행되고 있다.

### 시멘트업계, 화물차 안전운임제 인상 반발
시멘트업계는 정부의 화물자동차 안전운임제 인상에 "300억원대의 추가 비용 폭탄을 떠안게 됐다"며 **반발**하고 나섰다. 한국시멘트협회는 1월 28일 입장문을 내고 화물자동차 안전운임제 인상에 대해 "인상 요인은 물론 산정 근거도 납득할 수 없다"고 밝혔다.

업계에 따르면 이번 인상으로 시멘트 업계가 추가로 부담하는 물류비만 약 300억원에 달한다. 안전운임제 시행 전인 2019년 물류비와 비교하면 2년간 약 600억원 오른 규모다. 협회는 "시멘트 2차 제품인 몰탈(mortar : 마감용 시멘트)과 험로 운송에도 각각 20%씩 추가 할증이 이뤄진다"면서 "최대 40% 인상 시 전체 안전운임으로 올해만 약 400억원을 추가 부담해야 한다"고 지적했다.

시멘트업계는 **화물자동차 안전운임제 인상 산정 근거도 납득할 수 없다**고 주장했다. 논의 과정에서 업계 의견은 전혀 반영되지 않았고, BCT 차주 입장만 받아들여졌다는 것이다. BCT 차량은 전국 영업용 화물자동차 중 1%도 해당되지 않아 대표성이 부족하다는 게 협회의 설명이다. 전국 영업용 화물자동차는 약 40만 대에 달하는데 BCT 차량

은 2700대에 불과하다.

협회 측은 "영업용 화물차 중 극소수에 불과한 BCT 차량을 향후 안전운임제 운영에 필요한 바로미터로 활용한다는 것은 어불성설"이라고 말했다. 이어 "이번 인상안 표결에 (시멘트 업계가) 보이콧을 했는데도 일방적으로 이뤄진 결정을 수용할 수 없다"면서 "일몰제 종료와 함께 BCT 차량은 안전운임제 적용 대상에서 제외돼야 한다"고 강조했다.

---

### ˚일몰제 (日沒制)
일몰제는 시간이 지나면 해가 지는 것(일몰)처럼 법률이나 각종 규제가 일정 기간이 지나면 자동으로 효력이 사라지도록 한 제도이다. 법률이나 규제가 제정됐을 때와 여건이 달라져 그 필요성이 없어진 이후에도 한번 만들어진 법률이나 규제가 좀처럼 없어지지 않는 폐단을 없애기 위해 도입됐다.

---

## ❚ IMF, 올해 韓 성장률 3.1%로 상향

**˚국제통화기금(IMF)**이 1월 26일 '세계경제전망 수정치'에서 2021년 한국 경제성장률을 3.1%로 전망했다. 2020년 10월 전망(2.9%)보다 0.2%p 높

아진 것이다. IMF는 세계 경제성장률 전망치도 5.5%로 종전보다 0.3%p 높였다. IMF는 "코로나 백신, 치료제 보급 확대로 2분기 경기 회복 모멘텀이 강화될 것"이라고 했다.

2021년 한국 경제성장률에 대한 IMF 전망치는 2020년 4월 3.4%에서 6월 3.0%, 10월 2.9% 등으로 낮아졌는데, 이번에 처음으로 올라갔다. 하지만 **한국을 포함한 선진국 11국 전체 전망치(4.3%)보다 낮다.**

IMF는 2021년 미국이 5.1%, 일본이 5.9% 성장할 것으로 전망했다. 중국, 인도 등 신흥국·개발도상국의 성장률은 6.3%로 전망했다. 2022년 한국 성장률(2.9%)도 선진국 전체(3.1%)보다 낮을 것으로 전망했다. 2022년에 신흥국·개발도상국은 5.0%, 세계 경제는 4.2% 성장할 것으로 IMF는 전망했다.

김광석 한국경제산업연구원 경제연구실장은 "2021년 한국 성장률 전망치가 선진국보다 낮은 것은 선진국이 2020년 4.9%로 역(逆)성장한 기저효과가 크다"며 "2022년 전망치까지 다른 국가보다 낮다는 것은 올해 안으로 한국 경제가 코로나 이전 수준을 회복하지 못할 가능성이 높다는 뜻"이라고 했다.

문재인 대통령은 지난 1월 18일 신년 기자회견에서 "2020년에 OECD(경제협력개발기구) 모든 국가가 다 마이너스 성장을 했지만, 한국은 그래도 가장 선방해서 이른바 최상위권 성장률을 유지했다"며 "2020년과 올해 경제성장을 합쳐서 코로나 이전으로 회복할 수 있는 나라는 극히 드물다"고 했었다.

### ·국제통화기금 (IMF, International Monetary Fund)

국제통화기금(IMF)은 1944년 체결된 브레턴우즈 협정에 따라 1945년 12월에 설립된 국제금융기구다. 전 세계 190여 개 국가가 회원국으로 가입돼 있으며, 우리나라는 1955년에 가입했다. IMF의 주요 업무는 환율 및 국제결제시스템의 안정성 확보. 또 국제적인 통화 협력과 금융 안전성 확보, 국가 간 무역의 확대. 고용 및 지속 가능한 경제성장의 촉진, 전 세계 빈곤의 감소를 목표로 한다. IMF는 협정을 맺은 회원국의 요청이 있을 때 기술 및 금융 지원을 직접 제공한다.

우리나라는 1997년 사상 최악의 외환위기를 맞으며, 그해 11월 21일 IMF에 구제 금융을 신청한 바 있다. 같은 해 12월 5일 1차로 55억6000억달러를 차입한 후 1999년 5월 20일까지 총 10차에 걸쳐 195억달러를 차입했다. 이후 외환보유액 수준이 증가하여 2001년 8월 23일에 차입금을 전액 상환함으로써 IMF 체제를 조기에 벗어났다. 당초 상환기일은 2004년 5월이었다.

## 이재용 옥중서신 "무척 송구, 흔들림 없이 한마음 돼 달라"

이재용 삼성전자 부회장이 삼성 임직원에게 '사과와 감사, 당부'를 담은 **옥중서신**(獄中書信 : 감옥에서 쓴 편지)을 보냈다. 이 부회장이 변호인을 통해 보낸 글을 김기남 삼성전자 대표이사 부회장과 김현석·고동진 사장이 1월 26일 사내 게시판에 올

렸다. 1월 18일 국정농단 파기환송심에서 2년 6개월 실형을 받고 **법정 구속된 이후 이 부회장이 내놓은 두 번째 메시지다.**

먼저 이 부회장은 "저의 부족함 때문에 다시 걱정을 끼쳐드리게 돼 무척 송구하다"며 "너무 큰 짐을 안겨드린 것 같아 정말 죄송한 마음"이라고 운을 떼 사과했다.

이어 "지난 수년간 삼성은 안팎으로 많은 어려운 사정이 있었다"면서 "하지만 여러분께서는 묵묵히 일하며 삼성을 굳건히 지켜주셨다"고 감사를 전했다.

그러면서 "지금까지 그래주셨듯이, 앞으로도 흔들림 없이 한마음이 돼주시길 부탁드린다. 제가 처한 상황과 관계없이 삼성은 가야 할 길을 계속 가야 한다"고 당부의 말도 잊지 않았다.

그는 또 "이미 국민께 드린 약속들은 반드시 지켜야 한다"면서 "투자와 고용 창출이라는 기업의 본분에도 충실해야 한다. 나아가 사회적 책임을 다하는 삼성으로 거듭나야 한다"고 강조했다.

최근 이 부회장의 구속 이후 삼성전자의 경영 차질과 대규모 투자가 어려워질 것이라는 우려가 나오는 것에 대해 총수 공백 없이 업무에 매진해줄 것을 당부한 것으로 보인다.

이 부회장은 앞서 1월 21일에는 변호인을 통해 준법감시위원회의 활동을 계속 지원하겠다는 다짐과 함께 "위원장과 위원들은 앞으로도 계속 본연의 역할을 다해달라"면서 준법 경영의 의지를 담은 옥중 메시지를 보냈다.

### 이재용 부회장, 재상고 왜 포기했나

국정농단 사건 관련 이재용 삼성전자 부회장에게 법원이 선고한 징역 2년 6개월 형이 1월 25일 확정됐다. 이 부회장 측과 박영수 특별검사팀이 1월 18일 파기환송심 선고 결과에 대해 대법원에 재상고하지 않기로 하면서다. 이 부회장과 특검 양측이 나란히 재상고를 포기한 건 실익이 없기 때문이란 분석이 나온다.

우선 이 부회장은 양형 부당 조건에 해당하지 않는다. 현행법(형사소송법 383조)에 따르면 '사형, 무기 또는 10년 이상의 징역·금고가 선고된 사건'에 대해서만 양형 부당을 상고 이유로 내세울 수 있는데 2년 6개월 형을 선고받은 이 부회장은 해당하지 않기 때문이다. 무엇보다 재판부의 작량감경(법관 재량에 따른 형의 감경) 최대치인 특정경제범죄가중처벌법상 50억원 이상 횡령죄 법정형(5년 이상)의 50%인 2년 6개월 형을 선고받은 이 부회장으로선 재상고하더라도 실익이 없다.

## 현대차, 애플 협업 무산 소식에 주가 급락

올해 들어 현대차가 애플과 자율주행 전기차를 공동 개발하는 협의를 진행하고 있다는 보도가 나오면서 현대차그룹 주요 계열사들의 주가가 크게 상승했다.

그러나 2월 8일 현대차 측이 애플과의 자율주행

전기차 협의를 하지 않는다고 공시하면서 주식시장에서 이들 기업의 주가가 급락했다. 특히 미국 조지아주 공장에서 생산 가능성이 언급됐던 기아는 이날 하루 주가가 14.98% 급락했다. 업계에서는 특유의 비밀주의를 고집하는 애플이 언론에 사전 보도된 것을 문제 삼아 협의를 중단했다는 분석이 나왔다.

애플은 자동차 산업 진출 계획을 공식적으로 밝힌 바 없지만 **타이탄이라는 이름으로 자율주행 전기차 개발 프로젝트를 추진하고 있다는** 소문이 돌고 있다. 완성차 업체가 애플의 하청 업체로 전락할까 우려해 애플이 협력 파트너를 찾는 데 어려움을 겪고 있다는 보도가 나온다.

### 4분기 영업이익 40% 증가

한편, 현대차는 4분기 1조6410억원의 영업이익을 올렸다. 2019년 동기에 비해 40.9% 증가한 것이다. 매출액과 당기순이익은 각각 2019년 동기보다 5.1%, 78.3% 증가한 29조2434억원과 1조 3767억원을 기록했다. 영업이익률은 5.6%로, 2017년 3분기(5.0%) 이후 처음으로 분기 영업이익률 5%를 웃돌았다.

현대차는 1월 26일 서울 양재동 본사에서 **˚컨퍼런스콜**을 열고 이 같은 실적을 발표했다. 현대차 측은 "코로나19 여파로 판매가 2019년 같은 기간보다 줄었지만 제네시스 GV80·G80 등 고급차와 SUV 판매 비중 확대로 큰 폭의 영업이익 개선을 나타냈다"고 설명했다. 지난해 현대차의 전체 판매 중 SUV 비중은 43.2%로 2019년 40.5%보다 증가했다. 제네시스 판매 비중도 같은 기간 2.0%에서 3.4%로 크게 늘었다.

서강현 부사장은 "2021년은 미래 성장 동력을 확보하고 경쟁력을 강화하는 의미 있는 한 해"라며 "이어 2022년은 전사적 **˚턴어라운드**를 달성하는 해가 될 것"이라고 밝혔다.

---

### ˚컨퍼런스콜 (conference call)

컨퍼런스콜은 주식시장에 상장된 기업이 기관투자가와 증권사 애널리스트 등을 대상으로 자사의 실적 및 향후 전망을 설명하기 위해 여는 회의다. 여기서 기업 경영진들이 애널리스트로부터 다양한 의견과 충고를 들어 경영에 반영한다. 보통 경영진의 기업설명회를 IR(Investor Relation)이라고 하는데 전화로 하는 IR이 컨퍼런스콜이다.

### ˚턴어라운드 (turn around)

턴어라운드는 구조조정과 조직 개혁, 경영 혁신 등을 통해 기업의 실적이 큰 폭으로 개선되는 것을 말한다. 즉 적자와 경영 침체에 빠진 기업이 흑자로 돌아서는 것을 의미한다. 반드시 흑자 전환이 안 되더라도 넓은 의미에서 기업을 회생시키는 것도 턴어라운드라고 한다. 주식시장에서 턴어라운드가 된 종목의 주가는 상승하는 경우가 많다.

---

## ▎ 코스닥지수 20년 만에 1000선 돌파

코스닥이 1000선을 돌파했다. 1월 26일 오전 9시 30분 기준 코스닥지수는 전날보다 2.37포인트 (0.24%) 오른 1001.67을 가리켰다. 코스닥지수가 장중 1000선을 웃돈 것은 2000년 9월 15일(장중

고가 1037.59) 이후 20년 4개월 만이다.

코스닥시장에선 1월 들어 개인이 2조1600억원 어치 주식을 사들였다. 기관은 1조6500억원 순매도했고, 외국인은 42억원 순매수했다. 그동안 코스닥은 코스피 상승에 비해 상대적으로 소외됐다. 주가 상승을 견인했던 개인 투자자들이 주로 대형주 중심으로 매수하면서 시가총액 규모가 상대적으로 작은 코스닥 종목 상승률은 덜했다.

1월 코스닥은 자년 말 대비 3.18% 올라 코스피 상승률(11.67%)을 8.49%p 밑돌았다. 하지만 코스피 상승이 이어지면서 코스닥 역시 종목별로 차별화된 움직임을 보이고 있는 것으로 분석된다.

### 공매도 5월 재개
한편, 금융위원회는 3월 15일 종료 예정이었던 공매도 금지 조치를 5월 2일까지 연장하기로 했다. 다만 5월 3일부터는 공매도가 부분적으로 허용될 예정이어서 향후 주식시장에 미칠 영향에 관심이 집중되고 있다.

금융위는 **코스피200과 코스닥150 주가지수 구성종목부터 공매도를 부분 재개해 연착륙을 유도할 방침이다.** 업계에서는 과거 공매도 금지 조치 사례와 풍부한 증시 대기자금을 고려할 때 증시에 미칠 영향은 제한적일 것으로 본다.

### 가치주와 성장주
가치주(value stock)는 기업의 현재 가치가 실제 가치보다 상대적으로 저평가된 주식을 말한다. 가치주는 고위험·고수익을 기대하는 성장주와 달리 주가의 변동이 완만하므로 안정적 성향의 투자자들이 선호한다.
성장주(growth stock)는 현재 가치에 비해 미래의 수익이 클 것으로 기대되는 주식을 말한다. 즉 현재 주당이익과 자산가치가 적음에도 불구하고 높은 성장 기대 때문에 높은 주가가 실현되는 주식이다. 가치주에 비해 주가 변동 폭이 커 수익 또는 손실이 모두 클 수 있다.

## ▌50여 계열사 뭉친 '카카오엔터' 탄생

# kakao

김범수 카카오 이사회 의장이 글로벌 '콘텐츠 공룡'들과 겨뤄 보기 위해 50여 개 계열사가 뭉친 합병 법인인 '카카오엔터테인먼트'를 탄생시켰다. 연매출 규모는 1조원에 육박할 것으로 보인다. **카카오페이지와 카카오M은 1월 25일 두 회사가 주주총회 승인을 거쳐 합병 법인 카카오엔터를 설립할 예정**이라고 밝혔다. 합병 기일은 오는 3월 1일이다.

합병 법인의 설립은 김 의장의 결단에 의해 이뤄졌다. 웹툰·웹소설 등 영상 콘텐츠의 소재가 되는 **˚지식재산권(IP)**을 대거 보유한 카카오페이지와 드라마·영화 제작사부터 시작해 가수·배우 매니지먼트사가 있는 카카오M이 한 몸이 되면 시너지가 클 것으로 봤다.

카카오 계열사 사이에 합병이 이뤄지는 것은 이번이 두 번째지만 규모에서 이전과는 다르다. 작년 8월 카카오IX(현 카카오 스페이스)의 일부 사업 부문을 쪼개 카카오커머스와 합병한 적이 있었다.

이번에는 자회사·손자회사를 각자 20여 개씩 보

| 카카오모빌리티 | 6~7조원 |
| --- | --- |
| 카카오페이지 | 4~6조원 |
| 카카오M | 1~2조원 |
| 카카오커머스 | 2조원 |
| 카카오엔터프라이즈 | 1조원 |
| 카카오재팬 | 1조원 이상 |

유한 카카오의 대표 계열사가 하나로 합쳐지는 것이기 때문에 카카오IX 때보다 훨씬 더 크다. 카카오M은 지난해에야 카카오TV를 통해 본격적으로 자체 제작 콘텐츠를 내놓기 시작했는데 이번 합병을 통해 기업 덩치가 급속히 커질 것으로 보인다.

한편, 이날 김 의장의 아들 김상빈 씨와 딸 김예빈 씨가 카카오의 2대 주주인 '케이큐브홀딩스'에 1년여간 재직 중인 사실이 뒤늦게 알려졌다. 케이큐브홀딩스는 현재 카카오 지분 11.21%를 가진 카카오의 지주회사 격으로 평가받는다. 최근 업계에서는 김 의장이 가족·친인척에게 대규모 증여를 한 것과 맞물려 기업을 물려주기 위한 수순 아니냐는 관측이 나왔다.

## *지식재산권 (IP, Intellectual Property)

지식재산권(IP)이란 발명·상표·디자인 등의 산업재산권과 문학·음악·미술 작품 등에 관한 저작권의 총칭이다. 인간의 지적 창작물을 보호하는 무체(無體)의 재산권으로서 산업재산권과 저작권으로 크게 분류된다.
산업재산권은 특허청의 심사를 거쳐 등록을 하여야만 보호되고, 저작권은 창작과 동시에 보호되며 그 보호기간은 산업재산권이 10~20년 정도이고, 저작권은 저작자의 사후 50~70년까지이다. 우리나라는 미국, 유럽연합(EU)과 각각 자유무역(FTA) 협정을 맺으면서 2013년 7월 1일부터 저작권 보호 기간을 사후 70년으로 개정했다.
지식재산권의 문제는 국가 간 제도상의 차이 때문에 분쟁의 대상이 되고 있다. 최근에는 첨단기술과 세계화, 문화의 발달로 지식재산권도 점차 다양해져서 영업비밀보호권이나 반도체칩배치설계보호권과 같은 새로운 지식재산권이 늘어날 전망이다.

### 카카오 자회사 기업가치 (자료 : 카카오)

| 자회사 | 기업가치 |
| --- | --- |
| 카카오게임즈 | 3조2649억원 |
| 카카오뱅크 | 9조원 |
| 카카오페이 | 9~10조원 |

## 네이버파이낸셜·국민은행 등 28개사 마이데이터 허가 첫 획득

네이버파이낸셜과 국민은행을 비롯한 28개사가 금융 당국의 본인신용정보관리업(*마이데이터) 허가를 받았다. 업권별로 보면 은행권에서 국민·농협·신한·우리·SC제일은행 등이, 여신전문금융권에서 국민·우리·신한·현대·BC카드와 현대캐피탈 등이 본허가를 받았다. 금융투자·상호금융·저축은행 업권에서도 각각 미래에셋대우·농협중앙회·웰컴저축은행이 1곳씩 본허가를 받았다.

핀테크 업체 중에서는 네이버파이낸셜을 비롯해 민앤지, 보맵, 비바리퍼블리카(토스), 뱅크샐러드, 쿠콘, 팀윙크, 핀다, 한국금융솔루션, 한국신용데이터, 해빗팩토리, NHN페이코, SK플래닛 등 14곳이 본허가를 확보했다.

이들 업체는 마이데이터 허가를 받음에 따라 당장 관련 시장에서 유리한 입장을 선점할 수 있다는 평가다. **마이데이터는 금융회사 등에 흩어진 개인 신용정보를 한곳에 모아 본인에게 보여주는 서비스로** 오는 2월 5일부터 허가를 받은 업체만이 서비스를 할 수 있다.

## 삼성카드·카카오페이 등 심사 보류

앞서 대주주의 적격성 문제로 심사가 보류된 삼성카드·경남은행·하나은행·하나카드·하나금융투자·핀크·카카오페이는 당장 자산 관리 서비스의 중단이 불가피해졌다.

하나은행·경남은행 등 6개사는 **대주주에 대한 형사소송 또는 금융 당국의 제재 절차 등이 진행 중이어서 예비허가 심사가 보류**됐다. 카카오페이는 2대 주주인 중국 앤트그룹이 중국 인민은행으로부터 제재 또는 형사처벌을 받은 적이 있는지 확인되지 않아 예비허가 심사가 계속 진행 중이다.

금융 당국은 이들 사업자에 대해 허가를 받은 다른 사업자와 업무 제휴를 맺거나 서비스를 일부 변경하도록 안내할 방침이다. 그러나 해당 업체들은 당국의 이 같은 방침이 사실상 불가능한 반면 서비스 중단의 피해가 크다며 목소리를 높이고 있다.

특히 카카오페이는 중국의 문제로 관련 서비스를 하지 못함에 따라 1500만 명의 고객이 피해를 본다는 입장이다. 카카오페이 측은 "중국 인민은행의 답변은 회사가 어떻게 할 수 없는 문제"라며 "회사의 잘못이 아닌 이상 **스크래핑**(타사에서 데이터 읽어오기)이라도 허용해줬으면 좋겠다"고 말했다.

### °마이데이터 (MyData)

마이데이터는 금융기관과 통신사, 병원 등이 보유한 자신의 개인정보를 개인이 직접 제3의 업체에 전달해 새로운 서비스를 받을 수 있도록 한 정부의 시범 사업이다. 기존에 개인정보를 활용할 때는 모든 사항에 본인 동의를 받았어야 했지만, 마이데이터 사업을 실시하면 본인이 개인정보 활용 여부를 결정할 수 있게 된다.

예를 들어 마이데이터 사업이 활성화되면 개인은 금융거래 내용을 프라이빗뱅킹(PB, Private Banking)에 제공해 맞춤형 재테크 서비스를 받거나 건강·신체 정보를 건강관리 업체에 넘겨 활용할 수 있다. 미국은 이미 2011년부터 정부 주도로 스마트 공시(smart disclosure)라는 사업을 하고 이러한 인프라를 구축했다. 애플의 경우 헬스앱을 통해 의료 기관의 개인 정보를 다운로드 받아 저장하고 이 정보를 다른 건강 앱과 공유해 활용하는 기능을 탑재했다.

> ◑ **기출tip** 2020 머니투데이방송 필기시험에 마이데이터를 묻는 문제가 출제됐다.

## █ 쿠팡, 미국 증시 상장…'차등의결권' 주목

'한국의 아마존'으로 불리는 쿠팡이 미국 증시에 진출한다. 쿠팡은 2월 12일(현지시간) 미 증권거래위원회(SEC) 공시를 통해 **뉴욕증권거래소(NYSE) 상장**을 위한 신고서를 제출했다고 밝혔다.

쿠팡은 그간 **기업공개**(IPO, Initial Public Offering)를 추진한다고 밝혔고 지난해 코로나19로 두 배가량 매출이 증가한 지금을 상장의 적기로 판단한 셈이다. 쿠팡은 국내에서 유일하게 전국 단위 익일 배송이 가능한 인프라를 갖춘 덕에 사회적 거리두기의 최대 수혜자로 꼽혔다.

쿠팡은 SEC에 제출한 상장 신청 서류에서 작년 매출이 119억7000만달러(약 13조2500원)이라고 밝혔다. 이는 2019년 7조1000억원보다 약 91% 늘어난 규모다. 누적 적자는 여전히 수조원대지만 꾸준히 줄여가는 모양새다. 월스트리트저널은 쿠팡이 상장 후 기업 가치가 최대 500억달러(약 55조원)가 될 것이라고 전망했다.

한국에서 자란 쿠팡이 미국 증시에 상장한 까닭으로 **•차등의결권** 제도가 꼽힌다. **한국에 상장하면 김범석 쿠팡 의장이 경영권 유지를 장담할 수 없는 상황에서 경영권 방어에 유리한 차등의결권 제도가 있는 미국 증시를 택했다**는 분석이다. 김 의장은 이번에 자신의 보유 주식에 일반 보통주 의결권의 29배에 달하는 차등의결권을 부여한 것으로 알려졌다.

### •차등의결권 (差等議決權)

차등의결권은 보유한 지분율 이상의 의결권을 행사할 수 있는 제도다. 보통 주식회사는 주주평등 원칙에 따라 1개 주식마다 1개 의결권을 갖는 게 일반적인데 이 경우 창업주들이 경영권을 유지하거나 방어하기 어려울 수 있다. 차등의결권은 1주로 여러 표의 의결권을 행사할 수 있는 주식을 허용한다. 1주의 주식가치에 1주보다 많은 가치를 부여함으로써 초기 창업주들의 경영권을 적대적 인수합병(M&A)으로부터 보장하는 취지다. 한국에서는 주주평등권을 침해한다는 이유로 도입되지 못했다.

## 정부 2·4 공급대책 발표, '4년 내 서울 32만 호 공급'

정부가 서울 등 대도시의 주택 공급을 획기적으로 늘리기 위해 **공공기관이 직접 시행하는 재건축·재개발 사업을 추진**한다. 역세권·준공업지역·저층주거지에 대해선 정부가 직접 지구지정을 하고 공공기관이 사업을 이끄는 공공주택 복합사업이 시행된

다. 이를 통해 2025년까지 서울에만 32만 호 등 전국에 83만6000호의 주택을 공급한다는 목표가 설정됐다.

정부는 2월 4일 정부서울청사에서 이 같은 내용을 골자로 한 **'공공주도 3080+, 대도시권 주택공급 획기적 확대방안'**을 발표했다. 현 정부의 25번째 부동산 대책이다. 공급 대책 중 현 정부 최대 규모다. 한국토지주택공사(LH)와 서울주택도시공사(SH) 등 공공기관이 직접 시행하는 개발 방식이 도입된 것이 골자다.

재개발과 재건축 등 정비 사업에 공공기관이 직접 시행하는 유형이 신설됐다. 또한 역세권과 준공업지역, 저층주거지 개발 사업도 공공주택특별법을 활용해 공공이 직접 사업을 맡아 속도감 있게 사업을 추진하는 '도심공공주택복합사업'이 추진된다.

이들 사업에는 법정 상한을 초과하는 **•용적률** 인센티브가 주어지고 특별건축지역으로 지정돼 일조권이나 높이 제한 등 각종 도시규제가 완화된다. 역세권에선 700%, 준공업지역에선 500%까지 용적률이 올라간다. 기존 주민에게는 기존 자체 사업 대비 10~30%p 높은 수익률을 보장한다.

보장된 수익률을 넘기는 개발이익은 환수해 생

활 SOC(사회간접자본) 확충, 세입자 지원, 사회적 약자를 위한 공공임대·공공자가주택 등에 활용한다. 주민 3분의 2 이상의 동의를 받으면 사업이 추진되고 지자체 통합심의 등 패스트트랙 가동으로 사업이 신속히 진행된다. 공공이 시행하는 재건축 사업에선 *재건축초과이익환수제나 조합원 2년 실거주 의무가 적용되지 않는다.

2월 4일 이후 사업구역의 내 기존 부동산에 대한 신규 매입계약을 체결한 자는 우선공급권을 부여하지 않기로 했다. 이들 사업을 통해 확보되는 주택 공급물량의 70~80%는 공공분양으로 공급하고 환매조건부·토지임대부·지분적립형 등 공공자가주택, 공공임대는 20~30% 범위에서 공급된다.

용적률 인센티브를 통해 받는 기부채납 주택을 공공임대 위주로 쓰지 않고 다양한 유형의 주택으로 활용해 기존 주민의 만족도를 높이고 주택 수요자에게도 선택권을 넓혀준다는 취지다.

이번 대책을 통해 2025년까지 서울 32만호 등 수도권에 61만6000호의 주택을 공급하고 지방 대도시에도 22만 호의 주택을 확보한다. 서울 32만호는 분당 신도시 3개 규모다. 83만6만호 중 약 57만3000호는 도심 내 신규 사업을 통해, 26만 3000호는 신규 공공택지 지정 등을 통해 확보된다. 수도권 등 신규 택지의 구체적인 입지는 추후 발표된다.

기존 주거복지로드맵과 3기 신도시 등을 통해 추진 중인 수도권 127만 호 공급계획을 합하면 이번 정부에서 수도권에 공급되는 주택은 200만 호에 육박한다. 청약제도도 소폭 개편된다. 공공분양의 일반공급은 현재 전체 물량의 15%에 불과하지만 이를

30%로 높이고 일반 공급분에도 추첨제(30%)를 도입해 청약 기회를 확대한다.

---

### *용적률 (容積率)

용적률이란 건축물의 연면적(건축물 각 층 바닥면적의 합계)을 대지면적으로 나눈 값이다. 지하층 및 주차용으로 쓰이는 바닥면적, 지상층 주차장, 주민공동시설면적, 초고층 건축물의 피난 안전구역 면적은 연면적에 포함하지 않는다. 예를 들어 300㎡ 대지에 바닥면적 150㎡의 2층짜리 건물이 서있다면 용적률은 100%가 된다. 용적률을 규제하는 이유는 미관, 조망, 일조, 개방감 등을 좋게 해서 쾌적한 환경을 조성하기 위한 것이다.

용적률이 높을수록 건축물을 높게 지을 수 있다. 아파트 경우 용적률이 크다면 그만큼 빽빽하게 들어서 있다는 것을 뜻한다. 한편으로는 재개발이나 재건축 사업의 경우 용적률이 클수록 분양 물량이 증가해 투자수익이 높아진다.

### *재건축초과이익환수제 (再建築超過利益還收制)

재건축초과이익환수제란 재건축으로 조합원 평균 3000만 원 이상 개발이익을 얻으면 정부가 이익금액의 10~50%를 부담금으로 거두는 제도다. 조합추진위원회 구성부터 입주까지 오른 집값에서 정상주택 가격상승분, 공사비, 조합운영비 등을 제외한 초과이익에 누진율을 적용해 부과한다. 2006년 9월 도입됐다가 이후 글로벌 금융 위기 등의 영향으로 부동산 경기가 침체하자 2012년부터 환수제 시행이 유예됐다. 2018년 1월 1일부로 부활했다.

---

## ▎LG 승리로 끝난 '배터리 전쟁'…SK 미국 내 수입 금지 10년

LG에너지솔루션과 SK이노베이션이 2년 넘게 벌여온 전기차 배터리 영업비밀 침해 분쟁에서 LG에너지솔루션이 승리했다. *미국 국제무역위원회(ITC)는 2월 10일(현지시간) LG에너지솔루션이 SK이노베이션을 상대로 신청한 **영업비밀 침해 사**

건에서 LG 측 주장을 인정하는 최종 심결을 내렸다.

앞서 LG 측은 전기차용 배터리로 활용되는 2차 전지 기술과 관련, SK이노베이션이 자사 인력을 빼가고 영업비밀을 침해했다고 주장하며 2019년 4월 ITC에 조사를 신청했다. ITC는 지난해 2월 예비 심결에서 SK 측에 대해 LG 배터리 기술을 빼낸 증거를 인멸했다는 이유 등으로 '조기 패소' 결정을 내렸다. 이번 최종 결정은 그 연장선에 있다.

ITC는 이날 SK이노베이션이 LG에너지솔루션의 영업비밀을 침해했다고 판단하고 **미국 관세법 337조 위반을 적용, 영업비밀을 침해한 배터리와 부품에 대한 '미국 내 수입 금지 10년'을 명령**했다. 이미 수입된 영업비밀 침해 품목에 대해서도 미국내 생산유통 및 판매를 금지하는 '영업비밀 침해 중지 10년 명령'을 내렸다.

ITC는 그러면서 SK가 미국에서 배터리를 공급할 포드, 폭스바겐에 대해서는 일정 기간 수입을 허용하는 유예 조치도 함께 내렸다. SK의 포드 전기차용 배터리 부품·소재 수입은 4년간, 폭스바겐 전기차용 수입은 2년간 허용된다. 이미 미국에서 판매 중인 기아 전기차용 배터리 수리·교체를 위한 전지 제품의 수입도 허용됐다.

### LG "합의 나서라"...SK "ITC 결과 바로 잡겠다"

ITC에서 벌인 전기차 배터리 영업비밀 침해 소송에서 승리한 LG에너지솔루션은 2월 11일 SK이노베이션이 미래 사업을 영위하기 위한 선행 조건이 자사와 합의라며 압박 수위를 높였다.

LG에너지솔루션은 ITC가 최종 결정을 발표한 이후 낸 입장문에서 SK이노베이션을 향해 "이제라

도 소송 상황을 왜곡해온 행위를 멈추고 ITC 최종 결정을 겸허하게 받아들여 이에 부합하는 제안을 하라"며 "하루빨리 소송을 마무리하는 데 적극적으로 나서길 촉구한다"고 밝혔다.

반면, SK이노베이션은 쟁점인 영업비밀 침해 여부가 제대로 밝혀지지 않았다며 ITC 결정에 유감을 표하고 조 바이든 미국 대통령이 거부권을 행사하도록 적극적으로 나서겠다고 밝혔다. 미국 대통령이 ITC 결정에 대해 거부권을 행사할지 정하는 심의 기간은 앞으로 60일이다.

SK이노베이션은 "대통령 검토 등 앞으로 남은 절차를 통해 ITC 결정을 바로 잡기 위해 최선을 다하겠다"며 "ITC 결정 내용을 면밀히 분석해 향후 항소 등 정해진 절차에 더욱 적극적으로 대응, 진실을 가리겠다"고 강조했다.

### •미국 국제무역위원회 (ITC, International Trade Commission)

미국 국제무역위원회(ITC)는 대외무역이 국내(미국)의 생산, 고용, 소비에 미치는 영향에 관한 모든 요인을 조사하는 대통령 직속의 준사법적 독립기관이다. USTR(미국통상대표부)과 함께 미국 국제통상문제를 담당하는 중요한 기구이다.

ITC는 수입으로 인한 국내 산업 피해의 조사와 판정을 내리고 나아가 통상법상 '불공정 수입의 금지'의 절차에 따른 구제조치에서 핵심 역할을 수행한다. ITC로부터의 권고가 있을 경우 대통령은 권고를 받은 날로부터 60일 이내에 모종의 결정을 내리도록 의무화되어 있다.

ITC 요구에 따라 대통령이 취할 수 있는 수입제한조치로는 관세율 인상, 수입할당제 적용, 관세할당제 적용, 과징금 부과, 수입허가서 발급정지, 수출자율규제 체결, 시장질서협정 체결, 산업조정 지원 등을 들 수 있다. 대통령은 당해 품목에 대해 최장 5년까지 일시적인 수입제한 조치를 할 수 있다.

# 이재용, 국정농단 파기환송심서 징역 2년 6개월

### 이재용·특검 재상고 포기

국정농단 사건에 연루돼 재판에 넘겨진 이재용 삼성전자 부회장(사진)이 1월 18일 열린 **˙파기환송**심에서 징역형을 선고받았다. 서울고법 형사1부는 이날 뇌물공여 등 혐의로 기소된 **이 부회장에게 징역 2년 6개월을 선고**하고 국정농단 주범인 최순실(개명 후 최서원) 씨의 딸 정유라 씨에게 건넸다가 돌려받은 말 '라우싱' 몰수를 명령했다.

재판부는 이 부회장이 박근혜 전 대통령과 최 씨 측에 삼성그룹 경영권 승계 등을 도와달라는 청탁과 함께 회삿돈으로 뇌물 86억8000만원을 건넨 혐의를 유죄로 인정했다. 이는 2019년 10월 대법원 전원합의체의 파기환송 판결의 취지를 따른 것이다.

파기환송심에서 실형을 선고받고 구속된 이 부회장측과 사건을 수사한 박영수 특별검사팀 양측 모두 재상고하지 않고 판결을 받아들이기로 했다. 이에 따라 이 부회장은 2017년 2월 구속돼 이듬해 2월 항소

### ˙파기환송 (破棄還送)

파기환송은 대법원이 원심판결을 파기하고 이를 다시 심판시키기 위해 원심법원에 되돌려 보내는 것을 말한다. 환송을 받은 법원은 해당 사건에 대해 대법원이 내린 파기의 이유와 법률상·사실상의 판단에 구속된다. 따라서 대법원의 파기 사유와 다른 이유를 들어 하급심 법원이 재판을 할 수 없다. 이를 '파기 판결의 기속력'이라고 한다. 다만, 환송받은 재판을 진행하는 과정에서 종전에 발견되지 않은 새로운 증거가 있으면 이를 근거로 새로운 사실을 인정할 수 있다.

심에서 징역형의 집행유예를 선고받고 풀려날 때까지 1년 동안 복역하고 남은 형기인 약 1년 6개월이 확정됐다.

### 선장 잃은 삼성호

이 부회장의 구속으로 삼성전자는 내년 7월까지 총수 부재 상황에 빠지게 됐다. 삼성은 2017년 그룹 해체 이후 계열사별로 자율경영을 해온 만큼 일상적인 업무는 사장이 결정하고 총수의 결단이 필요한 부분은 이 부회장에게 보고되는 형식으로 진행될 것으로 보인다.

그러나 삼성 내부에서는 최장 1년 6개월간 이어질 총수 부재 기간에 경영 차질을 걱정하는 목소리가 나오고 있다. 지난해부터 전 세계를 강타한 코로나19 위기가 지속되고 있는 데다가 미·중 무역 분쟁의 여파도 남아 있다.

최근 바이든 미국 새 행정부 출범에 따른 대형 변수가 주요 사업에 미칠 영향 및 전략을 고민하기에도 빠듯한 상황에서 제한된 보고와 정보만으로는 이 부회장의 '옥중 경영'에 한계가 있을 것이란 우려가 나온다.

### "솜방망이" vs "법치주의 사망"

국정농단 사건에 연루된 이 부회장에게 징역 2년 6개월이 선고된 1월 18일 시민사회단체들은 형량의 경중을 놓고 엇갈린 반응을 보이며 재판부를 비판했다.

경제정의실천시민연합은 "횡령·뇌물공여 등을 인정한 대법원의 유죄 취지 파기환송에 따라 중형 선고가 마땅함에도 이 부회장의 준법경영 의지를 높이 판단하는 등 모순된 논리로 1심(징역 5년

형)에 못 미치는 형량을 적용했다"면서 "솜방망이 처벌이며 기회주의적 판결"이라고 강하게 비판했다.

반면 바른사회시민회의는 "재판부는 준법감시위원회를 설치하면 구속은 하지 않을 것처럼 훈계했으나 결국 이 부회장에게서 대국민 사과와 자녀에게 경영권을 승계시키지 않겠다는 약속만 받은 후 법정구속했다"고 비판했다.

---

**삼성 총수 구속 흑역사**

이재용 삼성전자 부회장이 '국정농단 사건' 파기환송심에서 실형을 선고받아 다시 구속되면서 삼성 총수들의 구속 역사가 회자되고 있다. 삼성 창업주인 고(故) 이병철 회장은 1966년 한국비료의 이른바 '사카린 밀수사건'으로 곤욕을 치렀다. 이 사건으로 차남인 이창희 당시 한국비료 상무가 6개월간 수감 생활을 했고, 이병철 회장은 한국 비료를 국가에 헌납하고 경영 일선에서 물러나야 했다. 고(故) 이건희 회장은 1995년 노태우 전 대통령의 비자금 조성에 대한 검찰 수사 과정에서 다른 대기업 총수들과 함께 조사를 받았다. 이후 불구속 기소돼 이듬해인 1996년 징역 2년·집행유예 3년을 선고받아 옥살이를 하진 않았다.

---

✋ **세 줄 요약**

❶ 이재용 삼성전자 부회장이 1월 18일 열린 파기환송심에서 징역형을 선고받았다.

❷ 삼성 내부에서는 최장 1년 6개월간 이어질 총수 부재 기간에 경영 차질을 걱정하는 목소리가 나오고 있다.

❸ 시민사회단체들은 형량의 경중을 놓고 엇갈린 반응을 보이며 재판부를 비판했다.

## 교육부 "개학·수능 연기 없다"

▲ 유은혜 교육부장관 (자료 : 교육부)

교육부는 올해 학사 일정은 개학 연기 없이 3월에 정상 시작한다고 재확인했다. 교육부는 1월 28일 '2021년 학사 및 교육과정 운영 지원방안'을 발표했다. 교육부는 방역 수칙을 철저히 준수하면서 등교 수업 일을 확보하되 유아와 초등학교 1~2학년은 2단계까지 밀집도(전교생 중 등교 가능한 인원) 적용 대상에서 제외할 수 있도록 했다.

아울러 법정 기준 수업일수를 준수해 7월 말~8월 초에는 여름방학 시작, 8월 말~9월 초에는 2학기 시작, 12월 말 겨울 방학 시작 등 **기존 연간 학사일정을 큰 변함없이 추진할 수 있도록** 할 계획이다. 지난해 코로나19 탓에 2주 연기됐던 수학능력시험 역시 올해에는 11월 3주 목요일인 11월 18일에 예정대로 치른다는 방침이다.

교육부는 등교 확대를 지원하기 위해 방역·생활지도 인력 5만 명을 배치한다. 초·중·고교는 학교당 3~5명, 유치원은 1명씩 방역·생활지도 인력이 투입된다. 아울러 학생 수 30명 이상인 초등 1~3학년 과밀학급에 한시적으로 기간제 교사 약 2000명을 배치해 학교 방역을 지원한다.

또 당분간 등교·원격수업 병행이 불가피한 만큼 동영상으로 수행평가를 실시하고 학교생활기록부(학생부)에 기재할 수 있는 교과를 초·중·고교 전 과목으로 확대했다. 올해도 교외체험학습을 사유로 가정학습을 신청하면 출석으로 인정한다.

**거리두기 5단계에 따른 등교 밀집도**

| 거리두기 단계 | 내용 |
| --- | --- |
| 1단계 | 등교 밀집도 3분의 2를 원칙으로 하나 조정이 가능 |
| 1.5단계 | 등교 밀집도 3분의 2 이하를 준수 |
| 2단계 | 등교 밀집도는 3분의 1이 원칙(고교는 3분의 2 이하)이나 최대 3분의 2까지 등교 가능 |
| 2.5단계 | 유·초·중·고 모두 등교 밀집도 3분의 1 이하를 준수 |
| 3단계 | 원격 수업으로 전환 |

## 복지부, 담뱃값 올리고 술에도 부담금 검토

정부가 담뱃값을 올려 건강수명을 3년 연장한다는 중장기 건강증진 대책을 내놨다. 2018년 기준 70.4세인 건강수명을 2030년 73.3세로 연장하는 게 목표다. 아울러 주류에 건강증진부담금을 도입하는 방안도 검토한다. 보건복지부는 1월 27일 이 같은 내용을 담은 **올해부터 2030년까지 시행할 국**

민건강증진종합계획을 **발표**했다.

우선 담뱃값에 부과하는 건강증진부담금을 *세계보건기구(WHO)* 평균 이상으로 인상한다. 건강생활실천 프로그램에 대한 국민건강증진기금 지출 비율은 2015년 담뱃값 인상 이후 2배 이상 증가했지만, 여전히 10% 수준으로 한계가 있다는 게 복지부의 설명이다.

아울러 현재 '연초의 잎으로 제조'된 것만 담배로 정의한 것을 '연초 및 합성 니코틴을 원료의 전부 또는 일부로 하는 담배와 전자담배 기기장치'로 확대한다. 광고 없는 표준담뱃갑 도입도 추진하기로 했다. 술을 살 때도 소비자가 건강증진부담금을 내도록 하는 방안을 검토할 계획이다. 그동안 술에도 건강증진부담금을 부과해야 한다는 지적이 의료계 등에서 계속 나왔지만 아직 실현되지 않았다.

### 정 총리, "추진 계획 없다"

정부가 담뱃값을 8000원으로 올리고, 술에 대한 건강증진부담금 부과를 추진한다는 보도에 여론이 동요하자 정세균 국무총리는 1월 28일 "사실이 아니다"라는 입장을 밝혔다. 정 총리는 이날 페이스북에 올린 글에서 "**담배가격 인상 및 술의 건강증진부담금 부과에 대해 현재 정부는 전혀 고려한 바가 없으며 추진 계획도 가지고 있지 않다**"며 이같이 말했다.

여당도 불끄기에 나섰다. 홍익표 더불어민주당 정책위의장은 이날 서울 여의도 의원회관에서 열린 당 포스트코로나 불평등 해소 TF(태스크포스) 회의에서 담뱃값 인상에 대해 "전혀 사실이 아니다"고 밝혔다. 홍 정책위의장은 "국무총리실과 복지부는 물론 여당인 민주당이 입장을 밝혀드린 만큼 잘못된 보도로 국민적 혼란이 일어나지 않길 바란다"고 강조했다.

주무 부처인 보건복지부도 이 같은 반발 여론에 한 발짝 물러섰다. 손영래 보건복지부 대변인은 1월 28일 "구체적인 추진을 한 적이 없다"고 밝혔다. "술과 담뱃값이 바로 인상되는 것처럼 보도됐는데 이에 대해 검토된 바가 전혀 없고, 구체적인 추진을 한 적이 없다"고 말했다.

---

*세계보건기구 (WHO, World Health Organization)**

세계보건기구(WHO)는 UN이 설립한 공중보건·위생 분야의 전문 기구다. 1948년에 정식 발족하였으며, 본부는 스위스 제네바에 있다. WHO의 목표는 세계 인류가 최상의 건강 수준에 도달하는 것이다. 한국은 1949년에 WHO에 가입했으며, 2003년에 이종욱 박사가 한국인으로서 최초로 제6대 WHO 사무총장에 임명되었다. 그러나 이종욱 박사는 5년 임기를 마치지 못하고 2006년 5월 22일 WHO 총회 준비 중 지주막하출혈로 쓰러져 운명했다.

---

**죄악세 (罪惡稅, sin tax)**

죄악세는 술, 담배, 도박 등과 같이 사회에 해를 끼칠 수 있는 것들의 소비를 억제하기 위해 부과되는 세금이다. 죄악세가 늘었다는 것은 그만큼 서민의 부담이 커졌다는 의미로 해석할 수 있다. 통상 술이나 담배, 복권 등은 소득이 높지 않은 서민층이 주로 소비한다고 여겨지기 때문이다.

## ▌아스트라제네카 백신, 고령자 효과 논란

영국 글로벌 제약사 아스트라제네카(이하 AZ)가 만든 코로나19 백신이 65세 이상 고령층에서 효과가 떨어진다는 지적이 일고 있다. 앞서 영국에

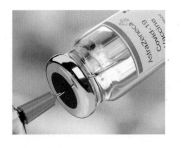

이어 유럽의약품청은 18세 이상 모든 연령층에 대해 AZ 백신 사용을 승인했다.

그러나 유럽 일부 국가들은 AZ 백신이 나이 든 사람에게는 효과가 떨어져 접종하지 않겠다고 선언했다. 독일은 65세 미만에게, 이탈리아도 55세 미만에게만 우선 접종하라고 권고했다. 미국 식품의약국(FDA)은 추가 임상을 요구했다.

AZ 백신은 효과 논란에도 불구하고 가격이 다른 백신의 10분의 1 수준이고 초저온 전용 보관 장치가 필요한 다른 코로나19 백신과 달리 일반 냉장고 온도인 2~8도에서 6개월간 유통·보관할 수 있다는 장점도 있어 앞으로 가장 많은 인류가 맞을 코로나19 백신으로 꼽힌다.

### 식약처 자문단 "고령자도 AZ 백신 투여해야"

해외에서의 안전성 논란에도 불구하고 식품의약품안전처가 검증을 의뢰한 자문단은 65세 이상 고령자에 대해서도 AZ 백신을 투약할 수 있다는 결론을 내렸다. 다만 임신부에게는 AZ 백신 접종을 권하지 않았다.

식약처의 '안전성·효과성 검증 자문단'은 2월 1일 추가 자료를 더 받는 조건으로 AZ 백신의 허가를 권고했다. 식약처에 제출된 자료는 영국, 브라질, 남아프리카공화국에서 이뤄진 4건의 임상시험 내용이며 참여자 8895명에 대해 표준 용량으로 2회 투여한 결과 약 62%의 예방 효과를 나타냈다고 분석됐다.

65세 이상 참여자 비율은 전체의 7.4%에 그쳤지만 자문단은 참여자 중 **고령자가 적다는 이유로 고령자 투여를 배제할 수 없다**고 봤다. 다만 고령자의 **중화항체**(병원체나 감염성 입자가 신체에 침투했을 때 생물학적으로 미치는 영향을 중화하여 세포를 방어하는 항체) 생성 비율이 일반 성인에 비해 낮은 점 등은 추가 확인이 필요하다는 소수 의견이 있었다.

한편, 최대집 대한의사협회 회장은 "AZ 백신은 18세에서 64세까지의 싱인을 대상으로 접종해야 하고 65세 이상 고령자에 대해서는 접종해서는 안 된다"고 강조했다. 2월 15일 정부는 결국 **만 65세 이상 고령층에게 당분간 AZ 백신을 접종하지 않기로 결정**했다.

**2021년 코로나19 백신 무료 예방 접종 순서** (자료 : 질병관리청·2021년 1월 발표 기준)

| 시기 | 접종 시작 대상 |
|------|----------------|
| 1분기 | 요양병원·노인의료복지시설, 고위험 의료기관 종사자 |
| 2분기 | 65세 이상, 의료기관·재가노인복지시설 종사자 |
| 3분기 | 만성질환자, 성인(19~64세) 등 |
| 4분기 | 2차 접종자, 미접종자 |

**한국에서 접종 예정인 코로나19 백신 5종 비교**

| 구분 | 아스트라제네카 | 화이자 | 모더나 | 얀센 | 노바백스 |
|------|--------------|--------|--------|------|----------|
| 예방효과 | 70% | 95% | 94% | 66%(중등증·중증 예방 효과 기준) | 89% |
| 장점 | 상온 보관 가능 | 높은 예방 효과 | 높은 예방 효과 | 상온 보관 가능, 1회 접종 | 높은 안전성 |
| 단점 | 물량 부족, 고령자 접종 효과 논란 | 물량 부족, 초저온 보관 불편 | 물량 부족, 초저온 보관 불편 | 변이 바이러스 예방 효과 낮음 | 변이 바이러스 예방 효과 낮음 |

| 도입<br>시기 | 1분기 | 3분기 | 2분기 | 2분기 | 2분기 |
|---|---|---|---|---|---|
| 물량 | 1200만<br>명분+상<br>반기 130<br>만~219<br>만명분 | 1000만<br>명분+1<br>분기 6만<br>명분 | 2000만<br>명분 | 600만명<br>분 | 2000만<br>명분 |

## 정부, 백신 관련 가짜뉴스 "적발 시 신속 삭제"

정부가 2월 백신 접종을 앞두고 가짜뉴스가 확산하는 것을 막기 위해 관계 부처 합동 대응에 나서기로 했다. 1월 24일 중앙재난안전대책본부는 방송통신위원회로부터 '백신 관련 허위조작정보 대응현황 및 계획'을 보고받고 이를 논의했다고 밝혔다.

현재 코로나19와 관련된 가짜뉴스는 범정부 대응체계를 통해 유관 부처의 모니터링과, 방송통신심의위원회 심의를 거쳐 삭제와 차단 조처가 이뤄지고 있다. 수사가 필요한 사항은 경찰청을 중심으로 대응 중이다.

방통위는 앞으로 차질 없이 예방접종이 시행될 수

있도록, 질병관리청 등에서 사실관계를 확인한 뒤 **방심위가 파악된 백신 관련 가짜뉴스에 대해 긴급심의를 거쳐 가짜뉴스를 신속히 삭제하고 차단**할 계획이라고 밝혔다.

또 정부는 '코로나19 예방접종 대응추진단' 내에 방통위·복지부·문체부·질병청·식약처·경찰청 6개 기관이 참여하는 홍보 및 가짜뉴스 대응협의회를 두기로 했다. 협의회는 백신 가짜뉴스에 대한 모니터링부터 사실관계 확인, 심의 및 조처 등 전 과정에서 유기적으로 협력 대응해 나갈 예정이다.

**가짜뉴스 판별 가이드** (자료 : 언론진흥재단)

| 구분 | 내용 |
|---|---|
| 출처 밝히기 | 해당 뉴스 사이트의 목적이나 연락처 등 확인 |
| 본문 읽어보기 | 제목은 관심을 끌기 위해 선정적일 수 있는 만큼 전체 내용 꼼꼼히 확인 |
| 작성자 확인하기 | 작성자가 실존 인물인지, 어떤 이력을 가졌는지 등을 확인해 믿을 만한지 판별 |
| 근거 확인하기 | 관련 정보가 뉴스를 실제로 뒷받침하는지 확인 |
| 날짜 확인하기 | 오래된 뉴스를 재탕 또는 가공한 건 아닌지 확인 |
| 풍자 여부 확인하기 | 뉴스가 너무 이상하다면 풍자성 글일 수 있음 |
| 선입견 점검하기 | 자신의 믿음이 판단에 영향을 미치지 않는지 판단 |
| 전문가에게 문의하기 | 해당 분야 관련자나 팩트 체크 사이트 등에 확인 |

## 택배노조 "주요 3사와 합의"...파업 종료

택배기사 과로의 원인으로 꼽히는 분류작업의 책임 주체를 놓고 총파업으로 치달았던 택배사와 택

▲ 택배 파업 마무리 (전국택배노동조합 페이스북 캡처)

배노조 간의 갈등이 극적으로 봉합됐다. **˙특수고용직 노동자**인 택배기사 노동자들을 위한 민주노총 서비스연맹 전국택배노동조합(택배노조)은 1월 29일 전체 조합원 총회를 열고 노조와 택배사, 국토교통부, 국회 등이 전날 도출한 잠정합의안을 투표율 89%에 찬성률 86%로 가결했다고 밝혔다.

택배노조는 "잠정합의안이 추인됨에 따라 **파업을 종료하고 1월 30일부터 업무에 복귀**한다"고 밝혔다. 앞서 1월 21일 노조와 사측은 분류작업을 택배사 책임으로 하는 1차 사회적 합의를 타결했지만, 분류작업 인력의 구체적인 투입 시기와 방식 등을 놓고 입장차를 좁히지 못했다. 이에 노조는 1월 29일부터 파업에 들어갔다.

구체적인 합의 내용은 비공개로 전해졌다. 다만 이번 합의안은 민간 택배사들을 대표해서 한국통합물류협회가 참여했던 1차 사회적 합의와 달리 민간 택배사들이 직접 참여한 것으로 알려졌다.

노조 측은 이를 두고 파업 철회 조건으로 내세웠던 강제성 있는 노사협약 체결을 사실상 달성했다고 설명했다. 또 분류작업에 투입하기로 한 인력은 투입 완료 시기를 2월 4일로 못 박았다. 국토교통부는 분류인력 투입에 관한 현장 조사단을 구

성해 운영할 방침이다.

다만 택배 노조의 조합원이 증가세에 있고 택배사에 **˙단체교섭**을 요구하는 등 전선을 넓히고 있어 크고 작은 노사 갈등은 이어질 것으로 보인다. 현재 택배사들은 노조와 직접적 사용자 관계가 형성되지 않는다며 교섭을 거부하고 있으며 법원의 판결을 기다리는 상황이다.

---

**˙특수고용직 노동자 (特殊雇用職 勞動者)**

득수고용직 노동자는 근로계약이 아니라 위임계약 또는 도급계약에 의거하여 노무를 제공하고 실적에 따라 수당을 받는 개인사업자들이다. 택배기사, 화물차 운전기사, 대리운전기사, 골프장 캐디, 보험모집인, 학습지 방문교사 등이 특수고용직 노동자에 해당한다. 정식 노동자가 아니므로 퇴직금이 없으며, 일반적으로 노조 설립도 어렵다.

**˙단체교섭 (團體交涉)**

단체교섭이란 노동조합 대표자가 노동조합 또는 조합원을 위하여 사용자나 사용자단체와 단체협약체결 기타 사항에 관하여 교섭하는 과정을 말한다. 근로자 개인은 사용자의 개별적인 교섭에서는 사용자의 사회·경제적 지위가 작용해 교섭력의 균형을 유지하기 어렵다. 교섭력이 약한 근로자가 대등한 입장에서 교섭할 수 있도록 집단적 세력을 통한 교섭을 허용한 것이 바로 단체교섭권이다. 노동조합이 정당한 단체교섭을 요구할 때 사용자가 이에 불응하는 경우, 근로자는 손해배상청구권을 행사할 수 있으며 부당노동행위가 성립되어 쟁의행위가 정당화된다.

---

## ▌비혼·동거도 '가족'으로 개념 재정비

1월 26일 여성가족부는 향후 5년간 추진할 '제4차 건강가정기본계획안'(2021~2025년)을 만들며 **기존 결혼제도 밖에 있는 새로운 가족 형태를 법 제도**

안의 '가족'으로 끌어안는 방안을 담았다고 밝혔다.

주요 정책의 추진 방향에 '가족 다양성 포용', '모든 가족의 안정적인 삶의 여건 보장' 등을 제시했다. 비혼이나 동거 등 기존 정부 정책에 '가족'으로 인정되지 않아 생활 지원 등 각종 복지제도에서 가족 관련 혜택을 받지 못하던 가구를 가족으로 포함하는 내용도 담고 있다. 특히, 이번 안은 혼인과 혈연으로 꾸려지지 않은 다양한 형태의 가족을 차별하게 돼 있는 현행법의 개정을 추진한다.

이 밖에도 자녀의 성을 정할 때 아버지의 성을 우선하는 기존의 원칙에서 벗어나 부모가 협의하는 방식으로 법과 제도의 변경을 추진한다. 기존에도 혼인신고를 할 때 부부가 협의하면 어머니의 성을 따를 수는 있지만, 자녀가 태어나기 이전 혼인신고 때 이를 정하도록 돼 있어 실효성이 없다는 비판을 받아왔다.

### 생계·주거 공유하면 '가족'

정부가 법률·복지제도의 '가족' 개념을 손보기로 한 까닭은 비혼 등 다양한 가족에 대한 수용도가 국민 전체적으로 높아지고 있다고 보기 때문이다. 2020년 여성가족부 조사에서 '혼인이나 혈연관계가 아니어도 생계와 주거를 공유하면 가족'이라는 데 동의한 응답자 비율이 69.7%에 달했다.

과거 전형적인 가족으로 인식되던 '부부와 미혼 자녀' 형태의 가구 비중은 전체 가구의 37%(2010년)에서 29.8%(2019년)로 10여 년 사이 크게 감소했다. 반면, 1인 가구는 23.9%(2010년)에서 30.2%(2019년)으로 크게 증가했다.

---

### 시민결합 (市民結合, civil union)

시민결합은 동성 간 동반자 관계를 혼인관계와 유사하게 법적으로 보호하는 제도이다. 이는 동성 결혼에 대한 주류 사회의 부정적 인식을 고려하면서도 동성 커플에게 이성 부부에 준하는 권리를 인정해줄 수 있는 대안으로 꼽히고 있다.

시민결합은 등록된 동성커플끼리 배우자로서의 권리, 상속, 이혼 등의 법적 이익을 대부분 보장하며 입양 등의 권리는 제한된다. 현재 독일, 영국, 핀란드, 체코, 호주 등 20여 개국에서 시민결합 제도를 시행하고 있다. 1999년 프랑스에서 도입된 시민연대계약(PACS, PActe Civil de Solidarité·팍스)은 대표적인 시민결합 제도로서, 결혼하지 않아도 법적·제도적으로 차별을 받지 않고 자유롭게 동거하고 아이를 낳아 기르는 등 부부에 준하는 사회적 보장을 받을 수 있도록 하는 제도이다. 1999년 프랑스에서 도입된 이후 동거의 유연성과 결혼의 보장성을 결합한 가족 구성의 대안으로 주목받고 있다.

---

## 2022년부터 셋째 대학 등록금 전액 지원

2022년부터 다자녀 가구는 셋째 이상 자녀가 대학을 진학하면 등록금을 전액 지원받는다. 올해 근로·우수 장학생 지원 규모도 확대한다. 교육부는 2월 3일 이런 내용이 포함된 '2021년 맞춤형 국가장학금 기본계획'을 발표했다. 총 3조8788억 원을 투입해 약 115만 명의 학생을 지원할 방침이다. *학령인구 감소에 따라 지원금 규모는 2020년

보다 157억원 줄었다.

이번 기본계획에는 그간 별도 사업으로 추진된 국가장학금 지원, 대학생 근로장학사업, 우수학생 국가장학사업을 종합한 내용이 담겼다. 동시에 기초생활수급자·**차상위계층**(중위소득의 50% 이하) 가구 지원 단가도 기존 520만원에서 내년 700만원으로 인상된다.

올해부터 근로·우수 장학생 지원 인원을 전년보다 확대한다. 근로 장학생은 작년 10만9000명에서 올해 12만 명으로 늘어난다. 인원 확대를 위해 교육부는 3579억원가량의 장학금을 편성했다.

근로 장학생은 지정 기관에서 일정 시간 근로한 대가로 장학금을 지원받는다. 교육부는 근로장학사업에서 제공하는 학생 근로기관에 대한 건전성 점검을 실시하고, 기관과 학생 간 상호평가를 기존 1회에서 2회로 늘려 양질의 근로 기회를 제공한다는 방침이다.

우수 장학생도 작년 3100명에서 올해 4400명으로 인원을 확대해 총 378억원을 지원한다. 우수 장학생을 선발하는 우수학생 국가장학사업은 분야별 선도 인재를 양성하고 저소득층 우수 고교생에게 해외 유학 기회를 제공한다.

또 교육부는 저소득·중산층 이하 가정의 등록금 부담 완화를 위해 국가장학금 지원 금액으로 3조 5000억원가량을 투입해 지원 구간에 따라 차등 지원할 계획이다.

코로나19 상황을 고려한 지원도 도입된다. 가계의 실직·폐업 등으로 경제 상황이 곤란해진 학생에게는 국가장학금을 추가 지원한다. 추가 지원 금액은 등록금의 10% 수준이다. 또한 근로 장학생들의 재택근무를 허용하고 학기당 근로 한도를 상향 조정(450시간→520시간)한다.

**학령인구 (學齡人口)**

학령인구란 초·중·고·대학교에 다닐 연령인 6세부터 21세까지의 인구를 뜻한다. 각급 학교의 교육 연한에 따라 초등학교는 만 6세~11세, 중학교는 12~14세, 고등학교는 15~17세, 대학교는 18~21세까지를 학령인구라고 칭한다. 저출산·고령화 현상과 맞물려 우리나라 학령인구는 빠르게 줄고 있으며 이에 따라 대학 구조조정이 불가피한 상황이다.

## "조두순 月 120만원 복지급여 반대" 청원 빗발

아동 성범죄자로 지난해 12월 출소한 조두순(68)이 매월 120여만원의 각종 복지급여를 받는다는 사실이 알려져 네티즌들의 공분을 사고 있다.

2월 2일 경기 안산지역 관계자들에 따르면 안산시는 조두순 부부의 기초생활보장수급 자격을 인정했다. 조두순은 출소 닷새 뒤인 작년 12월 17일 **만 65세 이상 노인에게 지급하는 기초연금**과 동시에 배우자와 함께 기초생활보장급여 지급을 신청했다.

— 청원종료 —

## 조두순이에게 기초생활수급 지원금 주지마세요

참여인원 : [ 101,233명 ]

| 카테고리 행정 | 청원시작 2021-01-08 | 청원마감 2021-02-07 | 청원인 naver - *** |

청원시작    청원진행중    청원종료    답변완료

**청원내용**

▲ 조두순 기초생계비 등 복지급여 지급 반대 국민청원 게시글 (청와대 국민청원 홈페이지 캡처)

자격 심사를 통과함에 따라 조두순 부부는 올해 1월 말부터 기초연금 30만원, 2인 기준의 생계급여 62만여원과 주거급여 26만여원 등 매월 총 120만원가량의 복지급여를 받게 됐다.

### 안산시 "범죄자 제외 규정 없다"

시는 기초생활보장수급자 선정을 위한 심사 과정에서 조두순이 만 65세를 넘어 근로 능력이 없는 노인이고, 배우자는 만 65세 이하이나 만성질환과 취업 어려움 등을 호소하는 데다가 본인들 소유 주택도 없어 복지급여 지급 대상에서 배제할 사유가 없다는 결론을 내렸다.

시 관계자는 "현행법엔 기초연금이나 기초생활보장 수급자에 범죄자를 제외하는 내용이 없어서 조두순이 해당 기준을 충족하면 지급할 수밖에 없다"고 밝혔다.

각종 온라인 커뮤니티와 SNS에는 "흉악범에게 왜 혈세 월 120만원씩 줘야 하나", "죄인들 도와주려고 세금 걷어가나 미친 법에 화가 난다", "평생 열심히 살아도 돈 못 모은 노인들은 폐지 줍고 있는데 이게 공정하고 민주적인 나라냐"는 등의 비난 여론이 들끓었다.

조두순에 대한 복지급여 신청이 언론에 보도된 뒤 청와대 국민청원 게시판에는 '조두순에게 기초생활수급 지원금 주지 마세요'라는 제목의 청원 글이 올라오기도 했다. 이 청원은 마감일인 2월 7일 기준 10만1233명이 동의했다.

**2021년 가구 규모별·급여 종류별 수급자 선정 기준** (자료 보건복지부·단위 원/월)

| 가구원 수 | 1인 | 2인 | 3인 | 4인 |
|---|---|---|---|---|
| 교육급여 (중위 50%) | 91만3916 | 154만4040 | 199만1975 | 243만8145 |
| 주거급여 (중위 45%) | 82만2524 | 138만9636 | 179만2778 | 219만4331 |
| 의료급여 (중위 40%) | 73만1132 | 123만5232 | 159만3580 | 195만516 |
| 생계급여 (중위 30%) | 54만8349 | 92만6424 | 119만5185 | 146만2887 |

## "멀쩡한 개 안구 적출 연구팀 규탄" 靑 청원

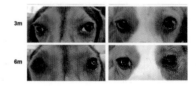

**"There can be no justification for such studies": Paper on artificial eyes for dogs earns expression of concern**

3m

6m

▲ 충북대 수의학과 연구팀이 개의 안구를 적출한 뒤 3D 프린팅 기술로 만든 인공 눈을 이식하는 실험을 해 논란이 됐다. (자료 : 플로스원)

국내 한 연구진이 멀쩡한 개의 안구를 적출해 인공 눈을 이식하는 실험을 한 것으로 드러나 비판 여론이 일고 있다. 건강한 개의 안구를 실험 대상으로 삼아 일부러 빼내는 등 동물 실험 윤리를 어겼다는 지적이다.

동물보호단체들은 이를 학대라 규정하며 연구자 윤리 교육 강화 등의 대책 마련을 촉구했다. 전문가들도 **해당 실험이 비윤리적이라고 지적하며 동물실험 자체를 지양할 필요가 있다고 강조했다.**

지난 1월 25일 청와대 국민청원 게시판에는 '멀쩡한 비글의 눈을 적출한 뒤 인공 눈을 심는 동물실험을 한 후 비글을 폐기 처분(안락사)한 수의대 교수팀을 규탄해주세요'라는 제목으로 청원이 올라왔다.

청원인은 "한 대학교 수의대 교수팀이 논문을 게재하기 위해 비글 두 마리의 한쪽 눈을 각각 적출한 뒤, 3D프린팅 기술을 활용해 개발한 인공 눈과 안와 임플란트(적출 후 빈 곳을 메워주기 위한 이식물)를 넣는 잔혹한 동물실험을 진행했다"며 "실험에 착취된 비글들은 모두 폐기 처분(안락사)되기까지 했다"고 적었다.

문제가 된 논문은 2020년 11월 충북대 수의학과 박경미 교수 연구팀이 국제 학술지인 '플로스원(Plos one)'에 게재한 '3D 프린팅을 활용한 반려견용 맞춤 인공 안구 : 예비연구'다. 연구진 측은 규정을 준수해 문제가 없다고 주장한다.

해당 연구는 3D 프린터로 제작한 인공 안구가 난치성 눈병으로 인해 적출된 동물의 안구를 대체할 수 있는지를 확인한 연구다. 연구진은 이 과정에서 비글 두 마리의 한쪽 눈을 각각 적출한 뒤 3D 프린팅 기술을 활용해 개발한 인공 안구를 넣고 6개월간 경과를 관찰했다. 실험에 사용된 개는 이후 모두 안락사된 것으로 전해졌다.

동물실험의 비윤리성 행위가 도마에 오른 것은 이번이 처음이 아니다. 2019년에는 경북대 수의대가 전공과목인 '수의산과실습'에서 실습견들을 강제 교배시켰고, 이후 태어난 강아지들을 학생들에게 떠넘기는 사례도 있었다.

그러나 각 대학 내의 실험동물 공급 관리, 기준이 명확하지 않다 보니 실험동물에 대한 비윤리적 실험은 반복되고 있는 상황이다. 다른 나라의 경우, 수의사의 배치가 의무화돼 있다. 미국은 각 동물실험 시설에서 수의사를 정식고용하며 수의학적 관리 계획과 수의사의 정기적인 방문 계획을 제출해야 한다.

### 동물실험 3R 원칙

세계보건기구(WHO)는 1985년부터 동물실험윤리위원회를 설치해 동물실험을 최대한 피하는 3R 원칙을 지키도록 하고 있다. 대체(Replacement)·감소(Reduction)·완화(Refinement)가 그 원칙이다.
▲대체 원칙은 살아 있는 동물을 이용한 실험을 다른 실험으로 대체하는 것이며 ▲감소 원칙은 피치 못하게 동물실험을 할 경우 사용 개체 수를 줄이라는 것이다. 마지막으로 ▲완화 원칙은 동물실험을 할 때 고통을 최대한 완화해야 한다는 것이다.

## 1월 고용 쇼크... 문 대통령 "총력으로 대응"

지난 1월 취업자 수가 IMF(국제통화기금) 외환위기 당시인 1998년 12월 이후 최악의 감소폭을 기록하며 '고용 위기'를 넘은 '고용 쇼크'가 현실이

히 하는 등 가용한 모든 수단을 동원하여 총력으로 대응하겠다"고 말했다.

문 대통령이 고용 상황에 대해 '외환위기'까지 거론하며 특단의 대책을 주문한 것은 이례적이다. 문 대통령은 "일자리 기회를 대폭 확대하기 위해 공공 부문이 우선 **마중물**(펌프질을 할 때 물을 끌어 올리기 위하여 위에서 붓는 물) 역할을 강화하겠다"라며 "중앙정부와 지자체, 공공기관이 합심하여 1분기까지 90만 개 이상의 직접 일자리를 창출하겠다는 계획을 반드시 이행하겠다"고 공언했다.

그러면서 "민간의 일자리 창출기반도 더욱 강화하겠다"라며 "더 과감한 투자지원과 규제혁신으로 기업 민자 공공투자 110조 프로젝트를 신속히 추진함으로써 민간의 고용 여력을 확대해 나가겠다"고 강조했다.

됐다. 통계청 발표에 따르면 **실업자 수는 1년 동안 41만7000명 늘어난 157만 명으로 역대 최대를 기록**했고 실업률은 1.6%p 급등한 5.7%로 21년 만에 5% 선을 넘었다.

22년 만에 전 연령대에서 일자리가 동시에 감소했고 15세 이상 고용률은 2011년 최저로 나타났다. 정부의 공공·복지근로 사업이 겨울철을 맞아 종료된 까닭에, 매달 수십만 명씩 늘어났던 60세 이상 노인 취업자까지 줄어든 것이 결정타였다. **정부 예산으로 만든 단기간 일자리의 고용 효과가 일시적이라는 점이 확인된 셈이다.**

더 심각한 문제는 청년층 취업난이다. 15~29세 청년층의 **체감실업률**(실업자와 더 일하고 싶어 하는 취업자 및 잠재 구직자를 모두 포함한 확장 실업률)은 27.2%로 2015년 관련 통계 작성 이후 최고치로 나타났다. 여성 구직단념자 수와 비중도 역대 최대치를 기록했다. 이는 코로나19 영향으로 청년층과 여성 종사자가 많은 대면 서비스 업종이 타격을 입었기 때문으로 분석된다.

문재인 대통령은 2월 15일 수석보좌관회의에서 "예측했던 대로 외환위기 이후 가장 심각한 고용위기 상황임이 고용 통계로도 확인됐다"면서 "정부는 고용 상황의 어려움을 엄중히 인식하고, 일자리 예산을 조기 집행하고, 고용 안전망을 튼튼

**실업률 관련 용어·계산**

| 구분 | 내용 |
| --- | --- |
| 노동가능인구 (생산가능인구) | 만 15세 이상 인구 중 일할 능력을 갖춘 사람. 현역 군인과 공익근무요원, 상근예비역, 전투·의무경찰, 형이 확정된 교도소 수감자 등은 제외 |
| 경제활동인구 | 노동가능인구 중 조사 기간 동안 재화나 용역을 생산하기 위해 노동을 제공할 의사와 능력이 있는 사람 |
| 비경제활동인구 | 만 15세 이상 인구 중 취업자도 실업자도 아닌 사람. 가사에 종사하는 주부, 학생, 취업준비생, 연로자, 장애인 자선사업이나 종교단체 참여자들을 포함 |
| 실업률 | (실업자 수)/(경제활동인구) |
| 고용률 | (취업자 수)/(노동가능인구) |
| 체감실업률 | (실업자+불완전취업자+취업준비생+구직단념자)/(경제활동인구) |
| 경제활동참가율 | (경제활동인구)/(노동가능인구) |

# 바이든, 제46대 美 대통령 취임

### '바이든 시대' 개막

조 바이든 미국 대통령(사진)이 1월 20일 제46대 미국 대통령에 취임하며 '바이든 시대'를 열었다. 상원의원 36년, 부통령 8년을 지낸 화려한 경력의 직업 정치인이 세 번째 도전 끝에 초강대국 미국의 대통령 자리에 올랐다. 78세로 역대 최고령 취임 대통령이다.

바이든 대통령은 취임사에서 "역사와 희망의 날"이라면서 "민주주의가 이겼다"고 선언했다. 또한 "통합 없이는 어떤 평화도 없다", "내 영혼은 미국인을 통합시키는 데 있다"며 산적한 난제를 해소하기 위해 단합할 것을 호소했다. 그는 **국제사회의 현안에 미국이 적극적으로 관여하겠다면서 동맹을 복원**하겠다는 입장도 강조했다.

특히 트럼프의 '미국 우선주의'를 폐기 1순위로 꼽아온 그는 국제사회에서 트럼프 시대와 차별화하며 새로운 질서 구축에 적극 나설 전망이다. 바이든은 미국의 주도적 역할을 기반으로 한 **˙다자주의** 부활, 동맹 복원에 주안점을 두고 있다.

### ˙다자주의 (多者主義)

다자주의란 외교의 한 형태로서 셋 이상의 나라가 무역 등 외교 문제의 해결을 위하여 세계 수준의 협의체를 두고 가치 체계나 규범, 절차 따위를 각국이 준수하며 조율하도록 한다는 태도를 말한다. 다자주의는 협의체를 중심으로 대다수의 국가가 참여하여 형성되는 질서이기에 회원 구성의 보편성과 대우의 비차별성이 핵심적인 특징이다.

## 취임 첫날, 트럼프 지우기 시작

바이든 대통령은 이날 오후 취임식을 끝내고 백악관에서 업무를 시작한 뒤 15건의 행정조치와 2건의 기관 조처 등 모두 17건의 서류에 서명했다. 이날 서명 문건에는 트럼프 전 대통령의 역점 과제를 뒤집는 내용이 다수 포함됐다.

바이든 대통령은 1월 20일 **파리 기후변화협약에 복귀하고 세계보건기구(WHO) 탈퇴 절차 중단을 지시하는 행정명령에 서명했다.** 일부 이슬람국가의 미국 입국 금지 조치를 철회하고, 미국 남부의 멕시코 국경장벽 건설을 위해 선포된 비상사태 효력을 중단시켰다.

바이든 대통령이 이날 사실상 첫 업무를 행정명령 서명으로 시작한 것은 취임 초기부터 강한 드라이브를 걸어 핵심 국정과제 추진에 집중하겠다는 의지의 표현으로 보인다. 행정명령은 의회의 입법 없이 대통령이 동원할 수 있는 권한이다.

## America First? Buy American!

바이든 대통령이 1월 25일 **˙바이 아메리칸**(Buy American) 행정명령에 서명했다고 보도하며 이는 트럼프 행정부의 아메리카 퍼스트(America First) 기조를 연상시킨다고 보도했다.

트럼프 대통령은 취임과 동시에 아메리카 퍼스트 정책을 추진하며 강력한 미국 우선주의 경제전략을 구사한 바 있다. 이를 위해 해외 공장을 가동하고 있는 자국 기업을 압박해 **리쇼어링**(reshoring : 국내 회귀)을 끌어내기도 했으며 자국에서 사업을 하는 외국 기업들을 대상으로 미국 내 공장 건설을 압박했다.

바이든 대통령의 바이 아메리칸도 비슷한 연장선이라는 평가다. 1년간 연방정부가 구입하는 6000억달러(약 661조원) 상당의 상품 및 서비스 중 3분의 1을 미국 내부에서 생산된 제품으로 채우겠다는 정책이며 백악관 예산관리국(OMB)이 직접 제도 운용을 감독하고 조율하는 것을 골자로 한다.

**바이 아메리칸 행정명령은 자국우선주의를 주창했던 트럼프 대통령의 정책보다 수위가 더 높다는 평가다.** 미국의 이 같은 정책 방향성은 동맹국들이 바이든 대통령 취임으로 협력 강화를 기대했음에도 불구하고, 미국이 결과적으로 자국 이익을 우선하는 행보를 계속할 것이라는 우려를 낳고 있다.

---

### ˙바이 아메리칸 (Buy American)

바이 아메리칸은 미국 정부의 자국 물자를 우선적으로 구매하는 보호무역주의 정책을 말한다. 바이 아메리칸이란 표현은 1933년 대공황 때 미국 정부에 미국산 제품만을 쓰도록 했던 'BAA법(Buy American Act)'에서 유래했다. 바이 아메리칸의 골자는 '미국 정부'가 '미국 납세자'의 돈으로 '미국 노동자와 기업'이 만든 제품을 써야 한다는 것이다. 특정 법률이나 정책을 지칭하는 것이 아니라 과거부터 미국 정부가 이러한 취지로 행해온 관련 정책, 법률, 행정명령 등을 통칭한다.

### 🖐 세 줄 요약

❶ 조 바이든 미국 대통령이 1월 20일 제46대 미국 대통령에 취임했다.

❷ 바이든 대통령은 파리 기후변화협약에 복귀하는 행정명령 서명 등 트럼프 지우기에 나섰다.

❸ 바이든 대통령이 바이 아메리칸 행정명령에 서명하면서 미국 우선주의를 이어갔다.

## 영국, G7 회의에 한국 등 3개국 초청

영국이 주요 7개국(G7) 정상회의를 대면 회담 방식으로 오는 6월 개최할 계획이라고 발표했다. 대면 방식의 공식 •G7 정상회담은 2년 만에 열리는 것으로, 한국이 게스트로 공식 초청됐다.

올해 G7 의장국인 영국의 보리스 존슨 총리는 1월 16일(현지시간) 성명을 내고 이번 G7 정상회의는 세계 경제를 자유무역과 지속가능한 방식으로 코로나19 충격파로부터 회복시킨다는 공감대를 형성하는 장으로 만들겠다고 밝혔다.

존슨 총리는 ▲한국 ▲호주 ▲인도 ▲유럽연합(EU)을 G7 정상회담에 게스트로 초청했다고 BBC 방송 등 영국 언론들이 전했다. 영국 정부는 "총리의 야심은 G7을 이용해 전 세계의 민주적이고 기술이 발전한 국가 간에 협력을 강화하는 것"이라며 "총리는 (G7 정상회의의) 전문지식과 경험을 강화하기 위해 한국과 호주, 인도 정상을 게스트 국가로 초청했다"고 설명했다.

이번 영국 G7 정상회담은 잉글랜드 남서부 콘월의 휴양지인 카비스 베이에서 6월 11~13일에 열릴 예정이다. 존슨 총리는 개최지로 콘월을 택한 이유에 대해 "200년 전 콘월의 주석과 구리광산은 영국 산업혁명의 핵심이었다"면서 "올여름 콘월은 다시 한 번 세계의 중대한 변화와 진보의 중심이 될 것"이라고 말했다.

G7 정상회의는 지난해 여름 의장국 미국에서 도널드 트럼프 대통령 주재로 개최 예정이었으나 코로나19 팬데믹 사태로 전격 취소됐다. 그에 앞서 G7 정상들은 작년 3월 코로나19 사태 논의를 위해 원격 회담을 개최한 바 있다.

G7 정상회의는 지난 2019년 여름 프랑스 비아리츠에서 열린 뒤 2년 만에 개최되는 것으로, 미국 차기 대통령인 조 바이든 당선인이 취임 후 G7 외교무대에 정식으로 데뷔하는 자리가 될 예정이다.

### •G7 (Group of 7)

G7은 세계 경제를 선도하는 자유민주주의 체제 주요 7개국 모임을 일컫는 말로, ▲미국 ▲영국 ▲프랑스 ▲독일 ▲이탈리아 ▲캐나다 ▲일본 등 선진 7개 국가를 지칭한다. 매년 재무장관회의와 정상회담을 개최하는 G7은 세계 경제의 방향성과 각국 간 경제 정책에 대한 협조 및 조정에 대한 문제를 논의하는 등 주로 경제 문제에 초점을 두고 있으나, 정치 외교 분야 등에 대한 논의도 진행한다.

**○ 기출tip** G7에 속한 나라를 묻는 문제는 매년 언론사 상식문제에서 꾸준히 나온다. G7과 G20에 속하는 국가는 꼭 암기하도록 하자.

**○ 기출복원문제 | 2019 SBS**
G7에 속하지 않지만 G20에 속하는 국가를 다섯 개 이상 적으시오.(한국 제외)

|정답| 아르헨티나·오스트레일리아·브라질·중국·인도·인도네시아·멕시코·러시아·사우디아라비아·남아프리카공화국·터키

## 미 연준, 제로금리 유지... "경제 앞날 백신 진전에 달렸다"

미국 중앙은행인 연방준비제도(Fed·연준)가 1월

27일(현지시간) '제로 금리'를 유지했다. 최근 경기 회복에 '노란불'이 켜진만큼 자산매입 프로그램도 현행대로 유지하기로 했다. 연준은 이날 이틀간의 연방공개시장위원회(FOMC) 정례회의를 마친 뒤 성명을 내고 **기준금리를 현 0.00~0.25%에서 동결**한다고 밝혔다. 위원들은 금리 동결에 만장일치로 찬성했다.

지난해 3월 코로나19 사태 대응을 위해 제로금리를 결정한 이후 7번 연속 같은 수준을 유지한 것이다. 당시 연준은 코로나19의 전 세계 대유행으로 인해 경기 침체 우려가 강하게 제기되자 기준금리를 기존 1.00~1.25%에서 0.00~0.25%로 1%p 전격 인하했다.

연준은 이날 성명에서 "최근 몇 달 동안 경제활동과 고용의 회복 속도가 완만해졌다"며 "팬데믹의 부정적 영향을 가장 많이 받은 분야들이 집중적으로 약해졌다"고 말했다.

이에 따라 연준은 월 1200억달러 규모의 자산매입 규모와 구성도 그대로 유지한다. 연준은 금리억제와 경기 회복 지원을 위해 매달 800억달러 상당의 미 국채와 400억달러 상당의 주택저당증권(MBS) 등을 매입하고 있다.

최근 일부 연방준비은행 총재들이 이르면 올해 말 자산매입 규모를 점진적으로 축소하는 **˙테이퍼링** 가능성을 시사했으나, 제롬 파월 연준 의장은 1월 14일 한 행사에서 "출구에 대해 이야기할 때가 아니다"며 선을 그은 바 있다.

연준은 성명에서 "경제의 앞날은 바이러스의 진행경로에 달려 있다"는 기존 입장을 반복하면서 "여기에는 백신의 진전도 포함된다"는 문구를 추가했다. 백신의 보급 속도에 따라 경제 회복이 빨라질 수 있음을 시사한 것으로 보인다.

---

### ˙테이퍼링 (tapering)

테이퍼링이란 경제 위기를 대처하기 위해 정부가 취했던 양적완화의 규모를 점진적으로 축소해 나가는 것을 말한다. 2013년 5월 벤 버냉키 미국 연방준비제도(Fed) 의장이 처음 언급한 용어다. 경기를 부양시키기 위해 양적완화를 진행할 때 경기가 회복세에 진입하면 과도하게 풀린 유동성이 인플레이션을 야기하므로 이에 대한 출구전략으로 시장에 풀린 유동성을 다시 회수하는 것이 테이퍼링이다.

▶ **기출tip** 2018 이데일리 필기시험에서 테이퍼링의 의미를 묻는 문제가 출제됐다.

## 개미가 헤지펀드 밟았다... 게임스탑이 촉발한 '공매도 전쟁'

전 세계가 '게임스탑(GameStop)'을 둘러싼 공매도 전쟁에 주목했다. 게임스탑 종목을 두고 기관의 공매도와 개인 투자자의 매수세가 맞붙었다. 공매도를 둘러싼 전쟁은 미국 증권계와 개인투자자 간 싸움에 그치지 않고 의회의 청문회 소집에 이어

검찰 수사와 증권 규제 당국의 본격적인 조사로 확대됐다.

게임스탑은 미국의 비디오 게임 전문 소매점 체인 업체다. 작년 11월 신형 콘솔 게임기(TV에 연결하는 게임기) 플레이스테이션5와 엑스박스 시리즈X가 출시되고 유명 경영인 라이언 코헨이 이사진에 합류하며 주가가 올랐다. 하지만 온라인 게임 비중이 커지는 상황 속에서 게임스탑은 장기적 전망이 좋지 않았고 공매도 세력의 좋은 타깃이 됐다.

발단은 게임스탑 공매도에 참여한 헤지펀드 중 하나인 '시트론 리서치'가 열었다. 시트론 리서치는 '게임스탑 주식을 사는 사람은 멍청이'라고 개인투자자들을 조롱했다.

한국과 마찬가지로 공매도 세력을 혐오하는 미국 개미 투자자들은 시트론 리서치에 분노해 **온라인 커뮤니티 레딧의 주식토론방 '월스트리트베츠'를 중심으로 게임스탑 주식을 집중 매수했다.** 4달러에 불과한 게임스탑 주가는 개미들의 집중 매수로 한 달여간 1700% 폭등했다.

이런 개미들의 갑작스런 반란에 월가의 거물들은 줄줄이 백기를 들었다. 게임스탑 공매도에 투자한 세력은 올해 들어서만 총 197억5000만달러(약 22조원)의 천문학적 손실을 낸 것으로 전해진다.

주가가 급등하자 공매도에 나섰던 헤지펀드 멜빈 캐피털은 파산 위기에 몰렸고, 시트론 리서치는 공매도 리서치 중단을 선언했다. 시트론 리서치의 앤드루 레프트 대표는 1월 29일 유튜브 동영상과 트위터를 통해 "시트론은 공매도 리포트 발행을 중단한다"고 밝혔다.

## 로빈후드의 배신

로빈후드는 거래 수수료가 없는 온라인 무료주식거래 앱으로, 미국의 젊은 개미 투자자들이 가장 많이 애용하는 플랫폼이다. 하지만 이번 게임스탑발 '공매도 VS 개미 전쟁'에서 로빈후드는 개미들의 게임스탑 주식 거래를 제한해 뭇매를 맞았다. 개인들의 게임스탑 거래를 매도만 가능하게 제한을 걸어 게임스탑 주가가 1월 28일 44% 폭락했다. 그런데 헤지펀드는 여전히 매수와 매도를 모두 할 수 있다는 사실이 알려지면서 개인투자자들은 '로빈후드의 배신'이라며 분노했다.

개인 투자자들은 거래 제한 조치로 손해를 봤다며, 로빈후드를 상대로 집단소송을 제기했다. 미 연방의회는 로빈후드 등 개인 투자자의 거래를 막은 플랫폼과 공매도를 일삼는 헤지펀드 등을 대상으로 청문회를 열겠다고 밝혔다. 로빈후드 측은 클리어링하우스가 요구하는 주식 의무 예치금이 10배 치솟은 탓에 일부 주식들에 대한 매수를 일시 중단한 것이라고 해명했다. 클리어링하우스는 주식·파생상품 거래 실행 과정에서 계약 불이행 위험을 줄이기 위해 설립된 금융 관련 기관이다.

# 문 대통령, 다보스 어젠다 2021 첫 참여

▲ 다보스 어젠다에서 특별 연설하는 문재인 대통령 (자료: 청와대)

코로나19 확산에 따라 오는 5월로 연기된 *세계경제포럼*(WEF·다보스 포럼) 연차총회에 앞서 영상으로 열린 '다보스 어젠다 주간'에 문재인 대통령을 비롯해 시진핑 중국 국가주석, 스가 요시히데 일본 총리 등 한·중·일 3국 정상과 앙겔라 메르켈 독일 총리, 에마뉘엘 마크롱 프랑스 대통령 등 10여 개국 정상이 참석했다. 주제는 '신뢰 재건을 위한 중요한 해'였다.

**문 대통령이 WEF 행사에 기조연설로 참여한 것은 이번이 처음이다.** 이번 포럼에 문 대통령이 참여한 것은 K방역 등 성과를 평가한 WEF 측 요청에 따른 것이다. 이날 기조연설에 이어 진행된 질의응답 세션은 당초 25분으로 예정됐다가 참석 요청이 쇄도하며 45분으로 늘어났다.

### 文, 다보스 포럼 특별연설

문재인 대통령은 1월 27일 WEF가 주최한 '2021 다보스 아젠다 한국정상 특별연설' 화상회의 기조연설에서 전 세계 주요 최고경영자(CEO)들의 찬사를 한 몸에 받았다. 문 대통령은 이날 전 세계 우수사례로 평가받는 K방역 성과와 전 세계 트렌드인 디지털과 그린을 접목한 한국판 뉴딜에 대한 정부 의지를 강조했다.

문 대통령은 이날 세계경제포럼이 주최한 '2021 다보스 아젠다 한국정상 특별연설' 화상회의에서 "그 시작은 다른 나라들과 마찬가지로 집단 면역의 첫걸음인 백신 접종이 될 것"이라며 이같이 밝혔다. 문 대통령은 국내에서의 전 국민 백신 무료 접종과 마찬가지로 전 세계에도 백신이 포용적으로 공급돼야 한다는 점을 강조했다.

K방역과 함께 이날 문 대통령은 전 세계에 한국판 뉴딜의 잠재력을 설파했다. 문 대통령은 "한국판 뉴딜을 통해 고용안전망과 사회안전망을 확대하고 포용적 회복을 이룰 것"이라며 "디지털 뉴딜

과 그린 뉴딜을 통해 지속가능한 성장으로 한국 경제를 도약시키고 지역균형 뉴딜을 더해 지역경제를 활성화할 것"이라고 말했다.

---

### *세계경제포럼 (WEF, World Economic Forum)

세계경제포럼(WEF)은 저명한 기업인·경제학자·저널리스트·정치인 등이 모여 세계 경제에 대해 토론하고 연구하는 국제민간회의이다. 독립적 비영리재단 형태로 운영되며, 매년 스위스 다보스에서 열려 다보스 포럼이라고도 불린다. 세계적 권위와 영향력을 인정받는 UN 비정부 자문 기구로서 세계무역기구(WTO)나 서방선진 7개국(G7) 회담 등에 막강한 영향력을 행사하고 있다.

▶ **기출tip** 2019 목포MBC 필기시험에서 세계경제포럼(다보스 포럼)을 묻는 문제가 출제됐다.

---

# 이란, 나포 한 달 만에 '한국케미호' 선장 제외 전원 석방

▲ 이란혁명군에 피랍됐던 한국케미호

**이란 정부가 환경오염을 이유로 나포한 '한국케미호'의 선장을 제외한 모든 선원을 석방했다.** 외교부에 따르면 사이드 하티브자데 이란 외무부 대변인은 2월 2일 이란 관영 매체에 "이란이 환경오염 혐의로 나포한 한국 선박의 선원들을 석방하기로 했다"며 "걸프 해역에서 억류됐던 한국 선박의 선원들이 한국 정부의 요청에 따른 이란의 인도적 조치로 출국 허가를 받았다"고 전했다.

압바스 아락치 이란 외교부 차관은 같은 날 최종 건 외교부 1차관과의 전화통화를 통해 이란 정부가 선정을 제외한 나머지 선원들에 대한 억류를 우선 해제하기로 결정했다고 알렸다.

이로써 선원들은 나포된 지 29일 만에 풀려났다. 지난 1월 4일(현지시각) 이란혁명군이 한국케미호를 나포할 당시 선박에는 한국인 선원 5명을 포함해 인도네시아·베트남·미얀마 국적 선원 등 20명이 타고 있었다. 정부는 우리 선장과 선박에 대한 억류가 해제될 때까지 이란 측과의 협의 등 최대한의 노력을 전개해 나간다는 입장이다.

양국은 그동안 선박 억류 문제의 쟁점으로 꼽힌 '동결 원유자금 문제'를 해결해 전통적 우호관계를 회복해 나가자는 데 공감했다. 이란은 한국케미호를 나포한 직후 그 이유를 환경오염이라고 주장하면서도 **한국에 묶인 70억달러(7조6000억 원) 규모의 원유 동결 자금을 반환해달라고 요구**했다. 이란 원유 대금은 지난 2018년 미국이 이란 중앙은행을 제재 명단에 올린 후 동결된 상태다.

그동안 한국 외교 당국과 정치권은 한국케미호 선원들의 석방을 위해 이란 측과 지속적인 협상을 벌여왔다. 최종건 외교부 1차관은 1월 10~12일 사흘간 이란을 방문해 협상을 진행했고 송영길 국회 외교통일위원장도 이란의 모즈타바 조누르 의회 외교정책위의장과 동결 자금 문제를 논의해왔다. 조누르 위원장은 이란 최고지도자인 **•아야톨라 알리 하메네이**의 최측근이다.

국제 정세의 변화도 영향을 미쳤다. 이란은 도널드 트럼프 미국 행정부가 일방적으로 파기한 '이란 핵협정' 복귀를 공언해온 조 바이든 신임 대통령의 취임을 코앞에 둔 시점에 이번 나포 사건을 일으켰다.

나포 전날은 '이란의 영웅'으로 추앙받는 가셈 솔레이마니 이란 혁명수비대 쿠드스군 사령관 암살 1주년이었고, 나포 당일에는 이란이 핵협정의 제약을 깨고 농축도(무기용 고농축 우라늄의 농축도는 90% 이상) 20%의 우라늄 생산을 재개했다. 새 미국 행정부와 관계 설정에서 강경파들이 힘을 받는 모습이었다.

하지만 자바드 자리프 이란 외교부 장관이 2월 1일 미국 CNN과의 인터뷰에서 "우린 관계를 재설정할 준비가 되어 있으니 미국도 서둘러야 한다"고 밝히는 등 대미 정책을 둘러싼 이란 내부 논쟁이 '온건론' 쪽으로 굳어지는 모습이다.

미국 역시 1월 29일, 2015년 핵협정 체결에 핵심적 구실을 했던 로버트 말리를 이란 담당 특별대표로 임명하는 등 대이란 외교에 시동을 걸고 있다.

---

### •아야톨라 알리 하메네이 (Ayatolla Seyyed Ali Khamenei, 1939~)

아야톨라 알리 하메네이는 이란의 이슬람교 최고 지도자이자 정치가다. '아야톨라(Ayatollah)'란 이슬람 종파 중 하나인 시아파의 성직자 계급의 하나로서, '하느님의 증거'를 의미한다. 이란의 신정(神政) 일치 체제에서는 최고지도자가 국가원수로서 대통령보다 높은 지위에 있으며 국가 내 모든 권한을 행사할 수 있다.
하메네이는 1981년부터 1989년까지 이란의 3, 4대 대통령을 지내다가, 이란 공화국의 초대 최고지도자인 호메이니가 1989년 사망하자 이슬람 성직자 회의를 통해 호메이니의 뒤를 계승하며 아야톨라로 추대 되었고, 이때부터 명실상부한 이란의 최고지도자로 등극했다.

## "나발니를 석방하라"
## 러시아 전역서 대규모 시위

▲ 러시아 야권 운동가 알렉세이 나발니

블라디미르 푸틴 러시아 대통령의 정적으로 꼽히는 **알렉세이 나발니**의 석방을 촉구하는 대규모 시위가 러시아 전역에서 열렸다. 나발니는 러시아 정부로 추정되는 세력으로부터 '독극물 공격'을 받아 독일에서 치료를 받았고, 러시아 귀국 후 당국에 의해 체포된 상태다.

러시아 현지 언론은 1월 23일(이하 현지시간) 나발니의 석방을 촉구하는 시위가 수도 모스크바와 상트페테르부르크, 블라디보스토크 등 전국 60여 개 도시에서 열렸다고 보도했다. 러시아 당국은 코로나19 확산 위험을 이유로 모든 지역의 집회를 불허하고 참가자들을 처벌할 것이라고 경고했다.

현지 언론들은 모스크바 시위 참가자가 최대 4만 명에 이른다고 전했다. **러시아 인권 감시 단체인 'OVD-인포'**에 따르면 집회 참가자와 현장을 중계한 언론인 3100명 이상이 경찰에 의해 체포됐다.

시위는 블라디보스토크 등 동쪽 도시에서 시작돼 서쪽 지역으로 확산됐다. 참가자들은 "나발니

를 석방하라", "러시아는 자유로워질 것이다", "푸틴은 사임하라" 등의 구호를 외쳤다. 이날 시위는 2018년 연금법 개정 반대 시위 이후 최대 규모로 평가된다.

### 푸틴 종신 집권 꿈 흔들리나

나발니는 1월 17일 귀국하자마자 집행유예 의무 위반 혐의로 공항에서 체포·구속됐다. 나발니 측은 나발니가 구금된 동안에도 푸틴 대통령의 혼외 자식에 대해 폭로하고, 푸틴 대통령이 뇌물을 받아 초호화 궁전을 지었다는 의혹을 제기했다.

구금된 나발니 석방을 촉구하는 대규모 시위가 이어진 가운데 2월 2일 러시아 법원은 나발니에게 사기죄로 실형을 선고했다. 이번 실형 선고로 긴장감은 더욱 고조됐다. 나발니의 구금과 러시아 정부의 시위 진압은 미국과 러시아 간의 외교적 갈등으로도 번졌다.

미 국무부는 "러시아 정부가 시위 참가자와 언론인에게 저지른 가혹한 일들을 비난한다"며 "나발니와 인권을 위해 운동했던 모든 구금자들을 석방하라"고 촉구했다. 유럽연합(EU)의 수장 격인 독일도 나발니를 공개 지지하고 나섰다.

대규모 시위와 서방 국가의 견제가 이어지면서 **푸틴 대통령이 종신 집권의 꿈을 이어갈 수 있을지 주목**된다. 푸틴 대통령은 1999년 집권 후 대통령 3연임 불가 조항을 피해 실세 총리와 대통령을 번갈아가며 집권했고 2018년에는 **대통령 임기를 6년으로 늘린 뒤 작년엔 아예 4연임까지 가능하도록 헌법을 개정했다.** 이렇게 되면 그는 84세가 되는 2036년까지 권좌를 차지할 수 있다.

### *알렉세이 나발니 (Alexey Navalny, 1976~)

알렉세이 나발니는 SNS 등을 통해 푸틴 정권의 부패와 정경유착을 폭로하며 유명해진 러시아의 대표적인 반정부 인사다. 그는 2011년에 한 라디오 인터뷰에서 여당 통합 러시아당을 "사기꾼과 도둑놈들의 정당"이라고 꼬집으며 투표 조작 혐의를 제기했다가 15일간 구금되기도 했다.

나발니는 2013년 횡령 혐의로 징역형을 살고, 2018년 푸틴을 상대로 대선에 나섰다가 사기 혐의로 낙마했는데, 이 둘 다 '정치적 음해'라고 주장했다. 2020년 8월 항공편으로 시베리아 톰스크에서 모스크바로 이동하던 중 기내에서 의식불명 상태에 빠졌다.

당시 독일 정부는 나발니에 대한 검사 결과, 신경작용제인 노비촉(Novichok)이 사용된 증거가 발견됐다고 밝혔다. 노비촉은 2018년 초 영국에서 발생한 전직 러시아 이중간첩 독살 미수 사건에 사용된 물질이다.

## "1시간 내 사망" 후쿠시마 원전서 초강력 방사선 방출 확인

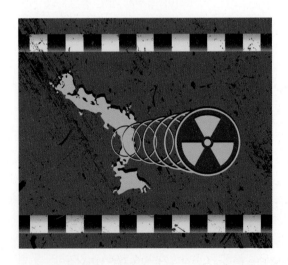

**폐로**(廢爐 : 원자로를 처분하는 것) 작업이 진행되고 있는 일본 후쿠시마 제1 원전의 2, 3호기 원자로 건물 5층 부근에서, 노출될 경우 1시간 안에 사망할 정도의 강한 방사선이 방출되고 있는 것으로 드러났다. 이 때문에 폐로 작업이 늦어질 가능성이 있다는 우려가 나온다.

일본 원자력규제위원회 산하 검토회는 2011년 3월 동일본대지진 당시 발생한 후쿠시마 원전 사고와 관련해 2019년 9월 재개한 조사의 중간보고서 초안을 1월 26일 공개했다.

이 안에 따르면, 후쿠시마 원전의 2, 3호기 원자로 건물 5층 부근에 방사선량이 매우 높은 설비가 있는 것으로 파악됐다. 고농도 방사성 물질에 오염된 것은 원자로 격납 용기 바로 위에서 덮개 역할을 하는 직경 12m, 두께 약 60cm의 원형 철근 콘크리트 시설이다.

총 3겹으로 이뤄진 이 덮개의 안쪽 부분을 측정한 결과, 방사성 물질인 *세슘이 2호기는 약 2~4경(1조의 1만 배) 베크렐(방사성 물질의 초당 붕괴 횟수 단위), 3호기는 약 3경 베크렐에 달하는 것으로 조사됐다. 사람이 이 환경에 가까이 노출되면 1시간 이내에 사망할 수 있는 수준이다.

대량의 세슘이 덮개 안쪽에서 발견된 것은 2011년 3월 폭발사고 직후 덮개가 방사성 물질이 밖으로 나가는 것을 막는 역할을 한 결과라고 위원회는 분석했다. 규제위 담당자는 언론 인터뷰에서 "대량의 세슘은 예상하고 있었지만, 이렇게 집중된 오염은 생각하지 않았다"고 말했다. 사람이 접근할 수 없어 폐로 작업이 쉽지 않을 것이라고 전했다.

2011년 3월 11일 동일본 지역을 강타한 규모 9.0 지진으로 인한 지진해일(쓰나미)은 후쿠시마현 태평양 연안의 후타바, 오쿠마 두 마을에 위치한 후쿠시마 원전을 덮쳤다. 당시 후쿠시마 원전 6기의 원자로 중 1~4호기가 침수로 냉각장치 작동이 중단됐다.

이 영향으로 1~3호기의 **노심용융**(勞心鎔融 : 원자로 온도가 급격히 올라가 원자로 중심부인 노심의 핵연료봉이 녹아내리는 것)이 일어나면서 방사성 물질이 대기와 해양으로 대량 누출된 것이 후쿠시마 원전 사고다. 일본 원자력규제위는 사고 10년이 되는 올 3월에 최종 보고서를 내놓을 예정이다.

---

**˙세슘 (Cesium)**

세슘은 무른 은백색의 알칼리 금속이다. 세슘에는 여러 동위원소가 있는데, 원자핵에 중성자를 82개를 갖고 있는 방사성 동위원소 세슘−137은 원자핵 분열 시 생기는 생성물 중 가장 잘 알려져 있다. 이 동위원소는 방사선 치료 등 많은 분야에서 사용되기도 하지만, 원자력발전소 사고나 핵무기 실험에서 생기는 방사능 오염 물질 중 가장 위험성이 큰 것이다. 세슘은 석유 시추, 원자시계, 여러 광·전자 장치 등에도 사용된다.

---

### 후쿠시마 제1 원자력발전소 사고

후쿠시마 제1 원자력발전소 사고란 2011년 3월 11일 일본 후쿠시마현 오쿠마마치의 원자력발전소에서 지진과 쓰나미로 인해 발생한 원전 사고다. 인류 역사상 체르노빌 원전 사고에 이어 2번째 7등급(최고 등급) 원자력 사고로 기록됐다.

사고의 직접 원인은 도호쿠 지방에 일본 관측사상 최대 규모의 지진이 발생하여 15m에 달하는 쓰나미가 원전을 덮친 것이다. 건물 지하에 설치된 원전 설비가 침수됐고 그에 따라 냉각수를 공급하는 순환 펌프에 전력 공급이 중단됐다. 3월 12일 남아있던 냉각수가 모두 증발하면서 노심의 온도가 섭씨 1200도까지 치솟으며 고온에 3개의 방호벽이 녹아 내려 구멍이 뚫렸다. 이로 인해 안에 있던 핵연료가 대기 중으로 유출되기 시작하였다.

결국 원자로 3기가 노심용융을 일으켰고 연료봉 안에서 수소폭발이 발생함과 동시에 1, 2, 3호기 각각에서 방사능이 누출되었다. 폭발로 인해 원전 건물 4개가 손상되었으며, 그와 동시에 격납용기도 손상되면서 태평양을 포함한 일대가 방사능으로 오염되었다. 다수의 원자로가 동시에 녹아내린 최초의 사고이며 현재도 사고 수습은 진행 중이다.

---

## ▌제프 베이조스 아마존 CEO 물러난다

▲ 제프 베이조스 아마존 설립자

아마존의 설립자인 제프 베이조스 회장 겸 최고경영자(CEO)가 올 3분기 CEO 자리에서 물러난다고 월스트리트저널(WSJ) 등이 2월 2일(현지시간) 보도했다.

베이조스 CEO는 4분기 실적을 공개하는 자리에서 올 3분기부터 회장직을 유지한 채 이사회 의장직을 수행할 예정이라고 밝혔다. **베이조스의 후임은 클라우드 컴퓨팅 서비스인 아마존웹서비스**(AWS, Amazon Web Service) **부문 CEO인 앤디 재시가** 맡는다. 재시 CEO는 1997년 아마존에 입사해 AWS 팀을 이끌었다. **AWS는 아마존 수익의 절반 이상**(4분기 기준 52%)**이 발생하는 주력 사업**이다.

베이조스는 "현재 아마존이 가장 창의적이고 혁신적인 모습을 보이는 만큼 지금이 CEO 전환을 위한 최적의 시기라고 생각한다"며 "앤디 재시 CEO는 오랫동안 아마존과 함께 한 인물로, 뛰어난 리더가 될 것으로 믿는다"고 밝혔다.

그는 앞서 직원에게 보낸 이메일을 통해 이사회 의장으로 회사 경영에 계속적으로 참여하겠지만 베이조스어스펀드, 블루오리진, 워싱턴포스트 등 신규 사업에 에너지를 더 집중하겠다고 밝혔다.

베이조스는 1994년 인터넷 서점으로 아마존을 설립해 대형 전자상거래 업체로 변모시켰다. 그가 27년간 아마존을 경영하는 동안 아마존의 시가총액은 지난해 1월 처음으로 1조달러를 돌파했으며 전일 마감 기준 1조6960억달러를 기록했다.

아마존은 코로나19 타격에도 비대면 시장 성장 수혜로 지난해 비약적인 성장을 이뤘다. 이날 발표한 2020년 4분기 매출이 사상 처음으로 1000억달러를 기록했다.

매출과 영업이익은 각각 전년 동기 대비 44% 늘어난 1256억달러(약 140조원)과 77% 늘어난 69억달러를 기록했다. 지난해 연간 매출은 3861억달러, 영업이익은 229억달러다.

### 아마존드 (Amazonned)

아마존드란 '아마존에 의해 파괴된다'라는 의미로, 미국 최대 전자상거래 업체인 아마존이 공격적으로 사업을 확장해나가면서 기존 영역들의 경계를 파괴하고 허무는 상황을 의미한다. 아마존은 단순한 유통 부문을 넘어 오프라인 매장, 클라우드서비스, 음악 스트리밍 등 다양한 사업에 성공적으로 진출했다.

## 베트남 최고지도자 응우옌 푸 쫑 당서기장 3연임

▲ 응우옌 푸 쫑 베트남공산당 서기장

베트남의 권력 서열 1위인 **응우옌 푸 쫑 공산당 서기장**이 3연임에 성공했다. 1월 31일 현지 매체는 베트남 공산당이 제13차 전당대회 폐막 하루를 앞두고 중앙위원회를 개최하고 쫑 서기장을 차기 서기장으로 재선출했다고 보도했다. 임기는 5년이다.

그는 2011년 국회의장에서 서기장에 오른 이후 2016년에 이어 2021년까지 3연임에 성공했다. 이로써 그는 베트남전이 끝난 1975년 이후 최장수 서기장에 등극했다. 65세인 재선 제한 연령 규정도 2016년 당시와 마찬가지로 '특별 후보자' 형식으로 예외를 인정받았다.

쫑 서기장은 2018년 쩐 다이 꽝 당시 국가 주석이 별세하자 주석직을 맡아 강력한 리더십을 구축한 인물이다. 그는 베트남의 국부인 호찌민 전 주석 이후 처음으로 이른바 '빅4' 가운데 2가지 직책을 겸직했다.

그는 베트남 북부 하노이 출신의 구소련 유학파로 대표적인 사회주의 이론가이며, 친중국 성향의 온건 중도파로 분류된다. 고령인 탓에 건강 문제로 이번에 퇴임할 것이란 관측도 제기됐으나 정치적 안정과 강력한 부패 척결 의지로 높은 지지를 받은 것으로 알려졌다. **권력 서열 2위인 주석직은 응우옌 쑤언 푹 총리가 승계한 것으로 전해졌다.**

### '작은 중국' 베트남의 권력 구조

중국과 마찬가지로 베트남에서 가장 중요한 정치기구는 공산당이다. 헌법상 베트남공산당은 국가와 사회를 영도하며 정부, 국회의 활동을 지도하도록 되어 있어서 실질적인 최고권력 기관이다. 공산당의 주요 의사결정 기구로는 정치국 상무위원회, 정치국, 중앙집행위원회가 있다.

국가주석은 임기 5년으로 국회의원 중에서 선출되고 국가원수로서 대내외적으로 국가를 대표한다. 국회의원은 공산당이 선출하며, 국가의 주요정책은 전권을 가진 공산당 정치국이 결정한다. 베트남공산당은 1930년 공산당 창립 이래 집단주의 지도체제의 만장일치에 의한 의사결정 방법을 채택하고 있다. 베트남공산당 최고의 기관은 전당대회이다. 전당대회는 5년마다 열리는데 여기에서 당의 중요한 정책의 인준, 정책노선의 결정, 새로운 당 규약의 채택이 이루어지게 된다.

유일한 입법기관인 국회는 국가의 모든 활동에 대한 최고감사권을 행사한다고 규정되어 있지만 실질적으로는 국회가 독자적으로 국가정책을 입안하지는 못하며, 당의 정치노선과 주장, 정책을 그대로 수행해야 한다. 국회의원 수는 550명이고 임기는 5년이며, 정기국회는 1년에 2번 개최한다. 국회 상무위원회 또는 국회의원 1/3 이상이 찬성하면 임시국회를 개원할 수 있다.

▲ 응고지 오콘조이웨알라 WTO 사무총장

**총장으로 확정했다고** 밝혔다.

마지막 경쟁 후보였던 **한국의 유명희 산업통상자원부 통상교섭본부장이 2월 5일 후보를 포기하기로** 결정함에 따라 오콘조이웨알라의 추대는 예정된 수순이었다. 오콘조이웨알라 사무총장은 25년간 세계은행에서 근무한 경제 전문가다. 작년에는 12월까지 **세계백신면역연합**(Gavi, the Vaccine Alliance) 이사회 의장을 지내기도 했다.

오콘조이웨알라 사무총장은 이번 WTO 사무총장 선거 유세 기간에 유럽연합(EU), 중국, 일본, 호주 등으로부터 고른 지지를 받았다. 그는 오는 3월 1일부터 2025년 8월 말까지가 임기이며, **보호무역주의와 미중 무역전쟁 등 자유무역에 역행하는 흐름에서 이렇다 할 역할을 하지 못하고 있는 WTO의 존재감을 되살리기 위한 개혁에 나설 것으로 보인다.**

## WTO 사무총장에 나이리지리아 출신 오콘조이웨알라

**세계무역기구(WTO)** 출범 26년 역사상 처음으로 흑인 여성 사무총장이 탄생했다. WTO는 2월 15일(현지시간) 이사회를 열고 164개 회원국의 컨센서스(consensus : 합의)를 통해 **나이지리아 출신 응고지 오콘조이웨알라 전 나이지리아 재무장관을 사무**

### 세계무역기구 (WTO, World Trade Organization)

세계무역기구(WTO)는 세계 무역분쟁 조정, 관세인하 요구, 반덤핑규제 등 무역과 관련해 법적 권한과 구속력을 행사하는 국제기구이다. 1947년 이래 반세기 동안 국제무역 질서를 규율해왔던 '관세 및 무역에 관한 일반협정(GATT, General Agreement on Tariffs and Trade·가트)'을 대체하는 체제로서 1995년 출범했다. 최고의결기구는 총회이며 본부는 제네바에 있다.

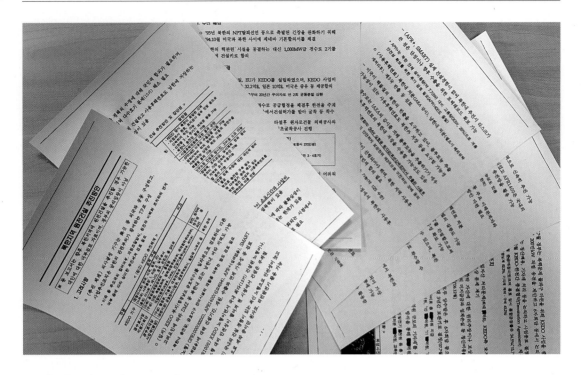

# 산업부 北 원전 추진 문건 삭제 논란

### "충격적 이적행위"–"혹세무민 색깔론"

야당이 '문재인 정부가 북한에 원자력발전소(원전)를 지어주려 했다'는
의혹을 제기하자 청와대가 강력히 반발했다. 김종인 국민의힘 비상대
책위원장은 1월 29일 대표 명의 입장문을 내고 **"문재인 정부가 대한민
국 원전을 폐쇄하고 북한에 극비리에 원전을 지어주려 했다"**며 **"정권의 운
명을 흔들 수 있는 충격적인 이적행위가 아닐 수 없다"**고 주장했다.

야당의 공세는 앞서 대전지검이 감사원 감사를 방해한 혐의 등으로 기
소한 산업통상자원부 공무원들의 공소장이 언론에 공개되며 촉발됐
다. 기소된 공무원들이 감사원 감사 직전 삭제한 파일 530개 중에는
'북한 지역 원전 건설 추진 방안', '북한 전력 산업 현황과 독일 통합 사
례' 등의 문건이 포함됐다.

이들 문건은 '북한 원전 추진 방안'의 약자로 추정되는 '북원추'라는 폴
더와 **'북쪽'을 뜻하는 핀란드어 'pohjois(뽀요이스)'라는** 폴더에 들어 있
었다. 이에 대해 야권은 원전 건설을 극비리에 추진하려 보안에 신경

---

### °북풍 (北風)

북풍은 국내 정치에 큰 영향을
미치는 북한 관련 이슈를 주로
언론에서 일컫는 말이다. 과거
정권에서는 큰 선거 때마다 북한
이슈가 터져 여권에 유리한 형세
를 조성했다. 1987년 대선 전 대
한항공(KAL) 여객기 폭파 사건,
1992년 대선 전 남조선노동당
사건 등이 대표적이다. 그러나
1997년 대선 당시 여권에서 북
측에 휴전선 무력시위를 요청했
던 '총풍 사건'으로 보수 정권이
북한 이슈를 선거에 악용한다는
인식이 뿌리 내리면서 양상이 달
라졌다.

을 쓴 증거라고 풀이했다.

청와대는 야당의 주장에 대해 "미국이나 국제사회 모르게 북한에 원전을 추진하는 것은 불가능한 얘기"라며 "선 넘은 정치공세이자 색깔론"이라고 발끈했다. 강민석 청와대 대변인은 1월 29일 "터무니없는 주장이며 야당 대표 입에서 나온 말이라고는 도저히 믿기지 않는 혹세무민이고 *북풍과 다를 바 없는 발언"이라며 "정부는 법적 조치를 포함해 강력 대응할 것"이라고 밝혔다.

문재인 대통령은 2월 1일 청와대 수석보좌관회의에서 "가뜩이나 민생이 어려운 상황에서 버려야 할 구시대의 유물 같은 정치로 대립을 부추기며 정치를 후퇴시키지 말기를 바란다"고 강조했다.

### 산업부 "북 원전 추진한 적 없어"

정치권에서 논란이 커지자 산업부는 2월 1일 해당 문건 원문(사진)을 공개했다. 공개된 원문은 삭제된 문건과 동일한 자료로 산업부 내부 컴퓨터에 남아 있던 것으로 알려졌다. 산업부는 "남북 경제협력이 활성화될 경우를 대비해 아이디어 차원에서 검토한 내부 자료로서 외부에 공개된 적 없이 종결됐다"며 "원문 공개를 통해 논란이 종식되길 바란다"고 밝혔다.

'북한지역 원전 건설 추진 방안'이라는 제목의 6쪽짜리 보고서 첫머리는 "향후 북한 지역에 원전 건설을 추진할 경우 가능한 대안에 대한 내부 검토 자료이며 정부의 공식 입장이 아님"이라고 명시됐다.

문건은 ▲ *한반도에너지개발기구(KEDO) 부지인 함경남도 금호에 건설 ▲비무장지대(DMZ)에 건설 ▲신한울 3·4호기 건설 후 북한으로 송전 등 3가지 북한 원전 추진 방안을 검토했다. 이 중 신한울 3·4호기 건설안은 현 정부에서 탈원전을 위해 중단시킨 원전 건설을 재개하자는 것으로서 현실성이 없다.

북한 원전 건설 추진 문건이 산업부 내부 아이디어 차원이라는 정황이 뚜렷해졌는데도 야당은 공세를 이어갔다. 2월 4일 국민의힘은 판문점 남북정상회담 당시 문재인 대통령이 김정은 북한 국무위원장에게 전달한 USB(이동식저장장치)에 비밀리에 원전을 제공하겠다는 내용이 포함된 것 아니냐며 의혹을 제기했다.

남북·북미 정상회담 당시 청와대 국가안보실장으로 회담 성사에 핵심 역할을 한 정의용 외교부 장관 후보자는 "북한에 원전 제공 문제는 내부적으로 검토도 안 했다"고 말했다.

---

### *한반도에너지개발기구 (KEDO, Korean Peninsula Energy Development Organization)

한반도에너지개발기구(KEDO·케도)는 1995년 당시 북한의 경수로 원전 사업 추진을 지원하기 위해 구성된 국제 컨소시엄이다. 한국, 미국, 일본 등 케도 협의국은 북한이 핵무기를 포기하는 조건으로 북한에 한국 표준형 경수로를 지어주고 기금을 분담하려 했다. 하지만 북한이 2003년 협정을 파기하고 핵무기 개발에 나서면서 케도는 기능을 상실했다.

---

### 🖐 세 줄 요약

❶ 야당이 문재인 정부가 북한에 원전을 지어주려 했다는 의혹을 제기했다.

❷ 문재인 대통령은 야당의 의혹 제기가 '구시대의 유물' 같은 정치라고 비판했다.

❸ 산업부는 원전 문건에 대해 아이디어 차원에서 검토한 내부 자료라고 해명했다.

## 탈북 망명 외교관
## "김정은, 비핵화 할 수 없어"

지난 2019년 탈북해 한국으로 망명한 류현우 전 쿠웨이트 주재 북한 대사대리가 처음으로 언론 인터뷰에 등장했다. 류 전 대사대리는 전일춘의 사위로 알려졌다. 전일춘은 **북한 지도부의 비자금 금고를 관리하는 노동당 39호실**을 지휘하며 '금고지기'라고 불린 인물이다. 류 전 대사대리의 망명 사실은 최근에 와서야 알려졌다.

류 전 대사대리는 2월 1일(현지시간) 보도된 미국 CNN과의 최근 인터뷰에서 "북한의 핵무기는 정권의 안정성과 직접 연결돼 있다"며 "미국은 북한의 비핵에서 후퇴할 수 있고 김정은은 비핵화를 할 수 없다"고 말했다. 김정은 북한 국무위원장이 핵을 포기할 수 없는 상황에서 도널드 트럼프 전 미 대통령이 선제적 비핵화를 전제로 한 협상에 임해 실패할 수밖에 없었다는 것이다.

류 전 대사대리는 "미국과 국제사회가 펼치고 있는 대북 제재로 외화벌이 수단을 대부분 상실한 것이 북한을 협상 테이블로 이끄는 데 중요한 역할을 했다"며, 대북 제재가 더욱 강력하게 지속돼야 한다고 주장했다.

류 전 대사대리는 조 바이든 미국 대통령이 오바마 행정부에서 부통령 재임 당시 **이란핵합의**(JCPOA, Joint Comprehensive Plan of Action·포괄적 공동행동계획)에 참여한 만큼 비핵화 협상에서 그 경험을 살릴 수 있을 것이라고 전망했다.

그는 인터뷰에서 10대인 딸에게 더 나은 삶을 선사하고 싶었다는 탈북 동기도 밝혔다. 다만 북한에 남겨둔 형제·자매, 83세 노모, 장인·장모가 자신의 탈북으로 처벌을 받게 될 것을 우려하며 "북한이 아직도 봉건적인 **˚연좌제**를 21세기에 운영하고 있는 게 끔찍하다"고 말했다.

### ˚연좌제 (緣坐制)

연좌제는 범죄자와 일정한 친족 관계가 있는 자에게 연대적으로 그 범죄의 형사 책임을 지우는 제도다. 대한민국 헌법은 제13조 3항 "모든 국민은 자기의 행위가 아닌 친족의 행위로 인하여 불이익한 처우를 받지 아니한다"는 규정에서 연좌제를 금지하고 있다. 1980년대 이전까지 한국에서도 법적으로 연좌제가 존재해 납북자나 월북자 가족 등이 많은 불이익을 받아야 했다.

## 백악관 "북핵은 심각한 위협,
## 동맹과 협의"

▲ 젠 사키 백악관 대변인

미국 백악관이 1월 22일(현지시간) 북한 핵 문제에 대해 동맹과 긴밀한 협의 하에 철저한 검토를 진행하겠다고 밝혔다. 조 바이든 대통령이 북핵을 심각한 위협으로 인식한다는 입장도 전했다. 이날 젠 사키 백악관 대변인은 언론 브리핑에서 미국의 대북 정책에 대한 질문에 이같이 말했다.

사키 대변인은 "대통령의 관점은 의심의 여지없이 북한의 핵탄도미사일, 다른 확산 관련 활동이 세계의 평화와 안전에 심각한 위협이 되고, 글로벌 비확산 체제를 훼손한다는 것"이라고 설명했다.

그는 "우리는 분명히 북한의 억제에 중대한 관심을 여전히 두고 있다"며 "미국인과 동맹을 안전하게 지키기 위한 새로운 전략을 채택할 것"이라고 말했다. '새로운 전략'의 언급은 1월 20일 출범한 바이든 행정부가 도널드 트럼프 행정부와는 다른 노선을 기조로 대북 정책을 추진하리란 점을 예고한 것으로 해석된다.

사키 대변인은 "이 접근법은 진행 중인 (대북) 압박 옵션과 미래의 어떤 외교 가능성에 관해 한국과 일본, 다른 동맹들과 긴밀한 협의 속에 북한의 현재 상황에 대한 철저한 정책 검토로 시작될 것"이라고 밝혔다.

바이든 대통령은 트럼프 전 대통령이 2번의 북미 정상회담 등 김정은 북한 국무위원장을 3차례나 만났지만, 비핵화 진전을 이뤄내지 못한 채 핵 프로그램을 발전시킬 시간을 벌어주고 북한 체제의 정당성을 강화했다는 부정적 인식을 갖고 있다.

또 트럼프 전 대통령이 북한과의 일대일 담판식 협상을 추진하는 바람에 한국과 일본 등 동맹은 물론 비핵화 협상에서 중요한 역할을 할 수 있는 중국과 러시아를 소외시켰다는 문제의식도 가진 것으로 알려져 있다.

이는 바이든 행정부가 트럼프 행정부의 '톱다운' 대신 실무협상부터 밟아가는 상향식 방법, 동맹을 비롯한 주변국과 공조를 중시하는 다자주의적 접근법을 취할 것이라는 예상으로 이어진다.

**2018년 이후 남북·북미정상회담 순서**

| 구분 | 날짜 | 개최 장소 |
| --- | --- | --- |
| 제1차 남북 정상회담 | 2018년 4월 27일 | 판문점 남측 평화의 집 |
| 제2차 남북 정상회담 | 2018년 5월 26일 | 판문점 북측 통일각 |
| 제1차 북미 정상회담 | 2018년 6월 12일 | 싱가포르 카펠라 호텔 |
| 제3차 남북 정상회담 | 2018년 9월 18~20일 | 북한 평양 |
| 제2차 북미 정상회담 | 2019년 2월 27~28일 | 베트남 하노이 메트로폴 호텔 |

## 한미 정상 바이든 취임 후 첫 통화 "대북전략 함께 마련"

▲ 2월 4일 한미 정상이 통화했다.

조 바이든 미국 대통령 취임 후 첫 한미 정상 간 통화가 성사됐다. 문재인 대통령과 바이든 대통령은 2월 4일 오전 8시 25분부터 32분간 정상통화를 하고 "한반도 비핵화와 항구적 정착을 위해 포괄적 대북전략을 함께 마련하자"는 데 인식을 함께했다.

강민석 청와대 대변인은 "양 정상은 한미가 역내 평화 핵심 동맹임을 재확인하고 인도·태평양 지역을 넘어 민주주의와 인권 및 다자주의를 위한 가치동맹으로 발전시키기로 했다"고 밝혔다.

이어 "두 정상이 **민주주의와 인권, 다자주의 증진에 기여하는 포괄적 전략동맹**으로 한미 관계를 발선시키자는 데에 인식을 같이했다"면서 "가급적 조속히 포괄적 대북전략을 함께 마련해갈 필요가 있다는 데에도 공감했다"고 전했다.

이는 바이든 행정부가 대(對)중국 견제 차원에서 추진 중인 **'인도·태평양 전략**과 문재인 정부의 한반도 비핵화 및 평화프로세스가 공존할 수 있는 방향을 거론한 것으로 보인다. 한미 정상은 한미일 3자 공조의 중요성도 강조했다. 강 대변인은 "한일 관계 개선과 한미일 협력이 평화협력에 필요하다는 데에도 공감했다"고 밝혔다.

한편, 두 정상은 코로나19와 기후변화 등 국제 현안에도 긴밀히 협력하기로 했다. 양 정상은 세계 기후정상회의와 **'녹색성장과 2030 글로벌 목표를 위한 연대**(P4G, Partnering for Green Growth and Global Goals 2030)' 정상회의의 성공적 개최를 위해 협력을 가속하기로 했다고 강 대변인은 전했다.

한편, 문 대통령과 바이든 대통령 간 정상 통화는 바이든 대통령 취임 후 14일 만에 성사돼 늦은 감이 있다. 청와대에 따르면 정상 통화는 원래 1월 28일 미일 정상 통화 이후 진행될 예정이었으나

미국에서 실무 문제를 이유로 일정 조정을 요청해 늦어졌다.

이를 두고 일부 보수 언론은 문재인 대통령이 시진핑 중국 국가주석과 먼저 정상통화를 하고 특히 중국 공산당 창립 100주년 축하 발언을 한 것이 영향을 끼친 것 아니냐고 평가했다.

하지만 바이든 대통령은 이날까지도 미국의 핵심 우방인 이스라엘 및 호주 정상과도 통화를 진행하지 않아 통화 순서에 큰 의미를 담을 필요는 없다는 분석도 있다.

---

**˚인도·태평양 전략 (Indo-Pacific strategy)**

인도·태평양 전략은 2017년 이후 미국 트럼프 행정부가 주요 외교 및 국방 전략으로 설정한 전략이다. 인도·태평양 전략의 지리적 범위는 미국 서해안에서 인도 서해안까지를 포함하며 이 지역 내에서 항행과 비행의 자유, 분쟁의 평화적 해결, 투자 개방성, 공정하고 상호적인 무역을 주요 내용으로 한다.

인도·태평양 전략은 중국·러시아·북한을 이 지역의 위협 요인으로 규정하며 특히 중국 견제에 초점을 맞춘다. 미국방부는 2019년 6월 발표한 인도·태평양 전략 보고서에서 이미 미국과 중국 사이에 전략적 경쟁이 시작되었다는 점을 숨기지 않으며 중국이 현 질서를 전복하고 지역에서 패권을 추구하고 있다고 분석했다.

'인도·태평양'은 본래 2007년 인도를 방문한 아베 신조 당시 일본 총리가 당시 인도양을 넘보며 급부상한 중국을 견제할 목적으로 제시한 개념이다. 인도도 중국의 인도양 진출을 경계해 이에 대응 차원에서 아시아·태평양 지역으로의 전략적 개입 강화 의지를 보였다. 2017년 11월 도널드 트럼프 미국 대통령의 아시아 순방을 계기로, 미국은 기존의 아시아·태평양 지역 개념을 인도·태평양이라는 개념으로 확장하여 정의하게 되었고 그해 12월 미 국가안보전략 보고서에서 기존의 아시아·태평양 대신 인도·태평양 용어가 사용되었다.

## 34년 옥살이 비전향 장기수 박종린 씨 별세

▲ 비전향 장기수 고(故) 박종린 씨가 아내 등 가족사진이 담긴 흑백 사진첩을 보고 있다.

**비전향 장기수** 박종린 씨가 2021년 1월 26일 새벽 별세했다. 향년 89세. 박 씨는 2017년부터 대장암으로 투병 생활을 해왔다.

박 씨는 한국전쟁 발발 후 자원입대해 소좌(소령)까지 진급한 후 27세인 1959년 통신부대 간첩으로 남쪽에 내려왔다가 체포돼 무기징역을 선고받았다. 1993년 대구교도소에서 병보석으로 출소할 때까지 꼬박 35년을 복역했다.

민주화실천가족운동협의회 **양심수**후원회에 따르면 1990년대 후반까지 국내에 비전향장기수가 90여 명 있었다. 정부는 2000년 6월 남북정상회담 후 발표된 6·15 공동선언에 따라 비전향장기수 63명을 북한으로 송환했지만 박 씨는 송환 명단에 포함되지 않았다. 그가 교도소를 나올 때 교회 측에서 대신 써준 신변각서를 정부가 '종교 전향'으로 판단했다는 이유였다.

2차 송환대상자였던 고인은 2017년 녹내장 수술을 받고, 2018년 초 대장암 판정을 받았다. 치료

를 받았으나 과거 고문과 오랜 투옥 생활로 인한 숙환 등이 겹치면서 생을 마감했다. 유족으로는 딸 옥희 씨가 있다. 고인의 딸은 김일성종합대학 교수로도 일했다.

### 비전향 장기수 (非轉向 長期囚)

비전향 장기수란 국가보안법·반공법·사회안전법으로 인해 7년 이상의 형을 복역하면서도 사상을 전향하지 않은 장기수이다. 이들은 해방 이후와 6·25전쟁 당시의 빨치산 및 인민군 포로, 6·25전쟁 이후 북에서 남파된 정치공작원, 통혁당사건 등 남한에서의 자생적 반체제 운동가 출신, 1970년대 이후 해외활동으로 체포된 재일동포, 1970년대 중반 이후 인혁당 등과 같은 사건으로 연루된 인사 등으로 분류된다.

### 양심수 (良心囚)

양심수는 자신의 신념이나 정치적 이념을 지키기 위해 투옥된 사람을 말한다. 인권운동단체인 앰네스티(국제사면위원회)에서는 양심수를 '폭력을 사용하지 않았음에도 불구하고, 자신의 정치적·종교적 신념, 인종, 성별, 피부색, 언어, 성적 지향성을 이유로 구속·수감된 모든 사람'으로 규정한다. 우리나라에서는 국가보안법 위반이나 양심적 병역거부로 수감됐던 이들이 양심수에 해당한다고 볼 수 있다.

## 2020년 국방백서, '일본은 동반자' 삭제

2년마다 발간되는 '2020년 국방백서'에서 일본에 대해 '동반자'란 표현이 삭제되고 '이웃국가'로만 표기됐다. **국방백서는 2년에 한 차례 국방정책 홍보 등을 위해 펴내는 것으로, 이번 백서가 1967년 이후 24번째이다.**

국방부는 2월 2일 이런 내용이 담긴 '2020년 국방

▲ 2020 국방백서

백서'를 발간했다. 내용을 보면, 일본에 대해 "양국관계뿐 아니라 동북아 및 세계의 평화와 번영을 위해서도 함께 협력해 나가야 할 이웃국가"라고 설명했다.

2018년 국방백서에서 "한일 양국은 지리적, 문화적으로 가까운 이웃이자 세계평화와 번영을 위해 함께 협력해 나가야 할 동반자"라고 했던 것에서 **'동반자'란 규정이 빠진 것**이다. 이는 최근 최악의 상태인 한일 관계가 반영된 기술로 보인다.

앞서 일본은 작년 7월 방위백서에서 일본의 안보 협력 대상 국가로 한국을 오스트레일리아(호주), 인도, 아세안(필리핀 등 동남아 10개국)에 이어 네 번째로 거론하는 등 **한국의 중요성을 의도적으로 평가절하했다.**

이번 국방백서는 또 일본의 왜곡된 역사 인식과 독도 영유권 주장, 2018년 12월 일본 초계기의 위협 비행, 2019년 7월 수출 규제 등을 하나하나 거론하며 양국 국방관계의 미래지향적 발전에 장애 요소가 되고 있다고 적었다.

또 정부는 언제든지 한일 **\*군사정보보호협정**의 효력을 정지할 수 있는 상태를 유지하고 있다며 "앞으로도 일본의 일방적이고 자의적인 조치에 대해 단호하고 엄중하게 대처"할 방침이라고 밝혔다.

다만 공동의 안보 현안에 대해서는 지속적으로 협력할 수 있다는 것도 빼놓지 않았다. 이에 대해 국방부 당국자는 "외교부 등 관련 부처와 협의해서 국방부 입장에서 이웃국가로 쓰는 것이 타당하다고 판단했고, 한일관계가 불편한 상황 등도 고려됐다"고 말했다.

### '북한=적' 특정하지 않고 포괄적으로 규정

이번 백서에 '북한은 적'이란 표현은 들어가지 않았다. 2018년 국방백서와 마찬가지로 북한 등 특정 국가나 세력을 지칭하지 않은 채 "우리 군은 대한민국의 주권, 국토, 국민, 재산을 위협하고 침해하는 세력을 우리의 적으로 간주한다"고 포괄적으로 규정했다. 백서는 남북 간 2018년 체결된 9·19 군사합의에 대해 "남북 간 군사적 긴장이 획기적으로 완화되었다"고 적극 평가했다.

북한의 핵 능력에 대해선 플루토늄은 50여kg, 고농축우라늄은 "상당량"을 보유했으며, 핵무기 소형화 능력이 "상당한 수준"이라는 2018년 백서의 평가를 그대로 유지했다.

### \*군사정보보호협정 (GSOMIA, General Security Of Military Information Agreement)

군사정보보호협정(GSOMIA)은 국가 간에 군사 기밀을 공유하기 위해 맺는 협정이다. 영어 약자를 따 '지소미아'라고 부른다. 지소미아는 군사기술뿐만 아니라 전술 데이터, 암호정보, 고도의 시스템통합기술까지 전쟁 발생 시 공동 군사작전을 펼치기 위한 모든 기밀정보를 국가 간 교류하는 것을 내용으로 하며 정보 제공 방법, 정보의 보호와 이용 방법·정보 보호 의무와 파기 방법 등의 내용을 규정한다. 지소미아를 체결해도 군사 정보가 무제한 제공되는 것은 아니며 상호주의에 따라 선별적으로 정보 교환이 이뤄진다. 2016년 11월 체결된 한일 간 지소미아는 북한 핵·미사일정보 등 1급 비밀을 제외한 모든 정보를 공유할 수 있도록 했고 유효기간은 1년이다. 기한 만료 90일 전 어느 쪽이라도 먼저 종료 의사를 통보하면 연장되지 않는다.

## 트럼프 이어 바이든도 中 포위 '쿼드' 동참 압박

미국 도널드 트럼프 행정부에 이어 조 바이든 행정부도 중국 견제 카드로 **쿼드**(Quad : 미국·일본·호주·인도 4개국 협의체)'를 꺼내 들었다. 동맹을 끌어 모아 패권 경쟁국 중국과 맞서겠다는 노골적 의도를 공식화한 셈이다.

아직 원론적 언급에 불과하고 미중 간 협력과 경쟁을 병행하겠다는 기조에 변화가 없다는 게 중론이다. 그러나 미중 신(新)냉전 속에 '쿼드 플러스' 참여 등 한국이 곤란한 선택을 강요당할 가능성도 커지는 형국이다.

**제이크 설리번 백악관 국가안보보좌관**은 1월 29일(현지시간) 미국평화연구소(USIP) 주최 화상 세미나에서 "(쿼드의 경우) 우리는 정말로 그 형식과 매커니즘을 넘겨받아 더 발전시키고 싶다"고 밝혔다.

미 공영라디오 NPR은 설리번 보좌관이 "태평양 지역에서 미국의 실질적인 정책을 구축할 토대"로 쿼드를 규정했다고 전했다. 그는 바이든 대통령의 외교안보구상을 조율하는 핵심 참모다. 트럼프 행정부의 정책이라면 다 뒤집어놓겠다던 바이든 행정부이지만 '중국 때리기'만큼은 발전적으로 승계

하겠다는 점을 재확인한 것이다.

2019년 출범한 쿼드는 트럼프 행정부의 중국 견제 인도·태평양 정책 결정판이다. 정권 교체가 이뤄졌지만 바이든 행정부도 중국 압박용 카드를 포기할 리 없다. 앞서 백악관 국가안보회의(NSC) 인도·태평양 담당 조정관으로 임명된 커트 캠벨 전 국무부 동아시아태평양 담당 차관보는 지난 1월 12일 주요 7개국(G7)에 **한국·호주·인도를 더한 '민주주의 10개국**(D10)'을 중국 대응 연합 개념으로 제시하기도 했다.

미중 갈등은 군사·경제라는 눈에 보이는 현안을 넘어서고 있다. 민주주의 가치와 공산당 독재 체제 논란으로 격화할 가능성이 커 한국의 전략적 위치 선정이 더 중요해졌다. 시진핑 중국 국가주석이 1월 26일 문재인 대통령에게 전화 통화를 요청하고, 미국은 **한미동맹이 인도·태평양지역 안보와 번영의 '린치핀**(핵심축)'이라고 규정하는 등 미중 양국의 한국 줄세우기가 시작됐다는 평가도 많다.

**쿼드 (Quad)**

쿼드는 미국·일본·인도·호주의 4각 반(反)중국 연합 협력체다. 2007년 미국·일본·인도·호주가 처음 연 '4자 안보 대화(quadrilateral security dialogue)'의 맨 앞부분만 따서 만든 말이다. 9년간 중단됐다가 2017년 부활했다. 사실상 중국 견제에 목적이 있다. 향후 북대서양조약기구(NATO) 같은 다자 안보 기구로 발전할 가능성이 있다.
4국은 2020년 10월 4일 쿼드 외교 장관 회의를 열고 '법치에 기반한 자유롭고 개방된 인도·태평양'을 목표로 코로나19 사태 이후 경제회복 등 역내 다양한 도전에 함께 대응하기로 했다.

# KBS 수신료 2500원 → 3820원 이사회 상정

### KBS, 4번째 수신료 인상 시도

KBS 이사회는 정기이사회를 열어 월 2500원의 수신료를 월 3840원으로 인상하는 조정안을 1월 27일 상정했다. 이날 여의도 KBS에서 열린 제979차 KBS정기이사회에 상정된 수신료 인상안은 이사회 심의를 통해 결정된다.

KBS 경영진은 이날 수신료 조정안을 제출하면서 코로나19 등 재난이 일상화된 시대에 더욱 소중해지는 공익의 가치를 키우기 위한 것이라고 배경을 밝혔다. 일부 이사는 코로나19 시국에 상정을 조금 미루자는 의견을 낸 것으로 전해졌다.

현재 수신료 2500원은 컬러TV방송을 계기로 1981년 정해진 금액이다. 41년째 동결된 수신료는 2007년과 2011년, 2014년에도 조정안이 국회에 제출됐지만, 여론 반발 등으로 승인을 받지 못하면서 회기 만료로 폐기됐다.

### 48년 만에 지상파 중간광고 허용

방송통신위원회는 방송 시장 지각변동으로 지상파 방송사의 위상이 변화했다고 판단하고 이르면 오는 6월부터 지상파 방송사에도 중간광고를 허용키로 했다. 프로그램 분량별로 최대 6회까지 1분 이내 중간 광고를 허용하고 매체별 광고 총량 기준을 프로그램 길이당 최대 20%, 일 평균 17%로 제한하며 주류 등 품목과 가상·간접광고를 허용할 계획이다.

KBS가 수신료로 거둬들이는 돈은 2019년 기준 6705억원이었다. 이는 전체 재원의 약 46%를 차지한다. 현재 수입으로는 방송법에 정해진 공적 책무를 수행하는 데 한계가 있다는 입장이다.

### 억대 연봉·편파 논란에 몸살

그러나 9년 만의 KBS 수신료 인상 추진도 순탄치 않아 보인다. 작년 6월 한 여론조사에서는 86% 국민이 수신료 인상에 반대했다. 유튜브, 넷플릭스 등 **실시간 동영상 서비스**(OTT, Over The Top)를 시청하는 인구가 늘고 TV는 덜 보는 상황에서 TV 수신료 인상은 명분이 없다는 지적이다.

적자 누적이 문제라면 직원 절반이 억대 연봉을 받는 KBS의 구조조정이 먼저라는 의견도 나온다. KBS에 따르면 지난해 기준 1억원 이상 연봉자는 46.4%에 달한다. 불난 데 기름 부은 격으로 한 온라인 커뮤니티에는 KBS 직원이 'KBS에 욕하지 말고 능력되면 입사하라'는 취지의 글을 올려 공분을 샀다.

일각에선 친정부 성향 편파 방송 논란도 제기된다. 보수 성향인 KBS 노동조합은 2월 7일 자료를 내고 작년 5월부터 9월까지 KBS1 라디오 주말 오후 2시 뉴스 내용을 전수 조사한 결과 진행자인 김 모 아나운서가 편집기자가 **큐시트**에 배치한 여권에 불리한 내용의 기사를 임의로 삭제하고 방송하지 않은 사례들을 확인했다고 밝혔다.

KBS 사장을 선임하는 **KBS 이사회는 총 11명 가운데 7명이 여당 추천, 4명이 야당 추천이다.** 재적 과반수 찬성 방식이라 정권이 바뀔 때마다 KBS는 친여 편향 성향으로 공영방송에 적합하지 않다는 지적에 시달렸다.

### ＊큐시트 (cue sheet)

큐시트는 방송 제작에서 프로그램 시작부터 끝까지 모든 진행 과정에 대한 세부 사항을 상세하게 기록한 일정표다. 방송 출연자, 카메라맨, 기술 스태프들 등이 해야 할 동작과 진행 순서를 기입한 일람표로서 방송 프로그램 제작의 기초적인 데이터다.

### 합법적으로 수신료 안 내는 방법이 있다고?

KBS 수신료를 합법적으로 안 내는 방법은 많다. 방송법 64조에는 "TV 방송을 수신하기 위해 TV 수상기를 소지한 자는 그 수상기를 등록하고 수신료를 납부해야 한다"는 규정이 있다. 헌법재판소는 "수신료는 공영방송 사업이라는 특정한 공익사업의 소요경비를 충당하기 위한 것으로 일반 세금이 아니며 TV 수상기를 소지한 특정 집단에 대해 부과되는 특별부담금에 해당한다"고 밝힌 바 있다. 즉 KBS 수신료를 내지 않으려면 TV 수상기를 없애면 된다. KBS는 지상파를 직접 수신할 수 있는 튜너가 내장된 기기를 TV 수상기로 본다. PC 모니터는 TV 수상기가 아니다. PC에 들어가는 TV 수신 카드도 PC의 일부로 보기 때문에 역시 TV 수상기가 아니다. 유료방송에 가입돼 있다면 TV 수상기를 치우고 PC 모니터로 대체할 수도 있다. 셋톱박스에 따라 다르지만 튜너를 거치지 않고 HDMI 단자로 PC 모니터에 연결해서 방송을 수신할 수 있다.

### 🖐 세 줄 요약

❶ KBS가 월 2500원의 수신료를 3840원으로 인상하는 조정안을 상정했다.

❷ OTT 시청 인구는 늘고 TV는 안 보는 추세에서 여론은 수신료 인상에 부정적이다.

❸ 수신료 인상 전에 방만한 경영과 편파 논란부터 해결해야 한다는 지적이 나온다.

## 공모전 소설 표절 논란...
## 문체부 "전국 문학상 실태조사"

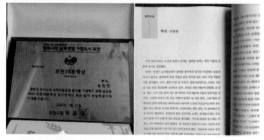

SSon Chang Hyeon
2020년 7월 30일 · ⊙
난 작가도 소설가도 아닌데...

▲ 각종 표절작으로 문학상·공모전을 휩쓸어 충격을 준 손창현 씨의 페이스북 (화면 캡처)

기존에 발표된 작품을 표절한 소설로 다수 문학 공모전에서 입상한 손창현 씨가 논란이 되자 정부가 실태 조사에 나서기로 했다. 1월 24일 문화체육관광부는 "전국 문학상 현황에 대해 실태 조사를 하겠다"고 밝혔다.

한국문화예술위원회 등에 따르면 지난 2018년 기준 국내 주요 문학상은 모두 238개에 달한다. 하지만 실제 집계가 되지 않은 문학상까지 포함하면 전국 문학상은 400개에 달할 것으로 추정된다. 우후죽순 늘어난 문학상의 운영 실태에 대한 감독·관리 필요의 목소리가 높아지는 이유다.

더구나 손 씨는 문학 분야뿐만 아니라 다양한 공모전에 표절한 작품을 제출, 입상하면서 논란이 가중되고 있다. 행정기관 또는 지방자치단체가 공모전 수상자에게 지급하는 상금은 국민의 세금을 사용하는 것으로, 엄벌에 처해야 한다는 목소리에 힘이 실리고 있다. 국민권익위원회도 이날 공공기관의 공모전에 표절, 도용, 중복 응모를 방지하기 위한 제도개선에 나선다고 밝혔다.

이번 손 씨 관련 논란은 지난 2018년 '백마문화상'을 받은 단편소설 '뿌리'를 쓴 김민정 작가가 소셜미디어에 문제 제기를 하면서 촉발됐다. 그는 자신의 소설을 그대로 도용한 손 씨가 5개의 문학 공모전에서 수상했다고 지적했다. 최근에는 가수 홍진영과 스타 강사 설민석이 논문 표절로 논란을 일으키며 방송에서 하차한 바 있다. 이에 논문표절 검사를 해주는 *카피킬러에 대한 관심도 커지고 있다.

*카피킬러 (Copy Killer)

카피킬러란 논문 표절 검사에 특화된 AI(인공지능) 프로그램이다. AI 기업 '무하유'가 개발한 카피킬러는 논문 표절 여부, AI 서류 채용 평가, 데이터 라벨링 등을 '자연어 처리(NLP)' 기술로 처리 한다. 이를 통해 카피킬러는 단순한 문장 표절이 아니라 문맥을 파악한다. 텍스트를 파편화하고 문맥에 따른 내용 이해 기술을 통해 표절 여부를 판단하는 것이다. 카피킬러 사용이 보편화되면서 최근 유명인들의 석·박사 학위 논문에 대한 검증이 치밀해졌다.

## 예천박물관,
## 독도 영유권 입증할 새 자료 공개

경북 예천박물관이 울릉도·독도 영유권을 입증할 새로운 자료를 발견했다고 2월 1일 밝혔다. 예천박물관은 소장한 자료 가운데 『대동운부군옥』(보물 제878호), 『동서휘찬』(경북 유형문화재 제549호), 『동국통지』 등에서 울릉도·독도와 관련한 많은 자료를 확인했다.

특히 1589년 발간된 『대동운부군옥』에서는 수록한 섬(島·도), 사나움(悍·한), 사자(獅·사)와 같은 일반 명사에 울릉도를 인용하고 있는 점으로 볼

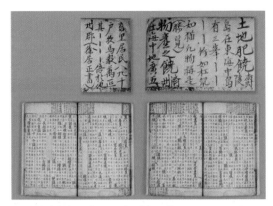

▲ 예천박물관 소장 보물 대동운부군옥 (자료 : 예천박물관)

때 이미 조선 전기부터 한국인들이 울릉도를 일상적으로 인지하며 언급하고 있음을 알 수 있다. 『대동운부군옥』은 조선 선조 때 문신 권문해가 편찬한 우리나라 최초의 백과사전이다.

서울대학교 규장각 한국학연구원 홍문기 선임연구원은 "조선 시대 울릉도에 관한 지식이 지성계에서 유통·활용된 사례로서 조선 사회가 울릉도·독도를 망각했다는 일본 학계의 주장을 강력하게 반박하는 자료"라고 평가했다.

일본 학계는 그동안 "조선 정부의 **공도정책**(空島政策 : 섬 거주민들을 본토로 이주시키는 정책)으로 조선 사회는 울릉도 및 독도를 망각했으며, 17C 안용복과 일본의 충돌, 19C 일본의 한반도 침략으로 인해 비로소 조선인들이 울릉도·독도를 재발견했다"고 주장해 왔다.

### 독도가 기록된 사료

독도는 우리나라 사료에서 우산도, 가지도, 삼봉도, 석도 등 다양한 이름으로 등장한다. 울릉도와 독도의 존재가 처음 등장하는 가장 오래된 문헌은 『삼국사기』 중 지증왕 13년 6월 기록이다. 이 기록에 따르면 울릉도와 독도는 당시 우산국이라는 이름으로 신라 영토에 편입

돼 독자적인 소국으로 존재했다. 이후 『고려사』와 조선 초기 『세종실록 지리지』에서도 독도가 고려나 조선에 속해 있었음을 확인할 수 있다.

일본이 만든 지리지에서도 울릉도와 독도는 한국 땅이었다. 임진왜란 당시 조선 침략에 참고하려 제작된 일본의 『조선국리지리도』에서는 울릉도와 독도를 한국식으로 표기해 조선 영토라고 기록했다. 일본이 러시아 지도를 참고해 만든 『조선동해안도』와 『태정관 지령』 등에서도 독도는 조선의 영토다.

역사 기록이 울릉도와 독도의 영토권을 명시하고 있음에도 불구하고 한반도의 정세가 불안할 때마다 일본은 두 섬을 드나들며 약탈했다. 이에 조선 정부는 1900년 10월 울릉도와 죽도, 독도 등 주변의 도서들을 울도군으로 승격하고 강원도에 편입시켜 조선 땅임을 명확히 했다.

**◑ 기출복원문제 | 2019 춘천MBC**

독도와 관련 없는 것은?

① 안용복      ② 산호세 조약
③ 천연기념물 제336호      ④ 이승만 라인

|정답| ②

## 1963년 제작한 수어 교재 문화재 등록 예고

▲ 한국 수어 교재 『수화』 (자료 : 문화재청)

문화재청은 2월 3일 제1회 '한국수어의 날'을 맞아 한국 수어 교재 『수화』를 **문화재**로 등록 예고한다고 밝혔다. 한국수어의 날은 농인들의 공용어인 한

국수어의 사용 권리를 신장하고 국민 인식을 고취하기 위해 2월 3일로 지정된 법정 기념일이다.

1963년 제작된 한국수어교재 『수화』는 서울농아학교(현 국립서울농학교) 교장과 교사들이 수어를 체계화하고 한글로 설명한 교재다. 문화재청은 "『수화』는 한국 청각장애인의 언어생활을 기록했고, 청각장애인이 교육·사회 등의 영역에서 소외되지 않도록 했다는 점에서 사회·역사적 가치가 있고 희귀성도 높다"고 설명했다.

이번에 함께 등록 예고된 '연세대학교 언더우드가 기념관'은 연세대의 전신인 연희전문학교 제3대 교장인 호러스 호턴 언더우드(한국명 원한경) 박사가 1927년에 거주 목적으로 건립한 주택이다.

'고성 구 간성기선점 반석'은 1910년대 전국에서 실시된 토지조사사업과 관련해 삼각측량의 기준이 됐던 유물로 2점으로 구성돼 있다.

문화재청은 등록 예고한 3건에 대해 예고기간 30일 동안 각계 의견을 수렴한 뒤 문화재위원회 심의를 거쳐 문화재 지정 여부를 결정한다.

### <sup>•</sup>문화재 (文化財)

문화재란 인위적이거나 자연적으로 형성된 국가적·민족적 또는 세계적 유산으로서 역사적·예술적·학술적 또는 경관적 가치가 큰 것이다(문화재보호법 제2조 제1항). 문화재는 지정 여하에 따라 지정문화재와 등록문화재로 구분되며, 지정문화재에는 국가지정문화재, 시·도지정문화재, 문화재자료가 있다(같은 조 제2항, 제3항). 유형문화재 중 국보, 보물, 기념물 중 사적, 명승, 천연기념물은 모두 국가지정문화재에 해당한다. 무형문화재, 민속문화재 중에도 국가무형문화재, 국가민속문화재로 지정된 것들이 있다.

## '의정부 블랙뮤직페스티벌' 경기도 대표 축제에 선정

▲ 블랙뮤직 페스티벌 (자료 : 의정부시)

의정부문화재단이 주최하는 '<sup>•</sup>블랙뮤직페스티벌(BMF)'이 경기관광공사가 선정하는 '2021년 경기관광대표축제'로 선정됐다. BMF는 2019년 '경기관광유망축제' 선정을 시작으로 2020년 '경기관광특성화축제'를 거쳐 2021년 다시 한 번 '경기관광대표축제'로 선정되면서 3년 연속 경기도를 대표하는 관광축제로 인정받았다.

경기관광대표축제는 지역관광 진흥과 경제 활성화에 도움이 되도록 축제 역량을 강화하고 체계적으로 육성하기 위해 진행된다. 경기도 각 시군에서 개최되는 지역축제를 대상으로 엄격한 심사를 거쳐 선정하는데, 2021년에는 의정부 BMF 등 모두 10곳이 선정됐다.

의정부는 오랜 기간 미군부대가 주둔해 접경지로서 피해도 많았던 반면, 미군 주둔 영향으로 젊은 세대를 중심으로 비보이, 힙합, 소울 등 문화가 발달돼 많은 아티스트의 주요 활동 지역이자 힙합 문화 중심지로 자리매김하고 있다.

여기에 타이거JK, 윤미래를 위시한 국내 대표 힙

합 레이블 필굿뮤직과 세계적 명성의 비보이 크루 퓨전MC를 중심으로 많은 아티스트의 본거지로 자리 잡아 블랙뮤직이 의정부의 특색 있는 지역문화로 명성을 높이는 데 일조하고 있다.

2018년부터 열린 BMF는 지역문화와 '블랙'으로 표현되는 강렬한 현대음악 트렌드를 잘 접목한 새로운 음악축제로, 단 2회 만에 확실한 브랜드를 구축했다는 평가를 받고 있다.

---

**● 블랙뮤직 (black music)**

블랙뮤직(흑인음악)이란 아메리카 대륙에 노예로 팔려온 흑인들이 처음 만들고 발전시켜온 음악 전반을 일컫는다. 블루스와 재즈부터 본격적으로 시작한 흑인음악은 현대 대중음악의 근간을 이루는 뿌리 장르가 되었다. 가스펠, 리듬 앤 블루스, 소울, 힙합, 팝, 로큰롤, 록 등 거의 모든 대중음악이 흑인음악을 모태로 삼고 있다.

---

## 與, 가짜뉴스 언론·포털도 징벌적 손해배상

더불어민주당은 2월 9일 인터넷상 가짜뉴스 근절을 위해 추진하는 **●징벌적 손해배상**의 대상에 기존 언론과 포털도 포함하기로 했다.

최인호 수석대변인은 이날 미디어·언론 상생 태스크포스(TF) 회의를 마친 뒤 "징벌적 손해배상에 언론과 포털이 다 포함된다는 대원칙하에서 입법을 진행하기로 했다"며 "2월 법안 처리 때 이러한 원칙을 포함하고, 미진한 부분은 추후 신속히 입법을 진행할 것"이라고 말했다.

앞서 TF는 유튜버 등 **인터넷 이용자가 고의성 있는 거짓·불법 정보로 명예훼손 등 피해를 입힌 경우 손해액의 3배까지 배상을 청구할 수 있도록 한 정보통신망법 개정안**(윤영찬 의원 발의)을 2월 임시국회에서 처리하기로 했다. 이를 두고 당내에서는 **언론을 대상으로 한 징벌적 손해배상도 추가돼야 한다는** 의견이 나왔다.

TF 단장인 노웅래 의원은 "1차적으로 가짜뉴스가 가장 넘치는 유튜브나 SNS를 주요 타깃으로 하자는 것이었고 기존 언론을 제외하자는 것은 아니었다"고 입법 취지를 설명했다.

다만 가짜뉴스를 새로 정의하고 처벌하는 방안은 숙려 기간이 필요하다고 판단, 향후 논의를 이어갈 예정이다.

반면 야당은 여권에 비판적인 언론을 압박하는 시도라며 반발했다. 김종인 국민의힘 비상대책위원장은 2월 9일 "언론에 형벌을 가하고 재산상 피해를 줘 위축시키도록 하는 것 같은데 옳은 방향이 아니다"라고 지적했다.

같은 당 박대출 의원도 **"언론을 길들이기 하려는 '언론 후퇴법'이자 '언론 규제법'"**이라고 강도 높게 비판했다.

▲ 안무가 매튜 본

징벌적 손해배상 (懲罰的 損害賠償)

징벌적 손해배상이란 기업이 불법행위를 통해 영리적 이익을 얻은 경우 이익보다 훨씬 더 큰 금액을 손해배상액이나 과징금으로 부과하는 방식이다. 끼친 손해에 상응하는 액수만을 보상하게 하는 방식만으로는 예방적 효과가 충분하지 않기 때문에 고액의 배상을 치르게 함으로써 장래에 유사한 불법행위의 재발을 억제하자는 데 그 목적이 있다.

### 대안적 사실 (alternative facts)

'대안적 사실'은 2017년 트럼프의 취임식 인파를 두고 언론과 백악관이 설전을 벌이는 과정에서 나온 용어. 대안적 사실이란 어떤 주장에 대한 근거로 가상의 데이터를 제시하는 것을 말한다. 당시 미국 언론들은 도널드 트럼프의 취임식에 모인 인파가 오바마의 절반 수준이라고 보도했는데 이에 숀 스파이서 백악관 대변인은 2017년 1월 21일 첫 공식 브리핑에서 "취임식에서 볼 수 있는 인파 중 가장 많은 수가 모였다. 대통령이 취임 선서를 할 때 모든 공간이 꽉 차 있었다"고 반박했다.
이후 언론의 팩트체크로 백악관이 취임 첫날부터 거짓말을 했다는 논란이 일자 켈리엔 콘웨이 백악관 선임고문은 숀 스파이서 백악 관 대변인의 잘못된 주장은 "대안적 사실"이라며 옹호해 세간의 웃음거리가 되기도 했다. 이 용어는 명백한 거짓을 사실로 위장하는 용도에서 조지 오웰의 『1984』에 나오는 신어를 연상시킨다는 반응도 많아 아마존 베스트셀러에 『1984』가 한때 1위에 오르기까지 했다.

## 안무가 매튜 본 국내 미공개 작품 4편 온라인으로 만난다

극(劇)무용의 새로운 영역을 개척해 온 **•매튜 본** 작품 네 편이 온라인을 통해 국내에 소개된다. 매튜 본은 **탄광촌 소년이 화려한 백조로 도약하는 영화 '빌리 엘리어트(2000)'의 마지막 장면이 먼저 알려진** 후, 대표작 '백조의 호수' 첫 내한 공연이 2003년 성사되면서 우리나라에서도 이름을 널리 알린 영국 안무가다.

매튜 본은 꾸준히 LG아트센터를 통해 자신의 작품을 무대에 올렸는데 코로나19 때문에 국경이 막힌 상황이 2년째 이어지면서 국내 미공개작품이 온라인으로 먼저 소개된다.

LG아트센터가 오는 3월부터 네이버TV 'LG아트센터 채널'을 통해 ▲'레드 슈즈' ▲'카 맨' ▲'신데렐라' ▲'로미오와 줄리엣'을 3월 5일부터 27일까지 4주간 매주 금요일과 토요일, 한 작품 당 2회씩 총 8회에 걸쳐 관람료 1만원에 상영할 계획이다.

**1948년 영국에서 제작한 발레 영화를 무용으로 만든 '레드 슈즈'(2016)**와 2019년 영국에서 초연한 '로미오와 줄리엣'은 최근 새롭게 영상 작업을 했다. '카 맨'은 역동적인 춤과 강렬하고 극적인 내용 때문에 '댄스 스릴러'라고 불린다.

매튜 본은 유튜브 영상을 통해 "'신데렐라'는 우리 무용단의 초창기 시절 만들어 큰 이정표가 된 작품"이라고 소개했다. 2차 세계대전 당시의 런던 대공습을 시대 배경으로 한 사랑 이야기로 재해석했다.

### *매튜 본 (Sir Matthew Bourne, 1960~)

매튜 본은 영국의 안무가다. 무용단 '어드벤처스 인 모션 픽처스(AMP·Adventures in Motion Pictures)'를 1987년 창단해 1988년 '스핏파이어'를 시작으로 '호두까기 인형! (1992)', '백조의 호수(1995)', '신데렐라(1997)', '카 맨(2000)'을 연달아 선보였다. 그 공으로 영국 최고 공연 예술상인 올리비에상을 아홉번이나 받았으며 미국에서도 토니상에서 최고 안무가상과 최고 뮤지컬 연출가상을 모두 수상하고 영국 왕실의 기사 작위를 수여받았다. 기사 작위를 받은 사람 이름에는 'Sir'라는 호칭이 붙는다.

## 국립중앙박물관, 반가사유상 전용 공간 만든다

▲ 국보 83호 금동미륵보살반가사유상 (자료 : 문화재청)

국보 제78호와 제83호 반가사유상이 국립중앙박물관 대표 유물로 대접받아, 박물관이 새롭게 마련한 전용공간에서 오는 11월부터 상설 전시된다.

민병찬 국립중앙박물관장은 2월 3일 2021년 주요업무계획을 발표했다. 민 관장은 "두 반가사유상을 대표브랜드로 삼아 2층 기증관 입구에 약 440m² 규모의 전용공간에 새롭게 전시하여, 가장 사랑받는 문화재의 위상을 확고히 할 예정"이라고 밝혔다.

이어 "두 반가사유상은 국립중앙박물관에서 가장 사랑받는 전시품이지만, 두 작품을 함께 볼 수 있는 기회는 2차례(2004·2015년)에 그쳤다"면서 "현재의 반가사유상 전시실은 상설전시관 3층 불교조각실 안에 있어 미리 알고 찾아가지 않으면 잘 모른 채 그냥 지나치는 경우도 종종 있다"고 배경을 설명했다.

민 관장은 "프랑스 루브르 박물관의 모나리자 전시실처럼 국립중앙박물관을 찾는 누구라도 반드시 들러야 하는 상징적인 장소를 만들겠다"고 말했다. 반가사유상의 오묘한 미소와 사유의 철학은 국내는 물론 외국에서도 전시될 때마다 사람들의 눈과 마음을 사로잡았다.

78호는 1912년 일본인이 입수하여 조선총독부에 기증했다. 머리에는 화려한 관(冠)을 쓰고 있고, 네모꼴에 가까운 얼굴은 풍만한 느낌을 준다. 균형잡힌 자세, 아름다운 옷주름, 명상에 잠긴 듯한 오묘한 얼굴 등으로 보아 한국적 보살상을 성공적으로 완성시킨 6C 중엽이나 그 직후의 작품으로 여겨진다.

83호는 국내에서 가장 큰 *금동미륵보살반가사유상(높이 93.5cm)이다. 1920년대에 경주에서 발견됐다고 전하지만 근거가 없다. 머리에 3면이 둥근 산 모양의 관(冠)을 쓰고 있어서 '삼산반가사유상(三山半跏思惟像)'으로도 일컬어진다. 얼굴은 거의 원형에 가까울 정도로 풍만하고 눈두덩과 입가에서 미소를 풍기고 있다.

83호는 특히 단순하면서도 균형 잡힌 신체 표현과 자연스러우면서도 입체적으로 처리된 옷주름, 분명하게 조각된 눈·코·입의 표현이 정교하게 다

들어진 조각품으로, 완벽한 주조 기술을 보여준다. 78호보다는 다소 늦은 삼국시대 후기에 만든 것으로 추정된다.

이 두 반가사유상은 해마다 실시되는 관람객 만족도 조사에서 가장 기억에 남는 전시품에 선정되고 있다. 또 1957년 미국 8개 도시를 순회한 '한국고대문화전' 이후 세계 주요박물관 한국미술 전시에 대표작으로 출품돼 왔다.

한편, 국립중앙박물관은 4월부터는 세익스피어, 엘리자베스 1세, 찰스 다윈, 데이비드 호크니 등의 초상화와 자화상을 처음 공개한다.

---

### •금동미륵보살반가사유상 (金銅彌勒菩薩半跏思惟像)

금동미륵보살반가사유상은 삼국 시대에 만들어진 불상 중 하나로, 반가부좌 자세를 한 미륵보살을 구리에 금을 입혀 표현한 불상이다. 1962년 12월 20일 국보 제83호로 지정되었다. 우리나라에서 반가사유상을 미륵보살로 보는 인식은 신라에서 특히 성행하였는데, 신라에서는 전륜성왕 사상의 유행과 더불어 화랑을 미래의 구세주인 미륵의 화신으로 여기게 되었다. 당시 신라에 미륵신앙이 유행하면서 반가사유상이 미륵보살로 만들어졌다는 견해가 설득력을 얻으면서 이와 같이 불리게 되었다.

---

## ▌ 청룡영화상 작품상에 '남산의 부장들'... 주연상 라미란·유아인

영화인들의 잔치 •청룡영화상이 개막됐다. 2월 9일 오후 인천 파라다이스시티에서 '제41회 청룡영화상'이 생중계됐다. 청룡영화상은 지난 해 12월 열릴 예정이었으나 코로나19 확산으로 연기돼 이날 개최됐다.

최우수작품상은 영화 '남산의 부장들'에 돌아갔다. 연출을 맡은 우민호 감독은 "사실 감독상을 받을 줄 알았는데 최우수작품상을 받았다. '내부자들'로 청룡영화상에서 상을 받은 적이 있는데 이병헌 선배님과 작품을 하면 상을 받는 것 같다. 다음에도 상을 받고 싶으면 이병헌 선배와 하겠다"고 너스레를 떨었다.

남녀주연상은 그야말로 이변이었다. '소리도 없이'(감독 홍의정)에서 무언 연기로 충격을 안긴 유아인이 남우주연상을, 코미디 흥행작 '정직한 후보'(감독 장유정)의 라미란이 여우주연상을 수상했다. 유아인은 이병헌, 정우성, 이정재, 황정민 등 걸출한 후보들을 제치고 수상자로 호명됐고, 라미란 역시 김희애, 전도연, 정유미, 신민아와 경합을 벌여 주연상을 낙점받았다.

라미란은 "코미디 영화라 노미네이트 된 것만 해도 영광이었는데 상을 주시고 그러시냐"며 눈물을 흘렸다. 유아인은 "배우로서 한해 한해 내가 어떤 작품에 참여해야 하나하는 생각을 하게 된다. 홍의정 감독이 준 제안은 배우로서의 처음을 상기하게 했다"면서 "배우로서 살아가겠다"는 소감을 밝혔다.

감독상은 '윤희에게'의 임대형 감독이 수상했다. 남녀 조연상은 '다만 악에서 구하소서'에서 트렌스젠더 유이 역으로 파란을 일으킨 박정민과 '삼진그룹영어토익반'에서 강렬한 카리스마를 보여준 이솜에게 돌아갔다. 특히 박정민은 지난해 세상을 떠난 절친 고(故) 박지선을 언급하며 눈시울을 붉히게 했다.

## •청룡영화상 (靑龍映畵賞)

청룡영화상은 한국 영화를 대상으로 하는 영화상으로, 1963년부터 조선일보가 한국 영화의 진흥과 대중문화 발전을 위해 개최한 시상식이다. 1973년 영화법 개정과 쿼터제 도입 등으로 한국 영화가 침체되며 중단됐다가, 1990년 17년 만에 스포츠조선의 주최와 조선일보의 후원으로 재개됐다. 청룡영화상은 심사 결과와 심사 진행 과정이 신문에 공개되는 독특한 시스템을 가지고 있다.

## '여자친구' 소원, '나치 군인 마네킹 포옹' 뭇매

▲ 소원이 나치 복장 마네킹과 포옹하고 있는 모습 (소원 인스타그램 캡처)

걸그룹 여자친구의 멤버 소원이 나치 복장의 마네킹과 포옹하는 사진이 미국 내 유대인 단체의 강한 반발을 샀다. 이 단체는 방탄소년단(BTS)의 소속사인 빅히트엔터테인먼트 소속 연예인이 문제를 일으켰다고 지적하기도 했다.

앞서 소원은 1월 30일 자신의 인스타그램에 나치 장교 군복을 입은 마네킹을 껴안는 자세를 취하고 찍은 사진을 올렸다가 국내·외 팬들의 질타를 받고 삭제했다.

유대인 인권단체인 **지몬비젠탈센터**(SWC)는 2월 3일(현지 시각) 트위터에 이 논란을 보도한 CNN 기사를 공유하며 "빅히트엔터테인먼트의 또 다른 케이팝 그룹이 나치의 상징을 껴안았다"며 "부끄러운 줄 알라"고 했다.

SWC가 인용한 CNN기사에는 여자친구의 소속사 쏘스뮤직이 2019년 방탄소년단(BTS)이 소속된 빅히트에 인수됐다는 내용이 포함됐다. SWC는 2018년 BTS 멤버 RM이 나치 친위대(SS) 문양이 장식된 모자를 쓰고 화보를 찍은 것과 관련해서도 사과를 요구한 바 있다. 당시 빅히트는 "충분한 검수를 하지 못했다"며 사과했다.

SWC는 "빅히트를 교육하려는 우리의 노력이 쓸모없는 것이 됐고, 따라서 지금의 사과도 소용없다"며 "나치의 •**홀로코스트**로 목숨을 잃은 600만 명의 유대인을 고의로 모독하면서 인종차별적인 신나치주의를 조장한다"고 강하게 비판했다.

## •홀로코스트 (holocaust)

홀로코스트는 제2차 세계대전 중 나치 독일에 의해 자행된 유대인 대학살을 뜻한다. 본래 '불에 의하여 희생된 제물'이라는 의미의 그리스어 'holokauston'에서 유래된 용어로, 인간이나 동물을 대량으로 태워 죽이거나 대학살 하는 행위를 총칭한다. 1945년 1월 27일 폴란드 아우슈비츠의 유대인 포로수용소가 해방될 때까지 600만 명에 이르는 유대인이 인종청소라는 명목 아래 나치에 의해 학살됐다. 홀로코스트는 인간의 폭력성, 잔인성, 배타성, 광기를 극단적으로 보여주었다는 점에서 20C 인류 최대의 치욕적인 사건으로 꼽힌다.

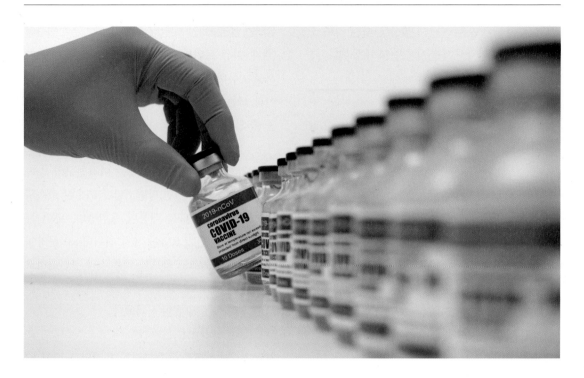

# 정부, 코로나19 백신 접종 계획 발표

### 2월 26일부터 백신 접종 시작

정부가 2월부터 시작하는 코로나19 백신 접종의 구체적인 대상과 일정을 2월 15일 공개했다. 정부는 우선 2월 26일부터 요양병원·요양시설·정신요양시설·재활시설의 만 65세 미만 입소자 및 종사자 27만 2000명을 대상으로 코로나19 예방접종을 시작한다고 밝혔다. 첫 접종에 사용되는 백신은 아스트라제네카(AZ)가 개발한 백신이다.

3월부터는 고위험 의료기관의 보건의료인, 코로나19 1차 대응 요원에 대해서도 접종을 시작한다. 코로나19 중증 환자가 많이 찾는 상급종합병원, 종합병원, 병원에서 근무하는 의사, 간호사, 간호조무사, 약사, 한의사 등 총 35만4000명이 AZ 백신을 맞게 된다.

119구급대, 역학조사 요원, 검역 요원, 검체 검사 및 이송 요원 등 코로나19 방역 현장에서 1차 대응에 나서는 관계자 7만8000여 명도 3월 중 접종을 진행한다. 2차 접종은 5월 중 시작된다.

### 화이자 백신도 도입 예정

정부는 백신 공동구매를 위한 국제 프로젝트인 '코백스 퍼실리티'로부터 화이자 백신 5만8500만 명분(11만7000도스)을 이르면 2월 말, 또는 3월 초에 받을 계획이다. 정부는 코로나19 환자를 치료하는 감염병전담병원, 거점전담병원, 중증환자치료병상 운영병원, 생활치료센터 등 총 208곳에서 일하는 의료진 약 5만5000명에게 화이자 백신을 투여한다. 다만, 코백스를 통해 받은 화이자 백신을 접종하는 시점은 명확하게 지정되지 않은 상태다.

## 만 65세 이상 대상자 접종 보류

'1호 접종군'으로 예정됐던 만 65세 이상 입소자 및 종사자에 대한 접종은 보류했다. 정부는 당초 1분기에 요양시설 노인·종사자 78만 명을 접종하기로 했으나, 65세 이상 50만 명이 대상에서 제외함에 따라 65세 미만 27만2000명이 첫 대상자가 된다.

만 65세 이상 연령층에 대해서는 백신의 유효성에 대한 추가 임상 정보를 확인한 후 예방접종전문위원회 심의를 거쳐 접종 방안을 다시 확정하기로 했다. 임상시험 과정에서 고령층 참여자가 많지 않았고, 백신의 효능을 증명할 자료 또한 충분치 않다는 이유로 유럽 국가를 중심으로 고령층 접종을 잇달아 제한했기 때문이다.

실제 독일과 프랑스·오스트리아·스웨덴은 AZ 백신 접종 연령을 65세 미만으로 제한했고 핀란드는 70세 미만, 폴란드는 60세 미만, 벨기에는 55세 미만으로 각각 권고한 상태다. 스위스와 남아프리카공화국(남아공)은 아예 AZ 백신의 승인 자체를 보류했다.

## 11월 집단면역 문제없나

정부는 앞서 1월 28일 발표한 '코로나19 백신 예방접종 시행계획'을 통해 이르면 2월부터 노인 요양병원 및 요양시설 등 입원·입소자 및 종사자 약 78만 명을 대상으로 접종에 나서겠다고 밝힌 바 있다. 그러나 만 65세 이상 고령층에 대해서는 AZ사의 코로나19 백신 접종을 일단 보류하기로 하면서 향후 계획에 차질이 우려된다.

AZ 측의 추가 임상 정보가 이르면 3월 말 정도 나올 것으로 예상되지만, 만약 일정이 더 늦춰지거나 자료가 충분치 않아 접종을 또 미뤄야 하는 상황이 온다면 고령층 접종은 더 늦춰질 수도 있다.

정부는 AZ 외에도 **백신 공동구매·배분을 위한 국제 프로젝트인 '코백스 퍼실리티'**와 화이자, 모더나, 얀센 등과 공급 계약을 맺었으나 백신마다 공급 일정이 다르다. 올해 1분기에 국내에 안정적으로 공급될 백신이 사실상 AZ 제품밖에 없는 상황에서 최우선 접종 대상이었던 고위험군부터 계획이 틀어졌기 때문이다.

정부는 2월 26일을 시작으로 순차적으로 접종을 시행해 9월까지 전 국민의 70%를 대상으로 1차 접종을 마친 뒤 11월까지 **집단면역**을 형성하겠다는 목표를 세워놓고 있지만, 이번 발표로 당초의 목표 달성이 어려워지는 게 아니냐는 지적도 나온다.

---

### 집단면역 (集團免疫)

집단면역이란 감염이나 예방접종을 통해 집단의 상당 부분이 전염병에 대한 면역을 가진 상태가 되어 전염병으로부터 간접적인 보호를 받는 상태를 말한다. 집단 내의 다수가 면역을 가지고 있으면, 전염병의 전파가 느려지거나 멈추게 된다. 집단면역이 어느 정도 수준에 도달하면, 질병이 그 집단으로부터 점차 사라지게 된다. 이 같은 방법이 1977년에 종결된 천연두의 박멸과 다른 질병들의 지역적인 박멸에 실제로 활용되었다.

---

### 세 줄 요약

❶ 정부가 2월 26일부터 만 65세 미만의 요양병원·요양시설 등 입소자 및 종사자를 대상으로 AZ 백신 접종을 시작한다.

❷ 만 65세 이상 입소자 및 종사자에 대한 접종은 효과 논란이 있어 잠정 보류했다.

❸ 코로나19 백신 접종 일정이 차질이 생기면서 11월까지 집단면역을 형성하겠다는 목표 달성이 어려워진다는 지적이 나오고 있다.

## 온실가스 안 줄이면
## 2100년 한국 해수면 73cm 상승

온실가스 배출량을 줄이지 않으면 2100년에는 한국 주변 해역의 평균 해수면이 최대 73cm 정도 높아질 수 있다는 전망이 나왔다.

국립해양조사원과 서울대학교 조양기 교수 연구팀은 온실가스를 줄이지 않으면 한국 주변 해수면이 이처럼 높아질 수 있다는 내용을 담은 '한국 해수면 상승 전망치'를 1월 25일 공개했다. 최근 30년간 앞으로 해수면이 10cm 상승한 것과 비교하면, 해수면 상승 속도가 2배 이상 빨라질 수 있다는 의미다.

이번 전망치는 2018년부터 2020년까지 3년간 '**기후변화에 관한 정부 간 협의체(IPCC)**'의 기후변화 시나리오를 적용해 도출했다. 다만, 온실가스 감축 정책이 어느 정도 실현된 경우를 가정할 땐 약 51cm, 온실가스 배출이 거의 없어 지구 스스로가 회복하는 경우에는 약 40cm 더 높아질 것으로 내다봤다. 해수면 상승 폭과 상승률은 이 세 가지 경우 모두 서해보다 동해가 소폭 높을 것으로 전망됐다.

앞서 IPCC는 2014년 채택한 제5차 평가보고서에서 21C 후반 전 세계 해수면이 26~82cm 정도 상승할 것으로 내다봤다. 이번 전망치와 유사하다. 다만 IPCC의 '**전 지구 기후예측 결과**(CMIP)'는 해상도가 낮아 해수면 상승 정보를 상세하게 이해하기 어려웠다. 이에 국립해양조사원은 고해상도의 해양기후 수치예측모델을 별도로 구축해 이번 전망치를 새롭게 내놓은 것이다.

### ●기후변화에 관한 정부 간 협의체 (IPCC, Intergovernmental Panel on Climate Change)

기후 변화에 관한 정부 간 협의체(IPCC)는 국제 연합의 전문 기관인 세계 기상 기구(WMO)와 국제 연합 환경 계획(UNEP)에 의해 1988년 설립된 조직으로, 인간 활동에 대한 기후 변화의 위험을 평가하는 것이 임무이다. IPCC는 연구를 수행하거나 기상 관측을 하는 조직은 아니다. 기후 변화에 관한 국제 연합 기본 협약(UNFCCC)의 실행에 관한 보고서를 발행하는 것이 주 임무이다.

IPCC가 발표하는 보고서는 기후변화 논쟁 및 공식 토론에서도 널리 쓰이고 있다. 각국 및 국제사회의 기후변화에 대한 관심도가 높아짐에 따라 IPCC가 발표하는 보고서는 상당히 설득력이 있는 것으로 받아들여진다. IPCC의 '전 지구 기후예측 결과'(CMIP, Coupled Model Intercomparison Project)는 과거·현재·미래 기후변화 이해 증진을 위해 전 세계 모델링 그룹이 참여하는 프로젝트로서 IPCC 평가보고서에 활용된다. 한편, IPCC는 앨 고어 전 미국 부통령과 함께 기후변화에 문제에 경각심을 불러일으킨 공로로 2007년 노벨 평화상 수상자로 선정된 바 있다.

## 극지연구소, 얼음으로 오염물질 없애는 기술 개발

극지연구소는 얼음에서 나타나는 특별한 반응을 이용해 오염물질을 제거하면서 유용한 물질을 회수하는 기술을 개발했다고 2월 2일 밝혔다.

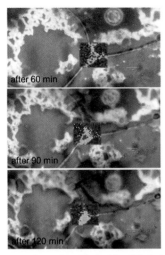

after 60 min

after 90 min

after 120 min

▲ 얼음 결정 중 얼지 않은 영역에서 일어나는 화학 반응. 독성이 높은 6가 크롬(붉은색)이 농축됐다가 시간이 지나면서 감소(연두색)하는 것을 볼 수 있다. (자료 : 극지연구소)

극지연구소와 한림대학교, 과학기술연합대학원대학교(UST), 미국 캘리포니아공과대학교 등 국제 연구팀은 **크롬과 요오드가 혼합된 액체를 얼리면 발암물질인 크롬의 독성이 줄어들고 요오드는 산업에 활용할 수 있는 형태로 바뀌는 것을 확인했다.** 크롬의 독성은 20분 만에 사라졌다. 상온에서 같은 조건으로 실험했을 때는 이렇다 할 화학반응이 나타나지 않았다.

일반적으로 낮은 온도에서는 화학반응이 천천히 일어난다고 알려져 있다. 그러나 얼음이 얼어붙을 때는 물에 녹아 있던 성분들이 얼음 결정들 사이, 얼지 않은 영역으로 모이면서 반응 속도가 오히려 더 빨라지는 현상이 나타난다. 이를 동결농축효과라고 한다.

연구팀이 사용한 크롬-요오드 혼합 액체는 LCD(Liquid Crystal Display : 액정표시장치) 공장에서 배출하는 폐수와 비슷한 성분으로, 해당 기술을 산업 현장에 적용할 수 있을 것이란 기대를 모은다. 예를 들어 LCD 공장 폐수를 열려 독성물질을 제거하고 이 과정에서 생성되는 **요오드를 제약업 등 산업 공정에서 ˚촉매**로 쓸 수 있는 것이다.

얼음의 화학반응을 활용한 연구는 극지방 활용화 기술 확보를 목표로 해양수산부의 지원을 받아 진행됐으며 과학기술정보통신부에서 신청하는 '2020년 국가연구개발 우수성과 100선'에도 선정됐다.

김기태 극지연구소 선임연구원은 "산업폐수 처리와 유용 자원 확보를 동시에 달성할 수 있는 얼음의 특별한 반응이 확인된 것"이라며, "얼음의 정화 기능이 다른 물질들에서도 작동하는지 연구대상을 확대할 계획"이라고 전했다.

---

**˚촉매 (觸媒, catalyst)**

촉매는 반응 과정에서 변하거나 소모되지 않으면서 반응 속도를 빠르게 만드는 물질을 말한다. 촉매는 반응에 참여하지만 소모되지 않기 때문에 소량만 있어도 반응 속도에 영향을 미칠 수 있다.
촉매는 균일계 촉매와 불균일계 촉매로 나눌 수 있다. 균일계 촉매는 기체나 액체처럼 촉매가 반응물과 같은 상으로 존재하는 촉매이다. 비균일계 촉매는 촉매와 반응물이 다른 상으로 존재하는 촉매로서 이를테면 촉매는 고체이고 반응물은 액체나 기체인 경우를 들 수 있다. 효소와 그 밖의 생물 촉매를 제3의 분류로 간주하는 경우도 있다.

---

## ▌온라인 구독 서비스 유료 결제 피해 속출

스마트폰 등에서 영상을 제공하는 애플리케이션(앱) 등을 무료인 줄 알고 받았지만 유료 결제한다는 고지 없이 사용료가 빠져나가고 환불도 거부당하는 사례가 늘고 있다. 한국소비자원은 최근 3년간(2018~2020년) 영화, 음악 등 디지털 콘텐츠 온라인 구독 서비스와 관련한 불만·피해 상담이 609건 접수됐다고 1월 27일 밝혔다.

품목별로 보면 영상 콘텐츠가 22.3%(136건)로 가장 많았고, 교육(18.6%), 게임(16.7%), 인앱 구매(13.0%), 음악·오디오(3.3%) 등 순이었다. 불만·피해 유형으로는 계약해제·해지·위약금 관련 상담이 35.8%(218건)로 가장 많았다. 청약 철회 제한(16.1%), 계약 불이행(11.3%) 부당행위(9.4%) 등이 뒤를 이었다.

월 단위 정기결제 방식으로 디지털 콘텐츠 구독 서비스를 제공하는 25개 앱의 거래조건을 조사한 결과, 18개 앱이 청약 철회를 사실상 제한하는 것으로 나타났다.

'전자상거래 등에서의 소비자 보호에 관한 법률'에 따르면 콘텐츠의 분량이나 사용 기간 등을 나눠서 이용할 수 있는 디지털 콘텐츠 관련 계약은 콘텐츠 제공이 되지 않는 부분에 대해 **계약 체결일로부터 7일 이내 청약 철회**를 할 수 있다.

그러나 25개 앱 중 12개는 **구글 플레이스토어의 환불 정책에 따른다면서 청약 철회 가능 기간을 2일로 제한**했고, 6개 앱은 약관을 통해 '구매 후 사용내역이 없을 경우'로만 청약 철회 조건을 한정했다.

25개 앱 가운데 소비자가 구독을 해지할 경우 결제 범위의 잔여기간에 해당하는 대금을 환급하는

앱은 4개에 불과했고, 2개 앱은 한글 약관이 아예 없었다. 소비자원은 해당 사업자에게 약관 정비를 권고하고 관련 부처에 제도 개선을 건의할 계획이다.

### 다크 넛지 (dark nudge)

다크 넛지는 넛지(부드러운 개입으로 사람들이 더 좋은 선택을 할 수 있도록 유도하는 방법)와 상반되는 개념으로, 고객들에게 비합리적 구매를 유도하는 상술을 일컫는 말이다. 서비스 가입 신청은 모바일을 통해 간편하게 받고, 해지 신청은 PC를 통해 복잡한 절차를 거치게 만들거나, 포털 사이트를 검색해 발견한 최저가 상품을 최종 결제하려고 보니 각종 옵션이 추가돼 처음 본 가격보다 비싸지는 것 등이 대표적인 다크 넛지 사례다.

마케팅이라는 명목하에 다크 넛지를 활용하는 기업들의 상술이 갈수록 정교해지고 있어 소비자들의 각별한 주의가 요구된다. 특히 모바일 영상이나 디지털 음원 콘텐츠에서 할인 행사 후 이용권을 무료로 쓰게 하다가 이용기한이 지나면 자동 결제를 청구하는 다크 넛지 사례가 증가하고 있다.

## 노르웨이 연구진 "포화지방 섭취 건강에 꼭 나쁜 것 아냐"

**포화지방**은 혈중 콜레스테롤 수위를 올리는 것으로 알려져 있다. 높은 콜레스테롤 수치는 심혈관

질환을 가진 환자에게서 자주 관찰된다. 포화지방이 함유된 음식을 많이 섭취하면 콜레스테롤 수치가 올라가 심장 질환을 유발한다는 이른바 '섭식(攝食)−심장 가설(diet−heart hypothesis)'은 반세기 넘게 관련 분야 과학자들의 지지를 받았다.

그런데 이 가설에 의문을 제기하는 연구가 나왔다. 모유를 비롯한 많은 음식물에 포화지방이 들어 있다는 걸 생각하면, 혈중 콜레스테롤 증가가 반드시 건강에 해롭진 않을 것이라는 게 반론의 출발점이다.

노르웨이 베르겐대, 오슬로대 등의 연구진은 최근 미국 영양학회가 발간하는 '미국 임상영양학 저널(American Journal of Clinical Nutrition)'에 관련 논문을 발표했다. 1월 26일 미국 과학진흥협회(AAAS) 사이트(www.eurekalert.org)에 공개된 논문 개요 등에 따르면 원래 콜레스테롤은 인체 내 모든 세포에서 매우 중요한 역할을 한다는 것이다.

예컨대 세포를 둘러싼 유동 막(fluid membrane)이 너무 뻣뻣하거나 너무 흐물거리지 않게 유지되려면 세포가 적절한 양의 콜레스테롤을 흡수해야 한다. 씨앗 등의 식물성 유지에 다량 함유된 다가 불포화지방(polyunsaturated fat)이 포화지방으로 대체되면 세포막에 쓰이는 콜레스테롤 양이 줄어든다는 게 기존 가설의 요체다.

반대로 오메가−3나 오메가−6 같은 다가 불포화지방의 섭취를 늘리면, 세포막을 구성하는 콜레스테롤 양이 늘어난다. 이렇게 음식물의 다가 불포화지방이 세포막에 들어가면 막의 유동성이 커진다. 이럴 경우 세포는 혈액의 콜레스테롤을 흡수해 세포막의 유동성을 조절한다.

다가 불포화지방의 섭취를 늘리면 혈중 콜레스테롤 수치가 떨어지는 이유가 여기에 있다. 연구팀은 미생물과 척추동물, 인간의 피부 세포 등에서 이 현상을 관찰하고 '식이 지질 유사 점성 적응'(HADL)이라는 이름을 붙였다.

인간의 세포는 식이 지방의 변화에 맞춰 콜레스테롤 성분을 조절할 수 있다. 따라서 이 현상은 인간 생리학의 중요한 원칙이라고 연구팀은 강조한다. **연구팀은 대사 교란으로 생기는 콜레스테롤 증가를, 식이 포화지방산 섭취의 급격한 변화로 유발되는 것과 구분해야 한다**고 말한다. 또한 불포화지방산을 음식에 추가해 혈중 콜레스테롤 수치를 떨어뜨리는 게 건강에 이로운지도 의문을 제기했다.

결국 HADL 모델을 기반으로 연구하고 추론할 경우, 식이 지방이 혈중 콜레스테롤에 미치는 영향은 일종의 발병 반응이 아니라, 섭식 변화에 대한 건강하고 정상적인 적응이라는 게 연구팀의 결론이다.

---

### *포화지방 (saturated fats)

포화지방이란 더 이상 탄소가 수소를 받아들일 수 없이 모든 탄소가 수소와 결합한 구조로 대게 동물성 지방을 가리킨다. 포화지방은 실내 온도에서 딱딱하게 굳어 있는 기름으로, 융해점이 높아 불포화지방에 비해 상온에서 쉽게 상하지 않는다.
포화지방은 일부 식물성 유지에도 있는데 쇠기름, 돼지기름 버터(동물성 기름), 팜유, 코코넛 오일(식물성 기름) 등이 이에 해당한다. 포화지방은 체온 유지, 외부의 충격으로부터 우리 몸을 보호하는 등의 역할을 한다.
하지만 포화지방을 과다 섭취할 경우 지방간 위험을 높이고, 혈중 콜레스테롤과 중성지방을 증가시켜 심혈관계 질환과 비만을 유발하는 것으로 알려져 있다.

# '갑질' 애플코리아, 1000억 내고 제재 피했다

애플코리아가 자사 스마트폰인 아이폰 수리비용 등을 국내 이동통신사(이통사)에 떠넘겨온 불공정 행위와 관련해, 1000억원을 들여 자진시정 하도록 한 동의의결안을 공정거래위원회가 최종 승인했다. 공정위가 *동의의결제를 통해 피해업체 뿐 아니라 소비자까지 금전적 혜택을 받도록 처리한 것은 이번이 처음이다.

공정위는 2월 3일 애플코리아의 거래상지위 남용 행위에 대해 그동안의 불공정거래 행위를 근절하고, 휴대전화 중소개발업체의 연구개발지원센터설립 및 소비자의 아이폰 수리비 할인 제공 등을 제시한 동의의결(자진시정안)을 2021년 1월 27일 최종확정했다고 밝혔다. 동의의결제는 불공정행위로 제재 대상에 오른 기업이 공정위에 먼저 자진시정 계획을 내고, 공정위가 이를 인정하면 사건을 종결하는 제도다.

애플코리아의 자진 시정안은 크게 이통사들을 상대로 한 '갑질 관행' 개선과 상생지원금 마련으로 나뉜다. 우선 이통사들은 애플코리아와 계약에 따라 아이폰에 제공하던 '최소보조금'을 탄력적으로 조정할 수 있게 됐다.

이통사가 돈을 내고도 '깜깜이 방식'으로 쓰이던 아이폰 광고분담금을 일부 조정하고, 사용내역은 정기적으로 보고받기로 했다. 애플코리아가 일방적으로 이통사와 거래를 끊을 수 있었던 계약해지권과 소비자의 아이폰 수리비를 이통사가 건당 보조하는 '보증수리 촉진비' 조항은 아예 삭제된다.

국내 휴대전화 업계와 소비자에 혜택이 가는 상생지원금은 1000억원 규모다. 중소 스마트폰제조기업의 연구개발 지원센터 설립(400억원)과 소프트웨어 개발인력인 '디벨로퍼' 아카데미(250억원)에 650억원이 쓰인다. 아이폰 사용자가 이통사 수리센터에서도 애플수리센터와 같은 할인혜택(10%)을 받고, 아이폰 보험상품인 '애플케어플러스' 10% 할인(기존 사용자는 10% 환급) 등에 250억원이 쓰인다.

이에 대해 애플은 입장문을 내어 "동의의결 최종 승인에 대해 기쁘게 생각한다"며 "새롭게 만들어질 연구개발 지원센터 및 개발자 아카데미 계획 수립을 위해 노력하고 있으며, 한국의 공교육 지원도 확대할 계획"이라고 밝혔다.

공정위는 애플코리아가 동의의결안대로 조처하는지 3년간 점검하게 된다. 이행이 제대로 이뤄지지 않으면 하루 200만원씩 이행강제금을 부과하고, 동의의결을 취소한 뒤 다시 제재 절차를 시작할 수 있다.

이번 건은 지난 2019년 6월 애플코리아가 동의의결을 신청한 뒤 공정위의 두 차례 개시심의, 이통사 등 이해관계자와 검찰협의 등을 거쳐 19개월 만에 마무리됐다. 공정위는 최종확정까지 예상보다 긴 시간이 소요된 부분은 빠르고, 실질적인 피해회복을 돕는다는 취지를 살릴 수 있도록 제도를 점검한다는 계획이다.

조성욱 공정거래위원장은 이날 브리핑에서 "이번 동의의결에는 거래질서 시정 방안뿐 아니라 소비자·중소기업에 직접 혜택을 제공하는 방안이 처음 포함됐다"며 "다만 '기업 봐주기'가 아니냐는 일각의 우려에 대해서는 이해관계인뿐 아니라 불법행위를 수사하는 검찰총장과 협의 등을 거쳐 갑질 기업에 일방적으로 유리할 수 없도록 엄밀히 살피겠다"고 설명했다.

---

**˙동의의결제 (同意議決制)**

동의의결제란 사업자 스스로 문제의 원상회복 또는 소비자나 거래 상대방의 피해구제 방안을 제시하면, 공정거래위가 그 타당성을 판단해 위법 여부를 확정하지 않고 사건을 신속하게 종결하는 제도다. 우리나라는 한미 자유무역협정(FTA) 체결 당시 미국 측의 요구로 2011년 11월 이 제도를 도입하였으나 실행되지 않다가, 2013년 11월 불공정거래 등의 혐의를 받은 네이버와 다음이 동의의결을 신청하자 공정거래위원회가 적용 개시를 결정하였다.

---

## 가상융합기술 확산 본격화... 과기부, 2000억 투입

정부가 가상현실(VR)과 증강현실(AR) 등 **˙가상융합기술(XR)**에 2000억원을 투입하며 가상융합경제 실행을 본격 추진한다. 과학기술정보통신부는 2월 3일 본격적인 가상융합경제 실행을 위한 지원사업들을 담은 '2021년도 디지털콘텐츠산업 육성 지원계획'을 마련한다고 밝혔다.

과기정통부는 작년 12월 가상융합기술의 확산을

촉진하고 산업 전반의 비대면·디지털화에 효과적으로 대응하기 위해 관계부처와 합동으로 '가상융합경제 발전 전략'을 발표했다.

가상융합경제의 원년인 올해에는 공공·산업 중심의 선도형 가상융합산업 생태계 조성, 가상융합기술(XR) 연합체 구축 및 활용, 대국민 XR 저변 확산 등을 핵심 추진방향으로 설정하고, 이를 위해 ▲가상융합기술 활용 확산 ▲디지털콘텐츠 인프라 강화 ▲핵심기술 확보(R&D) ▲전문인력양성 ▲제도·규제 정비 등 5대 기능을 중심으로 총 2024억원을 투입한다.

김정원 과기정통부 정보통신정책실장은 "디지털 뉴딜이 성공하기 위해서는 가상융합기술이 공공과 산업에 활용되는 가상융합경제의 본격화가 중요하다"며 "과기정통부는 가상융합기술의 사회 전 분야 확산과 함께 관련 기업이 경쟁력을 갖춰 성장해 나갈 수 있는 발판 마련에 최선을 다할 것"이라고 말했다.

과기정통부는 2월 5일 오후 온라인으로 '2021년도 디지털콘텐츠 통합 사업설명회'를 개최하여 올해 디지털콘텐츠 정책 추진 방향 및 주요 추진 사업을 설명했다.

## 가상융합기술 (XR, eXtended Reality)

가상융합기술(XR)은 가상현실(VR, Virtual Reality)과 증강현실(AR, Augmented Reality) 기술을 아우르는 초실감형 기술 및 서비스를 가리킨다. '확장현실', '실감기술'이라고도 한다. VR은 헤드셋형(HMD) 단말기를 머리에 착용해 눈앞에 놓은 가상공간을 직접 체험하는 것 같은 느낌을 받는다. 기술적으로 가상의 공간에 360도 카메라로 찍은 동영상이나 사진을 입힌 것을 가리킨다. AR은 실제 현실 세계 위에 부가적인 정보를 띄우는 기술이다. 휴대전화 카메라를 통해 현실을 바라보면 화면 위에 콘텐츠나 정보가 뜨는 방식이다.

XR은 VR·AR 기술의 개별 활용 또는 혼합 활용을 자유롭게 선택하며, 확장된 현실을 창조한다. XR은 자동차나 통신 산업뿐만 아니라 교육, 헬스케어, 미디어 엔터테인먼트 산업 등에서도 다양하게 활용될 것으로 예상된다. XR을 실현하기 위해서는 대용량의 실시간 3D 영상을 표시하기 위한 고성능 컴퓨팅 파워와 그래픽 처리 성능이 중요하다. 이를 위해 디스플레이 기술도 발전해야 하며, 5G 이동통신과 같이 초저지연·대용량 데이터를 빠르게 전송하기 위한 기술도 전제 조건이다.

## ▌초미세먼지 짙어지면 꿀벌들도 길 잃는다

황사 등의 영향으로 고농도 초미세먼지가 발생하면 꿀벌들이 길을 헤매게 된다는 연구결과가 나왔다. 산림청 국립산림과학원은 황사로 인해 초미세먼지 농도가 증가하는 경우 꿀벌이 꿀을 얻기 위해 비행하는 시간이 어떻게 변하는지를 알아보기 위한 연구를 실시했다고 2월 3일 밝혔다.

연구 결과 황사의 영향으로 초미세먼지 농도가 단지 $1\mu g/m^3$ 증가(황사 발생 전 $48\mu g/m^3$→황사 발생 후 $49\mu g/m^3$)한 상황에서 꿀벌이 꿀을 얻기 위해 비행하는 시간이 32분 증가한 것으로 나타났다. 황사 발생 이전 꿀벌의 평균 비행시간은 45분이었으나, 황사로 초미세먼지 농도가 높아진 이후에는 77분으로 비행 시간이 71.1% 늘어난 것이다.

연구팀은 이 연구를 황사 발생이 잦은 중국 베이징의 식물원에서 진행했다. 연구팀은 꿀벌 400마리에게 **무선주파수식별장치**(RFID, Radio Frequency IDentification : 반도체 칩에 저장된 데이터를 무선주파수를 이용해 비접촉식으로 읽어내는 인식 시스템)를 표식한 뒤 고농도 초미세먼지 발생 전후 꿀벌의 비행시간을 조사했다.

이번 연구에 참여한 산림과학원 도시숲연구센터 박찬열 연구관은 "황사가 발생하면 꿀벌의 길 찾기 능력이 뚝 떨어지게 되는데 황사가 사라진 뒤에도 그 능력이 완전히 회복되지 못한 것으로 분석된다"고 설명했다. 그는 이어 "초미세먼지에 의해 꿀벌의 시야가 일부 가려졌을 가능성도 있다"고 덧붙였다.

꿀벌은 꽃의 암술과 수술 사이를 오가며 식물의 번식을 돕는데 전 세계 곡물의 75%가 꿀벌의 도움을 받는 것으로 알려져 있다. 연구에 따르면 유럽의 꿀벌은 1985년에 비해 25%가 줄었고, 영국은 2010년 이후 45% 정도 꿀벌이 사라졌다. 꿀벌들이 사라지는 이런 현상을 **군집붕괴현상**이라고 한다.

### *군집붕괴현상 (CCD, Colony Collapse Disorder)

군집붕괴현상(CCD)은 전 세계에서 벌집에 일벌이 사라지는 현상이다. 꿀을 채집하러 나간 일벌이 돌아오지 않으면 벌집 안에 남은 여왕벌과 애벌레 등은 모두 폐사한다. 항공기, 살충제, 전자파, 유전자변형 농산물(GMO), 바이러스 때문이라는 등 여러 설이 있으나 아직 정확한 원인은 밝혀지지 않았다. 미국에서는 꿀벌 군집 수가 2009년에서 2012년 사이 매년 20~30%씩 급감했고 이로 인해 과수 농가도 타격을 입었다. 한국도 상황은 마찬가지다. 2006년 40만 군이 넘던 토종벌은 최근 10분의 1 수준으로 줄었다.

네오니코티노이드가 꿀벌에 미치는 악영향이 입증되면서 사용 규제 움직임도 본격화될 것으로 보인다. 네오니코티노이드는 지난 20년간 광범위하게 사용된 농약이다. 꿀벌을 죽인다는 지적으로 사용 금지 촉구가 계속됐지만 농약 제조사들은 네오니코티노이드가 없으면 작물을 보호하지 못해 영농 피해가 우려된다고 주장해 왔다. 현재 유럽연합(EU)은 네오니코티노이드를 전면 금지하는 방안을 추진하고 있다.

## ▮ 넷마블, 2020년 글로벌 앱 매출 세계 8위

2020년 국내에서 가장 많은 앱 매출을 올린 배급사는 넷마블, 엔씨소프트, 게임빌, 더블유게임즈 순으로 분석됐다. 넷마블은 2월 3일 보도자료를 내어 "글로벌 모바일 시장에서 올린 앱 매출을 기준으로 선정하는 '앱애니 2021년 상위 52위 *퍼블리셔 어워드(TPA 2021)'에서 넷마블이 8위를 차지했다"고 밝혔다.

글로벌 앱 데이터 분석업체 앱애니는 매년 초, 지난 한 해 동안 가장 많은 앱 매출을 올린 배급사 상위 52곳을 자체 프로그램을 통해 추정한 결과를 발표한다. 넷마블은 이 조사에서 **앱스토어**(애플)와 **구글플레이**(구글) 등 양대 앱마켓에서 전 세계 8위, 국내 1위에 해당하는 매출을 올린 것으로 분석됐다.

넷마블은 2020년 다양한 게임을 글로벌 시장에 출시했다. 지난 3월 출시한 '**일곱 개의 대죄: 그랜드 크로스**'는 북미 애플 앱스토어 매출 3위에 올랐다. 또 프랑스, 독일 등에서 앱스토어 매출 1위를 차지했다.

앱애니가 발표한 지난해 매출 순위를 보면, 52위 안에 든 한국 기업은 엔씨소프트(18위), 게임빌(49위), 더블유게임즈(52위)도 있었다. 모두 게임 회사다. 이들 4개 회사 뒤로 카카오, 하이퍼커넥트, 스마일게이트, 크래프톤, 펄어비스, 네이버 등 회사가 상위 10위 한국 배급사에 이름을 올렸다. 2020년 전 세계에서 가장 많은 매출 올린 배급사는 중국의 텐센트였고, 그 뒤로 넷이즈(중국), 플레이릭스(아일랜드), 액티비전 블리자드(미국), 징가(미국) 등 기업이 5위권에 들었다.

### *퍼블리셔 (publisher)

퍼블리셔란 게임을 배급하는 회사로 게임 개발사의 게임을 받아서 유통하는 회사다. 게임 서비스 인프라를 구축하고, 게임의 번역 및 현지화, 서버 관리, 홍보, 이벤트, 유저 관리 및 분석, 게임시장 분석, 운영체계 구축 등 게임의 서비스에 관련한 모든 사항들을 책임지고 운영하는 것이다. 게임 개발사는 게임에 대한 아이디어, 기획, 게임 개발 기술, 인력 등으로 게임을 개발하고, 퍼블리셔는 이렇게 개발된 게임을 개발사와 협력하여 게임서비스에 대한 모든 환경을 갖추고 성공적인 서비스를 이끌 수 있게 하는 의무를 가지고 있다. 개발사와 퍼블리셔 간의 협업과 노하우, 노력 등으로 게임의 서비스가 이루어지고, 이에 따른 게임의 매출 등의 수익을 배분하는 방식으로 비즈니스가 진행된다.

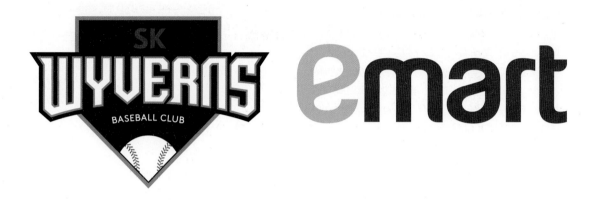

# 프로야구단 SK 와이번스,
# 신세계그룹이 품는다

**선수단·프론트 100% 승계**

신세계그룹이 인천 SK 와이번스 프로야구단을 인수한다고 1월 26일 밝혔다. **신세계그룹과 SK텔레콤(SKT)은 이날 SK 와이번스 야구단을 신세계그룹이 인수하는 데 합의하고, 관련 °MOU를 체결했다.**

신세계그룹 이마트가 SKT가 보유하고 있는 SK 와이번스 지분 100%를 인수하며, 연고지는 인천으로 유지한다. 또, 코칭스태프를 비롯한 선수단과 프론트 역시 100% 고용 승계해 SK가 쌓아온 인천 야구의 유산을 이어간다. 이마트에 인수된 프로야구 SK는 3월 5일 이후부터 '신세계'를 내세운 유니폼을 입는다.

신세계그룹은 온·오프라인 통합과 온라인 시장의 확장을 위해 수년 전부터 프로야구단 인수를 타진해왔다. 특히 기존 고객과 야구팬들의 교차점과 공유 경험이 커서 상호간의 시너지가 클 것으로 판단해 SK 구단 인수를 추진했다고 밝혔다. 이와 더불어 구단 네이밍과 엠블럼,

**°MOU (Memorandum Of Understanding)**

MOU(양해각서)란 정식계약을 체결하기 전에 투자에 관해 합의한 사항을 명시한 문서를 말한다. MOU는 거래를 시작하기 전에 서로의 입장을 확인하는 계약으로, 일반적인 계약서와는 달리 구속력을 가지지 않는다. MOU는 실제 계약을 할 때 원활히 할 수 있도록 도와주며, 대외 홍보 역할을 한다는 장점이 있다.

캐릭터 등도 조만간 확정하고, 3월 중 정식으로 출범할 계획이다.

## '보는 야구'에서 '즐기는 야구'로

신세계그룹은 야구장을 찾는 고객에게 새로운 경험과 서비스를 제공해 '보는 야구'에서 '즐기는 야구'로 프로야구의 질적·양적 발전에 기여하는 동시에 야구장 밖에서도 '신세계의 팬'이 될 수 있도록 역량을 집중할 계획이다.

우선 프로야구 팬들의 야구 보는 즐거움을 위해 신세계그룹의 고객 경험과 노하우를 접목한 '라이프 스타일 센터'로 야구장을 진화시킬 예정이다. 야구장을 찾은 팬들이 야구뿐 아니라 신세계가 선보여 온 다양한 서비스를 한 곳에서 즐길 수 있도록 해 야구 보는 재미를 한층 더 배가시킬 수 있을 것으로 기대하고 있다.

나아가 신세계그룹은 상품 개발 역량을 최대한 활용해 식품과 생활용품, 반려동물용품 등 다양한 카테고리의 관련상품과 서비스를 개발해 소개함으로써 야구장 밖에서도 더 많은 사람들이 프로야구를 접할 수 있도록 하는 방안도 검토 중이다.

## '역사에 남을' SK의 찬란한 기록들

SK의 이름은 사라지지만 SK가 남긴 기록은 역사 속에 남는다. 신세계그룹은 SK를 인수하면서 SK가 세웠던 다양한 기록까지 인계하지만, 공식기록은 SK의 이름으로 새겨진다. 2000년 KBO리그에 처음 참가한 SK는 21시즌 동안 다양한 기록을 남겼다. 정규시즌 2821경기를 치러 1437승 1328패 56무 승률 0.5197의 기록을 세웠다.

SK는 21시즌 동안 정규시즌 우승 4차례를 기록했다.

*포스트시즌에 진출해 한국시리즈 우승도 4번 차지했다. 가장 높은 승률은 2008년에 기록한 0.659이고, 가장 낮은 승률은 2000년에 세운 0.338이다. 가장 낮은 순위는 공교롭게도 지난 시즌에 기록한 9위다.

KBO리그 역사상 팀 최다 연승 기록도 SK가 갖고 있다. SK는 2009년 8월 25일 두산 베어스와 홈경기부터 2010년 3월 30일 LG와 원정경기까지 22연승을 기록했다. SK는 2009년 정규시즌 우승, 한국시리즈 준우승을 차지했고 2010년엔 통합 우승을 일궜다. SK는 2010년 4월 14일부터 5월 4일까지 16연승을 기록하기도 했는데, 이는 삼성과 함께 최다 연승 2위 기록이다.

---

### *포스트시즌 (post season)

포스트시즌은 리그 방식으로 열리는 정규리그가 종료된 후 최종 순위를 토대로 토너먼트 방식에 따라 최종 승자를 정하는 경기 일정을 말한다. 한국 프로야구에서는 정규리그 4위 팀과 5위 팀이 맞붙는 와일드카드 결정전(2선승제·4위에 1승 어드밴티지 주고 시작), 와일드카드 결정전의 승리 팀과 정규 시즌 3위 팀이 맞붙는 준플레이오프(5전 3선승제), 준플레이오프 승리 팀과 정규 시즌 2위 팀이 맞붙는 플레이오프(5전 3선승제) 그리고 플레이오프 승리팀과 정규리그 1위 팀이 맞붙는 한국시리즈(7전 4선승제)로 구성된다.

---

### 세 줄 요약

❶ 신세계그룹이 SK와이번스 야구단을 인수하는 데 합의했다.

❷ 신세계그룹은 프로야구의 질적·양적 발전에 기여하는 동시에 '신세계의 팬'이 될 수 있도록 역량을 집중할 계획이다.

❸ SK는 21시즌 동안 찬란한 기록을 남기고 역사 속으로 사라진다.

## '미나리' 윤여정, 전미 비평가위원회 여우조연상...22관왕 기록

▲ 영화 '미나리' 스틸컷 (자료 : 판씨네마)

배우 윤여정이 전미 비평가위원회(NBR)에서 여우조연상을 받으며 미국 연기상 20관왕의 대기록을 썼다. 1월 27일 배급사 판씨네마에 따르면 리 아이작 정(정이삭) 감독의 영화 '미나리'는 112년 역사를 자랑하는 전미 비평가위원회에서 여우조연상과 각본상을 받았다.

'미나리'는 정 감독의 자전적 경험을 바탕으로, 1980년대 미국으로 이주한 한인 가정의 이야기를 그린 작품이다. 2월 4일까지 미국 내 여러 시상식에서 60관왕을 차지했다. 윤여정은 최근 미국 온라인비평가협회, 노스텍사스 비평가협회, 뉴욕 온라인비평가협회 여우조연상까지 추가하며 미국 시상식에서 연기상 22관왕을 기록했다.

'미나리'는 미국영화연구소(AFI)가 선정하는 '올해의 영화'에 이름을 올리기도 했다. 지난해 아카데미 시상식 4관왕에 오른 봉준호 감독의 '기생충'은 AFI에서 특별상을 받으며 주목받은 바 있다.

### 골든글로브 외국어영화상 후보

'미나리'는 **골든글로브 시상식**의 최우수 외국어영화상 부문 후보에 지명됐다. 다만 윤여정의 여우조연상 후보 지명은 불발됐다. 지난해에는 봉준호 감독의 영화 '기생충'이 한국 영화로는 처음으로 골든글로브상 외국어영화상을 탄 바 있다.

'미나리'는 작품상 후보에서 탈락해 인종 차별 논란에 휩싸이기도 했다. 상을 주관하는 할리우드외신기자협회(HFPA)는 대화의 50% 이상이 영어가 아닌 경우 외국어 영화로 분류한다는 규정을 두고 있는데 이 영화 대사는 대부분 한국어다.

그러자 배우 브래드 피트가 대표로 있는 미국 영화사 '플랜B'가 제작하고, 미국인 감독이 연출했으며 미국인 배우가 주연으로 출연한 영화를 외국어영화로 분류하는 것이 타당하냐를 두고 미국 사회에서도 논쟁이 일었다.

### 골든글로브 시상식 (Golden Globe Awards)

골든글로브 시상식은 1944년부터 시작된 미국의 영화·TV시상식으로, 할리우드외신기자협회(HFPA)에서 수여한다. 아카데미 시상식보다 한 달 먼저 열리면서 '아카데미의 전초전'이라고도 불린다. 아카데미와 달리 TV 부문에서도 수상자를 발표한다. 총 25개 부문(영화 14개·TV 11개)으로 구성된 골든글로브는 소규모로 개최됐던 초기와 달리 막강한 영향력을 가지고 있다. 2020년 봉준호 감독의 영화 '기생충'이 한국 영화 최초로 골든글로브 시상식에서 외국어영화상을 받은 바 있다.

## 국가대표 축구팀 주장 조소현, 토트넘 위민스 이적

여자 축구대표팀 주장 조소현이 손흥민의 남매 팀에서 뛰게 됐다. 잉글랜드 토트넘 위민스는 1월

▲ 토트넘으로 이적한 조소현 (토트넘 위민스 홈페이지 캡처)

29일 구단 홈 페이지를 통해 "웨스트햄 유나이티드 소속 조소현과 임대 계약을 체결했다"고 발표했다. 계약 기간은 임대 포함 2년 6개월이며 팀 내 최고 대우를 받는 것으로 전해졌다.

토트넘은 "조소현은 한국에서 가장 화려한 여자 선수 가운데 한 명이며 지금까지 A매치(정식 국가대표팀 간의 경기) 126경기에 나서면서 최다 출전 기록을 보유하고 있다. 2015년 국제축구연맹(FIFA) 여자 월드컵에서 주장을 맡아 첫 16강을 이끌었다"고 소개했다.

조소현은 남은 시즌 토트넘에서 등 번호 11번 유니폼을 입고 출전한다. 올해 33세인 조소현은 2009년 수원시설관리공단에서 프로 생활을 했고 현대제철과 일본 리그를 거쳐 2019년 잉글랜드 여자 프로축구 웨스트햄 유나이티드에 입단했다. 조소현은 기본 포지션이 수비형 미드필더이지만 뛰어난 체력과 수비력을 바탕으로 공격 가담 능력도 좋은 멀티플레이어다.

영국 매체 '더 선'은 토트넘 공식 발표 후 "조소현이 손흥민과 북런던 클럽에서 만난다"고 보도했다. 손흥민은 직접 토트넘 위민스 SNS를 통해 "토트넘 입단을 환영한다. 토트넘에서 좋은 일만 가득하길 바란다. 행운을 빈다"는 영상을 올렸다.

### 국제축구연맹(FIFA) 센추리 클럽

국제축구연맹(FIFA) 센추리 클럽은 FIFA에서 공인하는 A매치에서 100회 이상 출전한 선수들의 명단이다. 센추리 클럽에 포함됐다는 것은 국가대표로 꾸준히 활동했다는 의미다.

현재 대한민국 남자 축구 국가대표 FIFA 센추리 클럽 가입자는 ▲홍명보(출전 횟수 : 136회) ▲이운재(131) ▲차범근(130) ▲이영표(127) ▲유상철(120) ▲김호곤(117) ▲기성용(110) ▲김태영(104) ▲이동국(104) ▲황선홍(103) ▲조영증(102) ▲박성화(101) ▲박지성(100)이며 현역 선수로는 기성용이 유일하다.

여자 FIFA 센추리 클럽 가입자는 ▲조소현(126) ▲지소연(123) ▲김정미(116) ▲권하늘(103) ▲전가을(101)이며 모두 현역 선수다.

### 역대 FIFA 월드컵(여자) 국가대표 성적

| 연도 | 개최국 | 한국 성적 | 대회 우승국 |
|------|--------|-----------|-------------|
| 1991 | 중국 | 진출 실패 | 미국 |
| 1995 | 스웨덴 | 진출 실패 | 노르웨이 |
| 1999 | 미국 | 진출 실패 | 미국 |
| 2003 | 미국 | 조별리그 3전 3패 | 독일 |
| 2007 | 중국 | 진출 실패 | 독일 |
| 2011 | 독일 | 진출 실패 | 일본 |
| 2015 | 캐나다 | 16강 진출 | 미국 |
| 2019 | 프랑스 | 조별리그 3전 3패 | 미국 |

## 귀멸의 칼날·소울 쌍끌이... 극장가 모처럼 활기

코로나19로 고사 직전인 극장가에 미국·일본 애니메이션이 단비를 내렸다. 촬영·배급이 대부분 중단된 국산 영화나 할리우드 블록버스터물의 빈자리를 애니메이션 두 작품이 채웠다.

1월 27일 메가박스에서 단독 개봉한 '귀멸의 칼

날 : 무한열차편'은 고토게 코요하루의 동명 만화가 원작이다. 일본 다이쇼 시대(1912~1926)를 배경으로 주인공 카마도 탄지로 소년이 오니(귀신)로 변한 여동생을 인간으로 되돌리기 위해 귀신 잡는 비밀 조직 귀살대에 들어가 사투를 벌인다는 검술 액션물이다.

'귀멸의 칼날'은 작년 10월 일본에서 개봉해 역대 최대 박스오피스 기록을 세웠다. 개봉 보름 만에 1000만 관객을 넘었고 1월 중순에는 2644만 관객을 돌파해, 19년간 박스오피스 1위 기록을 지켰던 '센과 치히로의 행방불명'(미야자키 하야오 감독)의 흥행 수입 기록까지 갈아치웠다.

1월 27일 국내 개봉한 '귀멸의 칼날'은 예매율 1위를 기록하며 관객들의 높은 관심을 입증했다. 메가박스 단독 개봉이었다가 2월 3일부터 다른 멀티플렉스까지 상영관이 대폭 늘어났다.

한편, '귀멸의 칼날' 일본판 만화책·애니메이션은 주인공이 욱일기 모양 귀걸이를 착용하고 있어 극우 성향 작품이 아니냐는 논란이 일기도 했다. 그러나 내용상 극우 정서와 관련이 없고 욱일기 모양도 한국판에서는 다른 모양으로 교체돼 논란은 크게 번지지 않았다.

앞서 개봉한 디즈니·•픽사 신작 애니메이션 '소울'도 입소문을 타며 2월 1일 누적 관객수 90만을 넘어 박스오피스 1위를 기록했다. **극장가에서 '테넷' 이후 가장 빠른 흥행 속도다.** '소울'은 오는 4월 열리는 아카데미 시상식에서 작품상 후보로 거론될 정도로 작품성이 뛰어나다고 평가받는다.

'소울'은 저마다 성격을 갖춘 영혼이 지구에서 태어난다는 상상력을 기반으로 재즈 음악과 일상, 인생을 관조하는 메시지를 녹여냈다.

'몬스터 주식회사', '업', '인사이드 아웃'의 피트 닥터 감독과 함께 캠프 파워스가 공동 연출을 맡았고 세계적인 재즈 아티스트인 존 바티스트, 인더스트리얼록 대표 밴드 '나인 인치 네일스'의 트렌트 레즈너 등이 영화 음악에 참여했다.

---

### •픽사 (PIXAR)

픽사 또는 픽사 애니메이션 스튜디오스(Pixar Animation Studios)는 미국 캘리포니아주에 있는 컴퓨터 그래픽스 애니메이션 영화 스튜디오이다. 컴퓨터 애니메이션뿐 아니라 최신 3차원 컴퓨터 그래픽스 기술을 개발하고 판매하고 있다. 2006년 1월 24일 디즈니가 74억달러에 인수하며 디즈니의 자회사가 됐다.

픽사는 1995년 3D 애니메이션의 신기원을 연 '토이스토리'를 시작으로 '니모를 찾아서', '인사이드 아웃' 등 23편의 애니메이션 영화를 제작했고 작품 대부분이 흥행과 비평 모두 성공했다. 이제까지 아카데미상 15번, 골든글로브상 7번, 그래미상 11번을 수상했다.

고(故) 스티브 잡스는 경영진과의 불화로 자신이 창업한 애플에서 쫓겨난 뒤 1986년 루카스필름의 그래픽 분야를 인수해 픽사를 창업했다. 픽사는 10년간 적자를 면치 못했지만 잡스는 픽사의 가능성을 의심치 않고 개인 자금 570억원 이상을 투자한 끝에 할리우드 최고의 애니메이션 회사로 키워냈다.

## 황선우, 한국 수영 사상 첫 세계기록 보유

▲ 세계 주니어 수영 기록을 세운 황선우

한국 남자 수영의 기대주 황선우(18·서울체고)가 한국 수영 사상 처음으로 세계기록 보유자가 됐다.

1월 27일 대한수영연맹(KSF)에 따르면 **국제수영연맹(FINA)**은 1월 26일 이메일을 통해 "황선우의 남자 자유형 200m 기록과 관련한 서류 검토 결과 26일자로 세계 주니어 기록으로 공식 인정한다"고 알려왔다.

지난해 11월 19일 김천실내수영장에서 열린 경영 국가대표 선발전 남자 자유형 200m에서 황선우는 1분45초92의 기록을 세웠다. 이 기록은 박태환이 2010년 세운 한국기록(1분44초80)에 못 미쳤지만 호주의 일라이자 위닝턴이 2018년 12월 세운 주니어 세계기록(1분46초13)을 0.21초 단축한 기록이었다.

KSF는 이튿날 도핑테스트 음성 결과 확인서 등 필요한 서류를 갖춰 FINA에 **기록 공인 요청서를 제출했고 기록을 세운 지 68일 만에 FINA의 공인을 받**았다. KSF에 따르면 FINA는 액자에 담긴 공식 인증서를 우편으로 배송한다. KSF는 인증서를 수령한 뒤 황선우에게 직접 전달할 예정이다.

**＊국제수영연맹 (FINA, Federation Internationale de Natation)**

국제수영연맹(FINA)은 수영경기규칙 및 아마추어에 대한 정의를 통일하고, 수영의 세계기록 수립과 승인에 관한 규칙을 통일하며, 올림픽경기대회·세계선수권대회·아시아경기대회 등이 국제수영연맹의 규칙·규정에 따라 올바르게 운영되고 있는가를 지도·감독하는 국제 스포츠 기구다. 한국은 1948년 가입하였으며 본부는 스위스 로잔에 있다. 1908년 런던 올림픽대회 때 창립되었다.

## 배우 박은석, 반려동물 상습 파양 논란

▲ 배우 박은석 (박은석 인스타그램 캡처)

드라마 '펜트하우스' 로건 리 역할로 인기를 얻은 배우 박은석이 키우던 반려동물을 잇따라 파양했다는 의혹이 제기됐다.

박은석은 최근 예능 '나 혼자 산다'에서 3개월 된 리트리버 몰리와 스핑크스 고양이 모해, 모하니를 공개했고 개 이름으로 SNS 계정을 만들어 뜨거운 반응을 얻었다.

그러나 방송 이후 박은석이 키우던 반려동물이 여러 마리였고, 현재는 박은석의 SNS에서 근황을 찾아볼 수 없다는 제보가 쏟아졌다. 박은석이 연극배우로 활동하던 시절부터 그를 지켜본 팬들은 과거 박은석이 올린 사진 속 고양이, 대형견, 고

습도치 등 반려동물의 모습을 공개하며 1~2년씩 키우다가 파양을 반복한 것 같다고 추측했다.

박은석이 키웠던 고양이를 입양하려 했었다는 사람은 "유명해지기 전 이분이 분양하겠다는 고양이를 데려오려다 접종도 제대로 하지 않아 분양을 포기한 적 있다. 키우던 반려동물에 대한 관심도 적고 태도가 냉랭했다. 동물을 대하는 자상함을 잘 느끼지 못해서 아쉬웠다"는 댓글을 남겼다.

반려동물의 평균 수명은 15년이다. 질병이나 사고로 일찍 떠날 수는 있지만 그렇다고 해도 박은석이 반지하에서 혼자 키웠다고 하기에는 반려동물의 수가 지나치게 많다.

박은석과 소속사 측은 "반려동물을 파양한 적이 없으며 현재 지인이 잘 키우고 있다"라는 취지로 해명했지만 긁어 부스럼이었다.

**본인이 키우던 반려동물을 끝까지 키우지 않고 다른 사람에게 주는 것이 파양이다. 박은석 측은 문제점이 무엇인지도 인지하지 못한 셈이다.**

### 반려동물 유기와 동물보호법

반려동물을 유기할 경우 예전에는 과태료 처분대상이었으나, 오는 2월 12일부터 시행되는 동물보호법에 따르면 반려동물을 유기할 경우 300만원 이하의 벌금형에 처한다.(동물보호법 제46조 제4항) 그러나 처벌의 실효성이 약하고 정도가 부족하다는 지적이다.
농수산식품부에 따르면 2020년 8월 기준 유기동물 수가 9만 마리에 달한다고 발표했다. 전국 보호소 내 유기동물은 1만4000여 마리로 전년 동기 2428마리에 비해 약 6배 늘어난 수치다. 유기되는 반려동물 수가 점점 늘어나는 것이다.

## 국제 철인3종 '아이언맨 구례코리아' 오는 8월 열린다

전남 구례군은 문화체육관광부가 주관한 '지자체 개최 국제경기대회 국비지원 공모사업'에 국제 **철인3종경기**대회(아이언맨 구례코리아)가 선정돼 전년 대비 1억원 증액된 국비 4억원을 확보했다고 전날 밝혔다.

이번 국비 공모는 서류 심사와 PT 발표를 거쳐 13개 시도에서 22개 대회가 최종 선정됐다. 국제 철인3종경기대회는 세계철인3종경기협회(WTC)가 주최하는 풀코스 대회로 수영 3.8km, 자전거 180km, 달리기 42.2km로 이어지는 극한의 경주를 펼치는 대회다.

아이언맨 구례코리아는 구례군체육회와 대한철인3종협회 공동주관으로 지난 2014년부터 구례군에서 매년 개최되고 있다. 올해에는 8월 26부터 8월 30일까지 5일간 열릴 예정이다.

대회를 주최하는 WTC는 지난 1978년 미국 하와이에서 최초로 철인3종경기를 시작했다. 전세계 164개 대회(풀코스 45, 하프코스 119), 아시아에 26개 대회(풀코스 5, 하프코스 21)가 개최된다.

구례대회는 하와이 월드챔피언십 참가권을 가진 국내유일의 대회이며, 외국인 참가자가 36%에 달해 명실상부한 국제대회의 면모를 나타내고 있다.

한편, 아이언맨 구례코리아는 지난 2019년 태풍 '타파'와 2020 코로나19 확산으로 연이어 취소돼 선수들과 관계자들의 아쉬움을 샀다. 군은 이번 대회는 개막식과 경기설명회를 비대면으로 운영하여 방역과 안전에 중점을 두고, TV광고, 인터넷 중계 등 전국으로 홍보할 계획이다.

---

### •철인3종경기 (triathlon)

철인3종경기(트라이애슬론)란 수영·사이클·마라톤 세 종목을 휴식 없이 연이어 실시하는 경기이다. 극한의 인내심과 체력을 요구하는 경기로서 1970년대 미국에서 시작된 이래 전 세계에서 수많은 동호인이 참여하는 인기 스포츠 종목이 되었다. 1989년 국제트라이애슬론연맹 창립과 함께 세계선수권대회가 창설되었고, 하계올림픽에서는 2000년 제27회 시드니대회부터 정식종목으로 채택되었다.

---

## ▌프로야구 10개 구단 '국내 스프링캠프'

프로야구 10개 구단이 올 시즌을 대비하고자 2월 1일부터 •**스프링캠프**에 돌입했다. 국내에서는 추운 날씨 탓에 스프링캠프를 진행하기 어려워 지난해까지 수원 kt wiz 등 10개 구단은 미국과 일본, 대만 등 따뜻하고 좋은 훈련 시설이 갖춰진 해외

에서 실시해 왔다.

그러나 **코로나19 사태로 인해 해외에서의 훈련이 수월하지 않은 데다가 상당수 구단들의 경영 여건이 좋지 않아 해외 대신 경남과 전남 등 남부 지방에서 새 시즌을 준비**하고 있다.

KT는 이날부터 부산 기장 현대차 드림 볼파크에서 2021시즌 첫 공식 훈련을 진행했다. 선수단은 투수조와 야수조로 나눠 훈련에 돌입했으며, 투수조는 가볍게 몸을 푼 뒤 캐치볼과 불펜 피칭 등을 소화했다. 야수조는 조별 배팅과 수비 훈련 등 기본 훈련을 했다.

훈련지인 기장군 일대에는 20mm 안팎의 비가 내렸는데, 다행히 KT가 훈련하는 시간에는 비가 그쳤다. 2월 2일 훈련에도 비 소식은 오전에만 예정돼 있어 일정에 큰 영향을 미치지는 않은 것으로 파악됐다.

비행기를 타고 제주도에 간 SK 와이번스 선수들은 날씨 문제로 서귀포시 강창학야구장 실내훈련장에서 가벼운 컨디셔닝 훈련을 소화했다. 구단이 신세계그룹 이마트에 매각된 터라 SK 선수들은 이번 캠프까지만 SK 로고가 새겨진 유니폼을 입고 진행한다.

이밖에 KIA 타이거즈는 훈련하고 있는 광주 지역에 내린 비로 그라운드가 젖어 지하주차장에서 훈련을 했다. NC는 마산구장에서 그라운드 훈련을 할 예정이었지만, 비가 내린 아침에는 창원NC파크와 마산구장의 실내 시설에서 훈련했다. NC 선수들은 이날 오전 10시 이후 마산구장 야외로 나와 정상적으로 훈련했다.

## •스프링캠프 (spring camp)

스프링캠프란 프로야구·프로축구 등에서 봄의 정규 리그가 시작되기 전에 집중적으로 가지는 합숙 훈련을 의미한다. 스프링캠프는 선수들의 성적을 향상시키기 위해 미국 프로야구인 메이저리그베이스볼(MLB)에서 시작되었다. MLB의 전설적인 단장 브랜치 리키는 1948년에 플로리다주의 낡은 군사시설을 구입 및 개조하여 다저타운을 만들었다. 다저타운은 1948년부터 다저스가 애리조나로 캠프지를 옮긴 2008년까지 60년간 다저스의 스프링캠프로 활용되었다. 구단 명의로 스프링캠프 훈련장을 사서 매년 같은 장소에서 훈련을 할 수 있는 시스템을 시작한 것은 다저스가 처음이었다.

## ▌패트릭 리드, 또 규칙 위반 구설수 올라

▲ 패트릭 리드

미국프로골프(PGA)투어를 대표하는 '악동' 패트릭 리드(31·미국)가 규칙 위반 논란으로 또 한 번 구설에 휘말렸다. 1월 31일 미국 캘리포니아주 라호야의 토리 파인스GC 남코스(파72·7765야드)에서 열린 파머스 인슈어런스오픈(총상금 750만달러) 3라운드에서다.

미국 언론이 '바운스 게이트'로 부르는 이번 의혹은 10번홀(파4)에서 불거졌다. 리드가 페어웨이

벙커에서 친 두 번째 샷이 왼쪽으로 휘어 러프에 빠졌다. 리드는 마크를 하고 공을 집었다.

리드는 "주변 자원봉사자와 캐디들에게 공이 땅에서 튀었는지 물어봤고 (공이) 튀지 않았다는 답을 들었다"고 했다. 폭우로 땅이 부드러워졌고 자신의 공이 그대로 땅에 박혔다고 판단한 것이다. 골프규칙 16조 3항에 따라 **공이 땅에 깊이 박히면 벌타 없이 구제받을 수 있다.**

경기위원의 감독 없이 공을 집어든 리드의 행동이 규칙 위반은 아니다. 골프규칙 16조 4항에는 '**구제가 적용되는 상태인지 확인하기 위해 볼을 집어들 수 있다**'고 돼 있다. 다만 공 위치를 마크해야 하고 공을 닦을 수 없다고 부연한다. 철저히 상황 판단을 선수의 양심에 맡긴다는 뜻이기도 하다.

그러나 리드의 주장과 달리 중계 카메라에는 공이 러프에서 한 번 튀었다가 안착하는 장면이 잡혔다. CBS 방송 해설자 닉 팔도는 "(공이 땅에 깊숙이 박히려면 바운스 없이 그대로 꽂혀야 하는데) 이미 한 번 튀어 힘을 잃은 골프공이 어떻게 땅에 박힐 수 있느냐"고 의문을 제기했다. 결국 리드가 16조 4항의 규칙을 자신에게 유리하게 적용했고, 경기위원이 오기 전에 상황을 스스로 판단한 것이다.

결국 경기위원은 땅바닥이 움푹 파인 것을 확인했다며 리드에게 '무벌타 드롭'을 허용했다. 리드는 경기 후 경기위원들의 조사에도 막힘없이 응하며 라운드를 마쳤다. 리드는 무벌타 드롭 덕분인지 그 홀을 파로 마쳤다.

그러나 이후 보기 4개를 잇달아 범하며 무너져 전

반에 줄인 5타를 거의 다 까먹었다. 더 달아날 기회를 놓친 리드는 사흘 합계 10언더파 206타를 쳐 멕시코의 카를로스 오르티스(10언더파·29)와 선두 자리를 나눠 가졌다. 하지만 규칙 위반 논란으로 빛이 바랬다.

### 멀리건 (mulligan)

멀리건이란 최초의 샷이 잘못 돼도 벌타 없이 주어지는 세컨드 샷을 말한다. 멀리건 샷은 1890년대 아일랜드의 프로 골퍼 퍼커스 오사프네시 멀리건에서 시작되었다는 설이 있다. 그는 아일랜드 컨트리 케리에 위치한 파 크나실라클럽 챔피언을 15차례나 따낸 바 있는 스타 선수였지만 최초 티샷이 가까스로 어긋나 티로부터 공이 굴러 떨어지게 되면 다시 쳐야 한다고 우겼다고 전해진다. 멀리건은 규칙이 아니라 원칙적으로 반칙이다.

## 문체부
## "학교 운동부 징계 이력 통합 관리"

최근 프로배구계에 불거진 학교폭력 사건과 관련해 문화체육관광부가 "학교 운동부 징계 이력을 통합 관리해 선수 이력에 반영하도록 하겠다"고 발표했다. 문체부는 2월 16일 "(성)폭력 등 인권 침해로 징계를 받은 적이 있는 경우 국가대표 선발을 제한한다"며 이같이 밝혔다.

최근 프로배구는 여자부에서 **흥국생명 소속 쌍둥이 자매 이재영·이다영**, 남자부에서 **OK저축은행 송명근·심경섭이 과거 심각한 학교폭력 가해자였다**는 사실이 피해자들의 폭로로 알려지며 몸살을 앓고 있다. 이들은 배구협회 결정에 따라 최근 국가대표 자격이 무기한 정지됐다.

한편, **스포츠 인권 보호를 강화하기 위해 개정된 국민체육진흥법 및 시행령 및 시행규칙**(이른바 최숙현법)이 2월 19일부터 시행된다. 이는 지난해 8월 감독과 팀 닥터, 팀 내 선배에게 가혹행위를 당해 극단적 선택을 한 고(故) 최숙현 트라이애슬론 선수 사건을 계기로 나온 국민체육진흥법 개정안 후속 조치다.

개정 법령은 법의 목적에서 '국위 선양' 삭제, 불공정·인권침해 유발 제도 개선, 스포츠윤리센터 기능 강화 및 체육계 인권 침해·비리 근절을 위해 신고, 조사, 신고자·피해자 보호 등 처리 과정 전반을 개선하는 내용을 포함하고 있다. 또한 훈련 시설 내 영상정보처리기(CCTV) 설치, 과태료 부과 등 추가적 내용을 담고 있다.

### 학교폭력의 공소시효는?

최근 스포츠계·연예계 학교폭력 논란이 확산하면서 민·형사소송으로 번질 가능성도 있다는 지적이 나온다. 학교폭력에만 적용되는 공소시효는 따로 없지만 폭행죄 공소시효가 5년이며 2인 이상이 참여하거나 흉기 등 위험한 물건을 사용해 상해를 입힌 특수상해죄의 경우 공소시효가 10년이다.

이재영·이다영 자매가 중학교 시절 저지른 학교 폭력은 10~13년 전 사건이어서 증거 확보 여부에 따라 형사 처벌이 가능하다는 의견도 나온다. 학교폭력 가해자로 지목된 연예인이나 운동선수가 광고주 등으로부터 위약금과 손해배상 소송을 당할 수도 있다. 기업이 유명인과 광고 계약을 체결할 때는 '품위유지 의무 조항'을 계약 조건에 넣는 경우가 일반적이다.

## 그레이트 리셋 (Great Reset)

그레이트 리셋이란 전 세계가 코로나19 대응 과정에서 경험한 변화를 바탕으로 경제·사회 기반을 새롭게 바꾸자는 아이디어다. 그레이트 리셋은 ▲공정한 시장 ▲평등 및 지속가능성 ▲공동선을 위한 4차 산업혁명 기술의 적용 등 3가지 관점에서 추진할 수 있다. 각국 정부가 코로나19에 대응하기 위해 재정확장 정책을 시행하는데, 이를 단순히 구멍 난 곳을 메우는 데 사용하기보다 녹색 성장과 환경·사회·기업 지배구조(ESG) 개혁을 위해 쓰자는 주장이다.

이주열 한국은행 총재는 지난 1월 5일 '2021 범금융권 신년사'에서 금융권을 향해 "올해 그레이트 리셋의 비상한 각오가 필요한 때"라고 강조했다. 가계부채 수준이 높고 금융, 실물 간 괴리가 확대된 상황에서 자그마한 충격에도 시장이 크게 흔들릴 수 있어 금융시스템의 취약부문을 더 세심하게 살펴야 한다는 지적이다. 이 총재는 "올해 포스트 코로나 시대로 들어서는 역사적 변곡점의 해가 될 것"이라며 "리스크를 관리하고 혁신에 박차를 가하는 데 우리의 모든 역량을 집중해야 한다"고 밝혔다.

## 테크노믹스 (technomics)

테크노믹스는 기술(tech)과 경제(economics)를 합친 말로, **기술이 경제 환경을 변화시키고 경제 패러다임 변화가 다시 기술 발전의 동력이 되는 현상**을 일컫는다. 증기기관부터 화석 연료, 전기, 인터넷에 이르기까지 혁신 기술 사이클은 국제 정세의 패러다임이나 경제 환경, 금융 시장 변화에 큰 영향력을 미쳤다.

최근에는 기술 발전 속도가 기하급수적으로 빨라지면서 테크노믹스의 순환 속도가 가팔라지고 있다. 5G 통신과 사물인터넷(IoT), 전기차 등 디지털 혁신으로 이제까지 존재하지 않았던 사업 영역이 전통 산업 분야를 빠른 속도로 잠식하고 그 기반 위에서 더 우수한 기술 개발의 필요성이 분출한다. 2000년대 등장한 전기차 업체 테슬라의 시가총액이 제네럴모터스(GM), 도요타를 뛰어넘고 전기차 혁신 경쟁이 더 효율적인 배터리 개발이나 자율 주행 플랫폼 기술로 확장되는 것을 예로 들 수 있다.

## 실리콘 칼라 (silicon collar)

실리콘 칼라는 창의적인 사고와 뛰어난 컴퓨터 실력 등을 바탕으로 하는 고급화된 두뇌 노동자를 일컫는 용어로, 반도체 등 첨단기술을 구현하는 핵심 물질인 실리콘에서 유래했다. 단순히 두뇌 능력이 뛰어난 첨단 직군의 인간 노동자는 물론, 이를 넘어 인류를 대체할 기계 노동자도 포함된다. 미래학자 제레미 리프킨은『노동의 종말』에서 **블루 칼라와 화이트 칼라를 잇는 새로운 노동자 계급을** 이르는 용어로 사용했다. 리프킨은 컴퓨터처럼 복잡한 계산을 빠르게 처리하고 하루 24시간 노동에도 배고픔이나 피로를 느끼지 않는 기계를 실리콘 칼라로 지칭했다.

실리콘 칼라는 2000년대 이후 세계화·정보화 시대의 도래와 함께 신자본주의 지식사회를 선도하는 신흥 계급으로 급부상했다. 이들은 정보화 시대에 잘 적응하고 기술력을 바탕으로 창업에 나서 노동자인 동시에 경영자로 활동한다. 윈도우를 개발한 마이크로소프트사의 '빌 게이츠'나 야후의 '제리 양'이 대표적인 예이다.

## 세컨슈머 (seconsumer)

세컨슈머는 '제2의'를 의미하는 '세컨드(second)'와 '소비자'라는 의미의 '컨슈머(consumer)'를 합친 단어다. 당장의 편리함을 추구하기보다는 지속 가능한 삶을 위한 대안을 찾는 데 초점을 맞추는 소비자들을 의미한다. 이는 **밀레니얼세대와 Z세대의 합성어로 2030세대를 의미하는 MZ세대의 특징 중 하나다.**

세컨슈머는 **당장의 욕구를 충족하기 위한 소비보다는 중고거래 등을 통해 저렴하거나 의미 있는 물건을 확보하는 데 가치를 둔다.** 아울러 이들은 미래의 생활을 보장하기 위한 금융투자에도 관심이 클 뿐 아니라, 향후 가치가 상승할 것으로 여겨지는 제품 등에 대한 투자에도 관심이 많다. 특히 중고거래는 20대에게 새로운 재테크 수단으로도 떠올랐다. **한정판 아이템 등을 구매해 중고거래 플랫폼에 올려 되파는 이른바 리셀이** 대표적이다. 중고 명품 거래 시장도 덩달아 커지고 있다. 이 시장은 지난 2012년 1조원 수준에서 2020년 말 7조원까지 7배가량 성장한 것으로 추정된다.

## ▌올리비아 로드리고 (Olivia Isabel Rodrigo, 2003~)

▲ 가수 올리비아 로드리고

올리비아 로드리고는 전 세계 팝계에 돌풍을 일으키고 있는 필리핀계 미국 싱어송라이터다. 15세에 영화 '앤 아메리칸 걸 : 그레이스 스터즈 업 석세스' 등에 출연하며 배우로 이름을 알렸고, 2019년 디즈니 플러스 오리지널 시리즈 '하이 스쿨 뮤지컬'에 출연하며 하이틴 스타 반열에 올랐다.

지난 1월 8일 발매된 올리비아 로드리고의 데뷔곡 '**드라이버스 라이선스**(Drivers License)'가 미국 빌보드 차트에 이어 1월 22일 발표된 영국 오피셜 차트에서도 2주 연속 1위를 차지했다. 발매 직후 아이튠즈 차트와 스포티파이 차트에서도 글로벌 1위를 기록한 바 있는 이 곡은 현재 틱톡 등에서 커버 챌린지(따라 부르기)도 집중적으로 진행되고 있다. '드라이버스 라이선스'는 운전면허를 갓 취득한 여자가 이별 후 교외를 목적 없이 운전하며 느낀 슬픈 감정을 담은 곡이다. 미국 10대들 사이에서는 로드리고가 직접 작사한 이 곡이 실제 이별 이야기를 담았다고 해 더욱 화제다.

## ▌행크 아론 (Hank Aaron, 1934~2021)

▲ 고(故) 행크 아론

행크 아론은 메이저리그(MLB) 역사에 큰 획을 그은 홈런왕이다. 그는 1954년 데뷔해 1976년까지 뛰며 통산 755개 홈런을 때린 **메이저리그 역사상 최고 홈런 타자 중 한 명**이다. 그는 통산 홈런 부문에서 약물 복용으로 달성한 배리 본즈(762개)의 기록에 이어 2위다. 통산 최다 안타 부문에서는 3위(3771개)에 자리하고 있다. 1982년 메이저리그 명예의 전당에 헌액됐다. 애틀랜타 브레이스와 밀워키 브루어스는 그의 등번호 44번을 영구결번으로 지정했다.

1999년 2월 5일 MLB는 아론이 베이브 루스의 기록을 깬 25주년을 맞아 행크 아론상을 제정했다. 이 상은 아메리칸과 내셔널 리그 양쪽에서 최고 타자들에게 해마다 수여되고 있다. 아론은 인종차별을 이겨낸 선수이기도 하다. 아론이 활약할 때만 해도 흑인에 대한 인종차별이 심했다. 하지만 애런은 이 모든 것을 이겨내며 MLB 최고 선수가 됐다. 은퇴 후에는 흑인 사회 운동에 집중하며 흑인들의 목소리를 대변했다.

## ▍래리 킹 (Larry King, 1933~2021)

▲ 고(故) 래리 킹

래리 킹은 미국의 전설적인 시사 프로그램 진행자다. 그는 1985년부터 2010년까지 CNN에서 **방영된 '래리 킹 라이브'를 진행**하며 명성을 얻었다. 킹은 1월 23일(현지시간)에 사망했다. 그는 직접적인 사망 원인이 밝혀지지 않았으나 코로나19에 감염돼 1주일 넘게 입원했던 것으로 알려졌다.

킹은 25년 동안 CNN 토크쇼에서 정치 지도자, 연예인, 운동선수, 영화배우뿐만 아니라 평범한 일반인까지 다양한 인물을 만났다. 킹은 약 5만 명을 인터뷰했다. 달라이 라마와 버락 오바마, 빌 클린턴, 미하일 고르바초프, 팔레스타인 지도자 야세르 아라파트, 빌 게이츠, 엘리자베스 테일러, 레이디 가가 등 많은 유명인이 포함됐다. 그의 인터뷰 스타일은 출연자의 긴장을 풀어줬고 청중과 쉽게 공감할 수 있게 만들었다는 평가를 받는다. 킹은 방송 부문의 퓰리처상으로 불리는 피바디상을 두 차례 수상한 바 있다.

## ▍펫미족 (Pet-Me族)

'펫미족'이란 개·고양이 등 반려동물을 가족처럼 대하는 '펫팸족'(Pet-Family)을 넘어 반려동물을 자신처럼 아끼고 사랑하는 사람들이다. **펫미족의 등장을 견인하는 3가지 키워드로 ▲ 펫러닝**(Pet+Learning) **▲ 펫셔리**(Pet+Luxury) **▲ 펫부심**(Pet+자부심)이 꼽힌다. '펫러닝'은 반려동물 예절을 뜻하는 '펫티켓'(Pet+Etiquette)에 대한 사회적 요구가 증가하는 상황에서 반려견이 사람을 물지 않도록 하는 등 교육·훈련 프로그램에 참여시키는 것이다. '펫셔리'는 반려동물에게 럭셔리한 제품과 서비스를 아끼지 않는 트렌드를 나타내는 말이다. '펫부심'은 반려동물을 키우는 것에 자부심을 느끼고 이를 다른 사람에게도 자랑하고 싶은 심리를 뜻한다.

펫미족이 늘어나면서 펫케어 시장 또한 늘어날 것으로 추정된다. 펫케어 시장이란 반려동물 사료, 간식, 용품을 포함한 시장을 말한다. 전통적인 펫산업으로 불리던 사료시장과 병원, 훈련에 관련된 업종은 보다 커지고 활성화·고급화했다. 시장조사 전문기업 유로모니터가 작년 4월 발표한 '2020 펫케어 시장 규모 전망'에 따르면 국내 펫케어 시장 규모는 약 2조580억원에 이를 것으로 예상된다.

## 정 박 (Jung H. Park)

▲ 정 박 동아시아·태평양 담당 부차
관보 (정 박 트위터 캡처)

정 박(한국명 박정현)은 바이든 미국 행정부의 동아시아·태평양 담당 부차관보다. 한국계인 박 부차관보는 컬럼비아대에서 역사학 박사를 받았으며 중앙정보국(CIA) 선임분석관, 국가정보국장실(ODNI) 동아시아 담당 부정보관, CIA 동아·태 미션센터 국장을 거쳐 2017년부터 **미국 싱크탱크 브루킹스연구소** 한국석좌로 재직해왔다. 그는 2020년 바이든 대선 캠프 외교안보 자문그룹에 관여했던 것으로 알려졌다. 바이든 대통령 정권인수팀이 꾸린 정보 당국 기관검토팀에도 참여했다.

박 부차관보는 최근까지 브루킹스연구소의 한국석좌로 일하며 북한 연구를 해왔다. 그는 2018년 '김정은의 교육'이라는 연구 에세이를 발표해 **'김정은 전문가'**로 입지를 굳혔다. 작년 4월에는 김정은 북한 국무위원장과 북한 체제를 분석한 『비커밍 김정은』이라는 책을 펴냈다. 박 부차관보는 그동안 학술회의 및 언론 인터뷰 등을 통해 김 국무위원장의 비핵화 의지를 회의적으로 평가해왔다.

## 평생교육바우처

▲ 평생교육바우처 (홈페이지 캡처)

평생교육바우처란 정부가 제공하는 평생교육 이용권이다. 만 19세 이상 성인 중 **기초생활수급자·차상위계층·기준 중위소득 65% 이하인 가구의 구성원을 신청대상**으로 한다. 지원 금액은 1인당 35만원으로 평생교육바우처 사용기관으로 등록된 기관의 수강료나 해당 강좌의 교재비·재료비로 사용할 수 있다.

국회 보건복지위원장인 김민석 더불어민주당 의원은 평생교육바우처를 확대하는 '온국민 평생장학금 2법'을 1월 26일 대표발의했다고 밝혔다. 평생교육법 일부개정안은 현재 저소득층을 대상으로 하는 평생교육바우처의 지원 대상을 전국민으로 확대하는 내용이 골자다. 또, 바우처의 발급과 관리 권한을 각 지자체에 부여해 모든 국민이 쉽게 평생교육 참여 기회를 보장받게 한다. 김 의원은 "인공지능, 자동화로 일자리의 양과 질, 고용형태가 근본적으로 변화하고 인생 삼모작, 사모작이 필연적인 시대"라면서 "국가의 본질도 사람투자국가로 바뀌어야 한다"고 법안의 취지를 설명했다.

## 그린 커튼 (green curtain)

그린(녹색)커튼이란 건물 창가에 **만경류**(넝쿨식물) 식물을 심어 녹색 잎으로 여름철의 태양광을 차단하는 기법이다. 그린커튼에 적합한 식물로는 나팔꽃, 풍선초, 여주, 작두콩, 제비콩, 조롱박, 인동, 담쟁이 등이 대표적이다. 그린커튼의 효과로는 **태양광 차단에 의한 실내온도 상승 억제, 냉방기기 사용 저감에 따른 에너지 절약, 도로변 소음 및 미세먼지 차단, 녹시율**(綠視率 : 일정 지점에 서 있는 사람의 시계[視界] 내에서 식물의 잎이 점하고 있는 비율) 증대 등이 있다.

경기도가 2021년 도내 관공서, 학교, 도서관, 임대주택 단지 등 87곳을 대상으로 그린커튼 조성 사업을 시작한다고 1월 25일 밝혔다. 이에 도는 오는 4월부터 학교 13곳, 도서관 31곳 등 도민 생활과 밀접한 생활기반시설 분야 84곳에 그린커튼을 우선 설치·운영할 계획이다. 아파트 단지 내 편의시설 3곳에 대해서도 시범사업을 추진할 예정이다. 이를 통해 축구장 2개 면적(약 1만4080㎡)에 해당하는 녹색 쉼터를 도민들에게 제공할 수 있을 것으로 기대하고 있다.

## EWG 등급

EWG 등급은 미국의 비영리환경단체 EWG(Environmental Working Group)에서 만든 생활용품 성분에 대한 안전도 등급으로, 그린 등급은 가장 안전한 등급을 뜻한다. 그러나 EWG는 우리 정부가 안전하다고 인정한 성분까지 문제가 있다고 지적해 논란을 일으켰다.

**앞으로는 EWG 등급을 국내에서 사용하지 않아도 될 전망이**다. 식약처는 지난 1월 2019년도부터 운영해온 천연·유기농화장품 인증제도 활성화를 위해 기존에 완제화장품에만 인증하던 것을 화장품 원료에 대해서도 인증기관에서 자율적으로 승인할 수 있도록 확대한다고 밝혔다. 이번 결정으로 기업들은 천연·유기농화장품 인증 과정에서 개별 원료에 대한 자료를 보다 쉽게 구할 수 있게 됐다. 천연·유기농 원료 승인을 위해서는 화장품 원료를 제조·가공하거나 취급(제조업자 포함)하는 자는 원료에 관한 자료를 포함한 승인 신청서를 식약처가 지정한 인증기관에 제출하고 심사를 받아야 한다.

## ▌ 펜트업 효과 (pent-up effect)

펜트업 효과(Pent-up effect)는 억눌렸던 수요가 급속도로 살아나는 현상을 뜻한다. **코로나19 창궐로 경제 활동이 급속도로 위축됐다가 상황이 점차 나아지면서 펜트업 효과가 나타났다.** 작년 5월 코로나19 상황에도 미국 소매 판매는 전월 대비 17.7% 증가하며 사상 최대 증가폭을 기록했고 6월에는 의류 판매점 판매가 188% 폭증했다. 도시 봉쇄로 일상이 멈춘 가운데 소비 욕구가 더 크게 분출한 결과다.

삼성전자가 2020년 연간 기준으로 역대 네 번째로 높은 영업이익을 기록했다. 펜트업 효과로 반도체·가전·IT 제품에 대한 수요가 급증하면서 코로나19가 오히려 호재로 반전된 덕분이다. 삼성전자는 1월 28일 지난해 매출 236조8070억원, 영업이익 35조9939억원을 달성했다고 밝혔다. 매출은 전년 대비 2.78%, 영업이익은 29.62% 증가한 것이다. 영업이익은 2013년과 2017년, 2018년 이후 네 번째로 높은 수준이다.

## ▌ 도지코인 (dogecoin)

도지코인은 블록체인 기반의 가상화폐다. 소프트웨어 개발자 빌리 마커스가 2013년 인터넷 밈으로 유행하는 시바견 캐릭터인 '도지(doge)'를 마스코트로 내세워 비트코인 열풍을 풍자하기 위해 장난삼아 만든 것으로 알려졌다. 하지만 **일론 머스크 테슬라 최고경영자(CEO)가 최근 도지코인을 자신의 트위터에 언급하자 도지코인 가격이 폭등했다.**

머스크가 도지코인을 "모두의 가상화폐"라고 말하자 도지코인 가치는 올해 800% 이상 상승했다. 도지코인 가격은 일주일 만에 2.5센트에서 시작해 8센트를 돌파했다. 한때 시가총액 100억달러를 기록해 가상화폐 시총 순위 8위에 오르기도 했다. 그러나 가상화폐 대표 주자인 비트코인과 마찬가지로 도지코인 역시 가격의 급등락이 심하고 사용되는 곳도 많지 않아 투자자의 주의가 필요하다. 한편 테슬라가 2월 8일 비트코인을 15억달러(약 1조7000억원)어치 사들였다고 발표하고 앞으로 비트코인으로 전기차를 살 수 있도록 하겠다고 하자 비트코인 가격이 5000만원을 돌파하기도 했다.

## UNDP 성불평등지수

UNDP 성불평등지수(GII, Gender Inequality Index)는 유엔 개발계획(UNDP, United Nations Development Programme)이 각국의 성불평등성을 측정하기 위해 2010년 도입한 지수다. 기존 여성관련 지표로 발표하던 여성권한척도와 남녀평등지수가 선진국과 도시 인구를 중심으로 반영한다는 지적을 보완했다. ▲생식건강 ▲여성권한 ▲노동참여 등 3개 영역에서 평가하며, 0에서 1 사이로 나타나며, 0이면 완전 평등한 상태, 1이면 완전 불평등한 상태를 의미한다.

다만 경제활동 영역 지표가 제한적이어서 성평등 수준을 충분히 나타내지 못한다는 한계가 있다. 남녀 임금격차, 노동시장 직종 분리, 재산접근성, 가정폭력 등 영역이 제외되어 있다. 지난해 한국은 GII가 0.064점으로 전체 189개국 중 11위, **아시아 국가 가운데 가장 높은 성평등 수준**을 기록했다. 한국은 가장 많은 부분을 차지하는 생식건강 부문(모성사망비, 청소년출산율)에서 월등히 높은 점수를 받아서 순위가 높지만, 여성권한 및 노동참여 부문은 개선이 필요하다.

## V세대 (V-generation)

V세대란 바이러스(Virus)의 'V'로 대변되는 세대다. 학창 시절 바이러스 대란을 겪은 세대를 말한다. 코로나19으로 학교에 가지 못해 **비대면 학교생활을 처음 경험하고 이 같은 비대면 소통과 교육이 어색하지 않은 세대**를 일컫는 신조어다.

원래 'V세대'는 용감하고(Valiant), 다양하며(Various), 생기발랄(Vivid)한 2010년대 젊은이들을 말하는 용어로 경제적으로 풍요로운 유년기를 보낸 풍족한 세대를 일컫는 말이었다. 하지만 코로나19 사태 이후에는 원래와 거리가 먼 뜻의 동음어로도 사용되고 있다. V세대들은 온라인 학습에 큰 거부감이 없지만 과거 겪어보지 못한 생활 방식과 원격 수업에 익숙하지 않은 부모 세대들은 자녀의 성장과 교육에 대한 걱정이 갈수록 커진다. 코로나19 등 바이러스로 인한 세계 경제 침체는 쉽사리 회복되지 않을 것이란 전망이 우세하다. 이에 V세대가 부모 세대보다 더 큰 경제적 고통을 겪는 세대가 될 가능성이 높다는 우려가 나타나고 있다.

## 셀피노믹스 (selfinomics)

셀피노믹스란 개인(self)과 경제학(economics)을 합성한 신조어다. 유튜버 등 개인 콘텐츠를 만드는 사람들이나 그와 같은 자주적·독립적인 경제활동을 의미한다. 주로 **개인 방송을 통해 수익을 창출하는 사람들을 가리키는 말로 스스로 경제주체가 된다는 뜻**을 내포하고 있다. 셀피노믹스의 규모는 나날이 커지고 있다. 개인이 진행하는 유튜브 채널 하나에 올리는 하루 매출이 임직원 1000명이 넘는 방송사와 비슷하고 SNS 유명 인플루언서는 하루 수억원 어치의 제품을 팔아치우기도 한다.

게임·요리·패션·헬스케어 등으로 개인 방송의 장르가 다양해지면서 관련 플랫폼 시장이 폭발적으로 성장하고 있다. 이를 통해 재미와 정보를 얻으려는 사용자들이 증가하고 자신을 콘텐츠화 하는 데 재능을 보이는 일부 창작자들은 막대한 부를 쌓기도 한다. 하지만 개인 방송 간의 지나친 경쟁으로 가짜 뉴스나 선정적·폭력적 콘텐츠가 양산되고 있는 점은 셀피노믹스의 어두운 면이다.

## 할매니얼

할매니얼이란 할매(할머니의 사투리)와 밀레니얼 세대(1980년대 초반~2000년대 초반에 태어난 세대)의 합성어다. **젊은 세대에 스며든 옛날 감성이나 상품 및 트렌드**를 의미한다. 주로 중장년층 입맛에 맞는 것으로 알려진 검은깨와 쑥, 인절미 등을 이용해 만든 음식을 즐기는 '할매입맛', 고풍스러운 느낌의 카디건과 풍성한 긴치마 등을 매치한 '할미룩', '졸라맨'·'뿌까' 등 어릴 적 추억을 간직한 물건이나 오래된 만화 캐릭터들에 관한 게시물을 공유하는 '할밍아웃(할머니＋커밍아웃)' 등 할매니얼과 관련된 해시태그가 SNS를 중심으로 줄을 잇고 있다.

전문가들은 젊은 층 사이에서 옛것에 대한 수요가 늘어나는 데는 코로나19에 따른 장기 불황이 주요 원인으로 작용한 것으로 보고 있다. 불황에 복고가 유행하는 풍조가 밀레니얼 세대의 먹거리와 패션에도 영향을 미쳤다고 본다. 불황으로 인해 지친 2030세대가 마음의 안정을 구하기 위해 옛것을 찾는 것이라는 분석이다.

## 포용적 금융 (financial inclusion)

포용적 금융이란 **금융 소외계층에게 금융 접근성을 높여 취약 가구 및 기업에 대한 기회를 확장**하는 것을 말한다. 포용적 금융은 초기에 제도권 금융 밖에서 자생적으로 성장한 마이크로 금융(micro finance)인 소액금융에서 시작됐다. 1983년 무하마드 유누스가 설립한 방글라데시의 그라민은행(Grameen Bank)이 대표적이다. 2010년 G20 서울정상회의의 후속조치로 금융소외계층 포용글로벌파트너쉽이 출범한 이후, 금융소외계층 포용 원칙의 이행 및 데이터 정비, 수집 강화 등을 통해, 현재 다양한 금융 복지 정책 및 서민 지원을 하고 있다.

코로나19 위기 국면에서 신한·KB·하나·우리 등 4대 금융지주 산하 은행들이 중·저신용자 대출을 빠르게 줄인 반면 카카오뱅크는 그 비중을 유지했던 것으로 나타났다. 다만 카카오뱅크 가계자금 대출의 95% 이상, 신용대출의 98% 이상이 1~4등급의 고신용자에게 쏠려 있는 점은 여전했다. 이에 대해 홍성국 더불어민주당 의원은 "코로나19라는 비가 세차게 내리는 상황에서 인터넷 전문은행마저 중금리 대출을 외면하면 서민들의 우산은 모두 걷어지게 된다"며 "카카오뱅크는 당초 중금리 대출 활성화와 포용적 금융 확대라는 취지를 잊어선 안 된다"고 강조했다.

## 다람쥐 존중의 날 (Squirrel Appreciation Day)

다람쥐 존중의 날은 **야생 동물 재활가인 크리스티 하로브가 다람쥐와의 공생을 위해 지정한 날로 매년 1월 21일이다.** 이날은 다람쥐에 대해 공부하고 다람쥐가 잘 살 수 있도록 행운을 빌자는 것이다. 북미의 다람쥐는 겨울잠을 자지 않아, 먹이인 도토리를 구하기 어려운 겨울에 다람쥐를 위해 도토리를 내어주자는 움직임이 있다.

한국에서 주로 서식하는 유라시아 다람쥐는 10월부터 3월까지 겨울잠을 잔다. 그러나 한국에서도 '다람쥐 존중의 날'은 필요하다. 우리 '자연공원법'은 불법으로 임산물을 채집해 가져갈 경우 3년 이하의 징역 또는 3000만원 이하의 벌금에 처하도록 규정하고 있다. 그러나 등산객들이 산에서 도토리나 밤을 주워가는 일이 빈번하다. 이에 국립공원관리공단이나 지자체들은 등산로에 도토리 저금통 또는 도토리 수집함이라는 이름의 나무 열매 반납함을 가을철마다 운영하고 있다.

## 외부위탁운용관리 (OCIO, Outsourced Chief Investment Officer)

외부위탁운용관리란 기관투자가가 자산배분 목적으로 자산 일부를 증권사와 자산운용사 등 외부기관에 맡기는 것을 말한다. OCIO의 강점은 여러 기관에서 맡긴 자금을 한꺼번에 모아 운영함으로써 운용의 효율성과 수익률을 높이는 데 있다. 일임받은 증권사와 자산운용사는 자산을 직접 운용하거나 다른 운용사에 다시 배분해 관리한다.

코로나19 사태가 촉발한 초저금리 시대를 맞아 외부위탁운용 시장이 반사이익을 노리면서 자산운용사들도 빠르게 대응하고 있다. 대학이나 준공공기관, 중소규모 기업들은 여유자금을 은행 예·적금이나 국공채 정도에만 보수적으로 투자해왔는데, 초저금리 환경에서 유의미한 수익이 나지 않자 외부 전문가를 찾기 시작한 것이다. 일례로 지난해 12월 삼성자산운용은 1500억원 규모의 이화여대 기금 위탁운용사로 선정됐다고 밝혔다.

## 극점사회 (summit society)

극점사회란 지역, 기업, 계층 등에서 갈수록 양극화 현상이 심화되는 의미한다. 마스다 히로야 일본 도쿄대 교수가 도쿄 같은 대도시만 생존하는 '극점사회'가 도래할 것이라고 밝히면서 새로운 키워드로 떠올랐다. 마스다 교수는 "일본 인구 감소 추세가 지속될 경우 896개 지방자치단체가 소멸할 것"이라는 내용을 담은 '마스다 보고서'의 발표자다.

코로나19로 다양한 분야에서 상위권과 하위권 격차가 벌어지는 극점사회가 확산되고 있다. 지리적으로는 지방이 소멸하고 대도시만 살아남을 가능성이 높다. 우리나라에서도 저출산 현상이 심화되면서 수도권을 제외한 대부분의 지역의 인구가 줄어드는 등 '지방 소멸'의 공포를 실감하고 있다. 대기업과 중소기업 희비도 엇갈린다. 풍부한 자금력을 갖춘 대기업은 미래 산업에 집중 투자해 포스트 코로나에 대비한다. 반면 중소기업은 대기업과 달리 코로나19로 경기 침체에서 벗어나지 못해 생존하기도 벅찬 상황에 놓였다. 세계 경제가 코로나19 충격에서 회복하는 모습이 영어의 'K'자처럼 지역, 산업, 계층별로 양극화되는 분위기라는 평가가 나온다.

## ▌ 결합열독률 (結合熱讀率)

결합열독률이란 종이신문을 포함해 다양한 수단(PC, 스마트폰, 태블릿PC, TV 등)으로 신문 기사를 읽는 비율을 의미한다. 최근 종이신문 열독률은 꾸준히 하락하는 가운데 결합열독률은 오히려 높아지면서 신문 열독이 다양한 형태로 이뤄지고 있다. 코로나19 확산으로 재택 시간이 늘어나면서 TV와 온라인 동영상 플랫폼을 통한 뉴스 이용이 지난해보다 크게 높아진 가운데 종이신문 열독률은 또다시 하락했다.

한국언론진흥재단이 발표한 '2020 언론수용자 조사'에 따르면, TV를 통한 뉴스 이용은 85.0%로 2019년 (82.8%)보다 늘었고 온라인 동영상 플랫폼을 통한 뉴스 이용도 2019년(12.0%)의 2배 수준(24.4%)으로 크게 향상했다. 반면 종이신문 열독률은 10.2%로 이는 10년 전(52.6%)과 비교해 크게 낮아졌다. 종이신문 뿐만 아니라 모바일 인터넷(스마트폰, 태블릿PC), PC 인터넷, TV, 인공지능(AI) 스피커까지 포함한 **결합 열독률은 89.2%로 나타나 종이신문이 아닌 다양한 형태로 신문 열독이 이뤄지고 있으며 매년 조금씩 증가하고 있는 것으로 나타났다.**

## ▌ 침묵의 나선 이론 (the spiral of silence theory)

침묵의 나선 이론이란 여론이 형성되는 과정에서 자신의 의견이 사회적으로 우세하고 지배적인 여론과 일치하면 그것을 적극적으로 표현하려 하지만, 그렇지 않을 경우 침묵을 지키는 현상을 말한다. 이 과정에서 여론이 한 방향으로 편향되는 모습이 나선과 유사하다고 해서, 침묵의 나선 이론이라고 이름 붙이게 되었다. 이는 독일의 여론조사기관인 알렌스바흐 연구소 설립자이자 소장이었던 노엘레 노이만이 제기했다.

노엘레 노이만은 소수 의견에 속하는 사람들이 침묵하게 되는 원인에 대해 다수에 반하는 의견을 표명함으로써 경험할 수 있는 사회적 고립과 소외감, 타인의 부정적인 평가를 주된 이유로 꼽았다. 현대 사회에서도 쉽게 찾아 볼 수 있는데, SNS에서 지인들이 특정 정치성향에 대하여 지지하는 의견이 다수를 이룰 때, 자신은 반대 입장에 있더라도 표현하기를 꺼리는 현상, SNS에서 긍정적인 평가를 받거나 타인들의 이목을 끌기 위해서 사람들이 원하는 방식으로 게시물을 올리는 현상 등이 있다.

## 백기완 (白基玩, 1932~2021)

▲ 고(故) 백기완 통일문제연구소장

백기완 통일문제연구소장은 통일 운동과 진보적 노동 운동 등 시민사회 운동을 이어간 인물이며 민중가요 **'임을 위한 행진곡' 가사의 원작인 시 '묏비나리'의 작가이기도 하다.** 2월 15일 별세했다. 향년 89세. 그는 1950년대 부터 농민·빈 민·통일·민주화운동에 매진하며 **한국 사회운동 전반에 참여했다.** 문맹 퇴치를 위한 야학에 참여하던 중 1960년 4·19혁명에 뛰어들었고, 이후 1964년 한일협정 반대운동에 함석헌·계훈제·변영태 등 재야 운동가들과 함께 참가했다.

백기완은 투옥과 고문에도 진보 운동을 이어갔다. 1974년에는 유신 반대를 위한 100만인 서명운동을 주도하다 긴급조치 위반으로 투옥됐고, 1979년 'YMCA 위장결혼 사건'과 1986년 '부천 권인숙양 성고문 폭로 대회'를 주도한 혐의로도 체포돼 옥고를 치렀다. 1987년 대선에서는 독자 민중후보로 출마했다가 김영삼·김대중 후보의 단일화를 호소하며 사퇴했고, 1992년 대선에도 독자 후보로 출마했다. 이후에는 자신이 설립한 통일문제연구소 소장으로 활동해왔다.

## 숏커버링 (short covering)

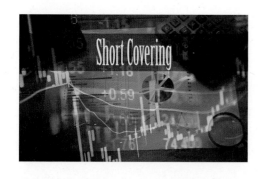

숏커버링이란 주가가 떨어질 것을 예측해 주식을 빌려 파는 공매도를 했지만, 반등이 예상되자 **공매도 투자자들이 주가 상승 시 손실을 줄이기 위해 주식을 다시 매입하는 것**을 의미한다. 빌린 주식을 돌려주기 위해 주가가 하락한 틈을 타 주식을 재매입해 차익을 노리는 것도 숏 커버링이라고 한다. 공매도는 주가 하락을 유발하고, 숏커버링은 주로 주가 상승 요인으로 작용한다.

숏커버링은 공매도를 주도하는 세력에 의해 일어난다. 주로 외국인과 기관투자가에 의해 일어나는데 '큰손'인 외국인과 기관이 특정 종목을 숏커버링하면 수급에 영향을 주어 주가가 단기적으로 상승세를 타게 된다. 그러나 지난 1월부터 시작된 게임스톱을 둘러싼 개미 세력과 공매도 세력 간의 전투에서 개미 세력들의 집단 매수로 게임스톱 주가가 폭등하자, 기관들이 숏커버링으로 전환하면서 막대한 손실을 입었다.

## ▌클럽하우스 (Clubhouse)

클럽하우스란 사진이나 동영상을 업로드하는 다른 소셜 미디어와는 달리 **실시간 음성 언어를 기반으로 하는 소셜미디어 어플리케이션**(앱)을 말한다. 2020년 폴 데이비슨과 로언 세스가 개발했다. 클럽하우스는 다른 앱과는 달리 기존 가입자의 초대장이 있거나 대기명단에 이름을 올린 후 승인받아야만 사용할 수 있다. 사용자가 방을 개설하고 대화할 사람을 초청하면 수많은 사람이 그 방에 들어가 스피커(발언자)들의 대화를 들을 수 있거나 직접 대화에 참여해 소통할 수 있다.

이 소셜미디어는 실리콘밸리에서 스타트업 창업자, 벤처 투자자들 사이에서 인기를 얻다가 이후 기업인, 정치인 등 유명인들로 참여 폭이 확대됐다. 중국에서도 2월 8일 차단되기 전까지는 중국 인권, 홍콩 보안법, 대만 독립 등의 중국 정부가 민감해하는 주제들에 대해서도 토론하며 폭발적인 인기를 끌었다. 특히 2021년 2월 테슬라 최고경영자(CEO)인 엘론 머스크가 클럽하우스를 통해 미국 주식거래 플랫폼인 로빈후드의 CEO 블라디미르 테베브와 설전을 벌이고, 비트코인을 지지한다는 발언을 하면서 화제가 됐다.

## ▌기본소득 (basic income)

기본소득이란 재산의 많고 적음이나 근로 여부에 상관없이 정부나 지방자치단체가 모든 개인에게 조건 없이 정기적으로 지급하는 소득을 의미한다. 기본소득이 추구하는 기본적인 취지는 **노동과 소득을 분리하고, 모두의 인간다운 삶을 보장한다는 것**이다. 토머스 모어의 소설 『유토피아』에서 기본소득이라는 개념이 처음 등장했으며, 20C 이후 버트런드 러셀, 에리히 프롬, 마틴 루서 킹, 앙드레 고르 등에 의해 본격적으로 논의되기 시작했다.

전 세계에서 기본소득제를 처음으로 도입한 곳은 미국 알래스카주로, 알래스카주는 석유 수출 수입으로 알래스카 영구 기금을 설립해 1982년부터 6개월 이상 거주한 모든 지역민들에게 기본소득을 지급하고 있다. 중앙정부 차원에서는 핀란드가 전 세계 최초로 2017년 1월부터 2년간 시행한 바 있다. 지난 2월 이재명 경기도지사는 기본소득의 정책적 도입을 주장하고 여론으로부터 큰 호응을 얻자 대선주자 1위로 자리잡고 있다.

# SNS 톡!톡!

해야 할 건 많고, (이거 한다고 뭐가 나아질까) 미래는 여전히 불안하고 거울 속 내 표정은 (정말 노답이다) 무표정할 때!
턱 막힌 숨을 조금이나마 열어 드릴게요. "톡!톡! 너 이 얘기 들어봤니?" SNS 속 황당하고 웃긴 이야기로 기분 좋게 쉬어가요.

#이 정도는 알아야 #트렌드남녀

## 농심 짜파게티, 지난해 매출 2000억 돌파·SNS 해시태그 최다

▲ 영화 '기생충'에 등장한 한우 채끝살 짜파구리

2020년 온라인에서 소비자들로부터 가장 큰 관심과 애정을 받은 라면 브랜드는 농심 짜파게티인 것으로 나타났다. 농심은 2월 1일 짜파게티의 인스타그램 해시태그(#) 게시물 수가 21만9000여 개로 국내 라면 중 가장 많다고 밝혔다. 짜파구리는 2019년 영화 '기생충'에 등장해 특별한 인기를 얻었다.

@ 짜파구리(ram-don)
농심의 라면 제품인 짜파게티와 너구리를 섞은 요리로, 소비자가 새로운 방법으로 소비하는 모디슈머 현상의 사례로 주목받았다.

#오늘은_내가_짜파게티_요리사#짜파구리

## 마블 새 영웅은 한국인 '태극기'

미국 만화책 출판사 '마블 코믹스'가 공개한 한국인 히어로에 관심이 모이고 있다. '태극기'라는 이름으로 알려진 이 영웅은 실제 태극기를 모티브로 한 복장을 착용하고 있다. 마블의 프리랜서 작가인 제드 멕케이는 2월 4일(현지시간) 자신의 트위터 계정을 통해 마블 만화책 시리즈인 '태스크마스터'에서 이와 관련된 소식을 전했다. 누리꾼들은 "현지 반응이 궁금하다"며 기대된다는 반응을 보였다.

▲ 마블 코믹스 한국인 히어로 '태극기'(트위터 캡처)

@ 마블 코믹스(Marvel Comics)
슈퍼히어로물을 주로 출판하는 미국의 대표적인 코믹스 회사다. 2009년 8월 월트 디즈니 컴퍼니가 40억 달러에 모회사인 마블 엔터테인먼트를 인수하였다.

#최초의_한국인_히어로 #언젠가는_영화에서_볼지도

## "브리트니에게 자유를"...친부 후견인 논쟁

미국 뉴욕타임스가 2월 5일 다큐멘터리 '브리트니 스피어스를 프레임에 가두다(Framing Britney Spears)' 를 공개하면서 브리트니 친부에 대한 비판이 거세 다. 브리트니는 2008년 정신적 불안정의 이유로 법 원이 그의 친부를 법정 후견인으로 지정해 지금까 지 친부가 그의 수백억원대 자산을 관리하고 있다.

SNS에서 브리트니가 정상적인 삶을 살고 있고 본인이 아버지가 법정 후견인으로 있 는 것을 원치 않는 만큼 "브리트니를 자유롭게 해야 한다"는 목소리가 높아지고 있다.

**@ 후견인(後見人)**
말 그대로 뒤를 봐주는 사람으로, 피후견인의 재산관리와 신상보호 등을 주 목적으로 하는 사 람을 말한다.

#FreeBritney#불혹의_나이로_용돈이라니

## 배구 학폭 쌍둥이 이재영·이다영 무기한 출장정지

▲ 이재영(오른쪽)·이다영(자 료: 흥국생명)

쌍둥이 배구 스타 이재영·이다 영이 '학교폭력' 과거로 중징계 를 받으며 국가대표팀과 소속 팀에서 쫓겨났다. 소속 구단인 흥국생명은 앞서 이재영·이다 영 자매에게 '무기한 출전정지' 징계를 내렸고, 방송가도 즉각 조치에 나섰다. 배구협회 역시

'국가대표 선수로서의 부적격한 행동에 대해 일벌백계한다' 는 차원에서 두 자매의 국가대표 자격을 무기한 박탈시켰 다.

**@ 일벌백계(一罰百戒)**
한 사람 또는 한 가지 죄에 대해 강한 벌을 내림으로써 주위 모든 사람에게 경각심을 불러일으킨다는 뜻이다.

#스포츠_학폭_논란#태극마크_아웃

· 페이스북
facebook.com/
eduwillnet

페이스북에서 이벤트도 참여하세요.

· 에듀윌 도서몰
book.eduwill.net

· 시사상식 App
에듀윌 시사상식

구글 플레이스토어 or 애플 앱스토어에서 에듀윌 시사상식을 검색하세요.

Cover Story와 분야별 최신상식에 나온 중요 키워드를 떠올려보세요.

**01** 미얀마 민주화의 상징이자 1991년 노벨평화상을 수상한 인물은? p.7

**02** 헌정사상 처음으로 탄핵소추된 법관은? p.13

**03** 강력한 자력으로 컴퓨터 하드디스크의 모든 데이터를 삭제하는 기술은? p.16

**04** 아프리카 반투어에서 유래한 말로, 사람들 간의 관계와 헌신을 중시하는 아프리카 전통 윤리 사상이자 평화운동의 사상적 뿌리를 일컫는 말은? p.19

**05** 요주의 인물들의 명단을 말하며, 흔히 수사 기관 따위에서 위험인물의 동태를 파악하기 위하여 작성하는 명단을 일컫는 말은? p.28

**06** 법률이나 각종 규제가 일정 기간이 지나면 자동으로 효력이 사라지도록 한 제도는? p.34

**07** 금융기관과 통신사, 병원 등이 보유한 자신의 개인정보를 개인이 직접 제3의 업체에 전달해 새로운 서비스를 받을 수 있도록 한 정부의 시범 사업은? p.40

**08** 대법원이 원심판결을 파기하고 이를 다시 심판시키기 위해 원심법원에 되돌려 보내는 것은? p.44

**09** 근로계약이 아닌 위임계약 또는 도급계약에 의거하여 노무를 제공하고 실적에 따라 수당을 받는 개인사업자를 일컫는 말은?     p.50

**10** 조 바이든 미국 대통령의 경제전략으로, 미국 정부의 자국 물자를 우선적으로 구매하는 보호무역주의 정책은?     p.57

**11** 한국 영화를 대상으로 하는 영화상으로, 1963년부터 조선일보가 한국 영화의 진흥과 대중문화 발전을 위해 개최한 시상식은?     p.85

**12** 고객들에게 비합리적 구매를 유도하는 상술을 일컫는 말은?     p.90

**13** 미국영화연구소(AFI)가 선정하는 '2020 올해의 영화'에 이름을 올렸으며, 골든글로브 외국어영화상 후보에 오른 영화 제목은?     p.98

**14** 사진이나 동영상을 업로드하는 다른 소셜 미디어와는 달리 실시간 음성 언어를 기반으로 해 최근 인기를 끈 소셜미디어 어플리케이션 이름은?     p.119

## 정답

01 아웅산 수치    02 임성근    03 디가우징    04 우분투    05 블랙리스트    06 일몰제    07 마이데이터    08 파기환송
09 특수고용직 노동자(특고)    10 바이 아메리칸(Buy American)    11 청룡영화상    12 다크 넛지    13 미나리
14 클럽하우스

기회가 있다고 믿는 사람은 반드시 기회를 붙들고
기회가 없다고 생각하는 사람은 눈앞의 기회도 놓칩니다.


기회는 오고 가는 것이 아니라 내가 눈 뜨는 것입니다.


– 조정민, 『고난이 선물이다』, 두란노

# 에듀윌 취업, 대기업, 금융, 제약 취업인강 "역대급 최저가로 부담 없이 합격"

종합교육기업 에듀윌(대표 박명규) 취업이 대기업, 금융권과 제약사 취업 인강을 역대급 최저가로 부담 없이 공부할 수 있는 '0원 환급패스'를 내놨다.

에듀윌 취업 단독 특전으로 대기업, 금융권, 제약 및 바이오 기업의 공채 및 수시 채용에 모두 대비할 수 있으며, 자소서 등 서류 전형과 필기 인적성 그리고 면접까지 모든 채용 전형을 한 번에 준비할 수 있도록 구성했다. 여기에 GSAT 및 NCS 모의고사 2종까지 추가 제공해 남다른 혜택을 자랑한다. 한국사, 한국어, 컴퓨터활용능력과 상식까지 자격증강의 4종도 받아볼 수 있다.

에듀윌 취업의 대기업+금융+제약 취업 강좌 중 가장 대표적인 게 바로 '365일 0원 환급패스'다. 해당 미션 달성 시, 최고 수강료 200%를 현금으로 환급해준다. 출석 또는 합격 미션 중 1개만 만족해도 수강료를 100% 되돌려주고, 출석과 합격 모두 만족할 경우에는 수강료 200%를 환급받을 수 있다.

에듀윌 취업 관계자는 "2021년 채용 키워드는 경력, 수시, 온라인으로 이제 취업은 정기 공채 방식이 아닌, 상시로 취준생 본인에 맞춰 준비해야

한다"며, "365일 0원 환급패스 하나로 1년간 최신 강좌를 무제한 수강 가능하고, 출석 미션 달성 및 합격할 경우, 역대급 수강료로 취업 준비기 기능하다"고 강조했다.

에듀윌 취업은 수강생 전원에게 삼성 GSAT 온라인 모의고사 5회분과 주요 기업 분석 자료집 그리고 1 : 1 스펙 진단을 위한 온라인 평가를 제공한다. 더불어, 공기업 NCS 강좌도 받아볼 수 있다.

우수 후기를 작성하면, 10만원 신세계 상품권을 증정하는 에듀윌 취업 '대기업+금융+제약' 취업인강 '0원 환급패스'에 대한 수강 신청 및 보다 자세한 내용은 에듀윌 취업 홈페이지에서 확인할 수 있다.

한편, 에듀윌은 세 번의 대통령상 수상을 비롯, 정부기관상 13관왕에 빛나는 종합교육기업이다. 한국리서치 공무원 선호도, 인지도 조사 결과 1위에 올랐으며, 한국의 기네스북 KRI 한국기록원에 공인중개사 최다 합격자 배출 기록을 세 번 공식 인증받았다. 이와 같은 업계 유일 '합격자 수 최고 기록'은 아무도 깨지 못한 기록이다.

▼ 최근 출판된 에듀윌 자격증·공무원·취업 교재에 수록된 문제를 제공합니다.

## 01 〈보기〉의 빈칸에 들어갈 숫자는?

> **보기**
>
> 기획재정부는 지난해 입법예고한 국가재정법 개정안에 따라 2025년부터 국가채무비율을 국내총생산(GDP) 대비 ( ㉠ )% 이내, 통합재정수지는 GDP 대비 ( ㉡ )% 이내로 관리하는 재정준칙을 도입하기로 했다.

| | ㉠ | ㉡ | | ㉠ | ㉡ |
|---|---|---|---|---|---|
| ① | 40 | −7 | ② | 50 | −5 |
| ③ | 60 | −3 | ④ | 70 | −1 |

**해설** 2025년부터 도입할 재정준칙은 국가채무비율을 국내총생산(GDP) 대비 60% 이내, 통합재정수지는 GDP 대비 −3% 이내로 관리하되, 국가채무비율을 60%로 나눈 수치와 통합재정수지를 −3%로 나눈 수치를 곱한 값이 1을 넘지 않도록 한도를 설정했다.

## 문 대통령 "자영업자 손실보상제 검토"

문재인 대통령은 1월 25일 "정부의 방역조치에 따라 영업이 제한되거나 금지되는 소상공인 자영업자에 대해 재정이 감당할 수 있는 일정 범위에서 손실보상을 제도화할 수 있는 방안을 관련 부처와 당정이 검토해달라"고 말했다. 여당이 코로나19로 인한 자영업자들의 피해 보상을 위해 추진 중인 손실보상제 법제화에 힘을 실은 것이다.

문 대통령의 이 같은 발언은 최근 자영업자 손실보상제를 둘러싸고 기획재정부와 여당 간 견해가 충돌하며 국정에 부담이 됐다는 판단에서 나온 것으로 보인다. 여당은 협력이익공유법, 사회연대기금법, 손실보상법을 묶어 상생연대 3법으로 명명하고 입법을 추진하기로 했으나 홍남기 기획재정부 장관은 재정건전성을 우려해 부정적인 입장이었다.

**정답** ③

## 02 피해자 또는 기타 법률이 정한 자의 고소·고발이 있어야 공소할 수 있는 범죄는?

① 친고죄
② 반의사불벌죄
③ 반의사불론죄
④ 해제조건부 범죄

**해설** '친고죄'에 대한 설명이다. 형법상 사자(死者) 명예훼손죄, 모욕죄, 비밀침해죄, 업무상비밀누설죄, 친족 간 권리행사방해죄 등이 친고죄에 해당한다. ②반의사불벌죄는 피해자의 고소가 없어도 수사기관이 수사해서 재판을 받게 하는 등 처벌할 수 있는 죄이지만, 그 과정에서 피해자가 처벌을 원치 않는다는 의사표시를 표명할 경우 처벌을 못하는 것이다. ③반의사불론죄, ④해제조건부 범죄는 반의사불벌죄를 다르게 부르는 말이다.

## 김종철 정의당 대표 성추행으로 사퇴

김종철 정의당 대표가 지난 1월 25일 성추행으로 당 대표직에서 사퇴했다. 배복주 정의당 부대표는 이날 국회에서 "지난 1월 15일 김종철 대표의 성추행 사건이 발생했다. 피해자는 당 소속 국회의원 장혜영 의원"이라고 밝혔다. 정의당은 이날 대표단 회의에서 김 대표에 대한 당 징계절차인 중앙당기위원회 제소를 결정하고, 당규에 따라 직위해제했다.

정의당은 가해자인 김 대표가 모든 사실을 인정해 추가 조사는 더 이상 필요하지 않다는 결론을 내렸다. 그러나 한 시민단체가 김 전 대표를 경찰에 고발하며 해당 사건은 수사와 재판으로 진행될 가능성이 커졌다. 성범죄는 친고죄가 아니기 때문에 피해자가 아닌 제3자의 고발이 있어도 수사를 개시할 수 있다.

**정답** ①

＊한 달 동안 세상을 뜨겁게 달구었던 시사 이슈를 핵심 문제에 담았습니다.

## 03 고위공직자범죄수사처의 초대 처장은?

① 김진욱
② 권동주
③ 이건리
④ 전현정

**해설** 고위공직자범죄수사처(공수처)의 초대 처장은 김진욱이다. 문재인 대통령은 지난 1월 21일 김 처장에게 임명장을 수여했다. 한편, 고위공직자 및 그 가족의 비리를 중점적으로 수사·기소하는 독립기관인 공수처는 1996년 당시 야당이었던 새정치국민회의(현 더불어민주당)가 발의한 부패방지법에서 처음 언급된 이후 25년 만에 공식 출범하게 됐다.

### 25년 산통 끝에 '공수처' 공식 출범

▲ 문재인 대통령이 김진욱 초대 공수처장에게 임명장을 수여하고 있다. (자료 : 청와대)

문재인 대통령이 지난 1월 21일 오전 김진욱 고위공직자범죄수사처(공수처) 초대 처장에게 임명장을 수여했다. 이는 전날 국회 법제사법위원회가 전체회의에서 김 처장에 대한 인사청문 경과보고서를 채택한 데 따른 것으로, 김 처장은 이날부터 3년간의 임기를 시작했다.

이로써 25년 산통을 겪은 공수처가 공식적으로 출범했다. 공수처는 1월 21일 오후 현판식을 열고 업무를 시작했다. 한편, 공수처는 수사권과 기소권을 동시에 부여받은 권력형 비리 전담 기구로, 자의적인 수사·기소권 행사로 많은 논란이 되어온 검찰의 기소 독점 체제를 허무는 데 헌정사적 의미가 있다.

**정답** ①

## 04 GDP에 대한 설명으로 옳은 것은?

① 자가 주택이 제공하는 주거서비스는 GDP에 포함되지 않는다.
② 아내가 가족을 위해 제공하는 식사는 GDP에 포함되지 않는다.
③ 공해, 환경오염 등을 발생한 손실은 GDP에 영향을 미친다.
④ A와 B가 서로의 아이를 돌봐주고 각각 임금을 상대방에게 지불한 경우, A와 B 중 한 사람의 임금만 GDP에 포함된다.

**해설** GDP란 국내에서 생산된 모든 최종생산물의 시장가치의 합계를 말한다. 아내가 가족을 위해 제공하는 식사는 주부의 가사노동이기에 GDP에 포함되지 않는다.
① 자가 주택이 제공하는 주거서비스(귀속임대료)는 GDP에 포함된다.
③ 공해, 환경오염 등은 GDP 추산 시 고려하지 않는다.
④ A, B 모두 요소소득이 발생했으므로, A와 B의 임금은 모두 GDP에 포함된다.

### 작년 경제 외환위기 후 첫 역성장

코로나19가 전 세계를 덮친 지난해 한국 경제가 외환위기 이후 처음으로 역성장(-1.0%)을 기록했다. 역성장은 외환위기 당시였던 1998년(-5.1%) 이후 22년 만이다. 1980년(-1.6%)을 포함하면 역대 세 번째 역성장이다. 그러나 청와대는 "경제규모 10위권 내 선진국들이 -3%에서 -10% 이상 역성장이 예상되는 것에 비하면 최상위권의 성장 실적"이라고 평가했다.

홍남기 경제부총리는 이날 페이스북을 통해 "선진국들보다 역성장 폭이 훨씬 작아 우리 경제가 위기에 강한 경제임을 다시 입증한 결과"라고 말했다. 강민석 청와대 대변인은 "오늘 발표치는 세 번에 걸친 코로나 팬데믹 상황에서 온 국민이 일상의 희생을 감내하면서 올린 값진 '성과'임을 감안해 달라"고 당부했다.

**정답** ②

## 05 국가인권위원회에 대한 설명으로 옳지 않은 것은?

① 2021년 1월 기준 인권위원장은 최영애이다.
② 입법·사법·행정에 소속되지 않는 독립기구이다.
③ 수사기관의 인권침해와 차별행위에 대한 진정접수 및 진정조사 등이 주요 업무다.
④ 수사기관이 수사를 종결한 사건도 인권위가 조사할 수 있다.

**해설** 국가인권위원회는 수사기관이 수사 중이거나 수사를 종결한 사건에 대해서는 조사가 금지되어 있다. 이러한 사실은 인권위의 한계점으로 지적된다.

### 인권위, '박원순 행동 성희롱에 해당한다' 결론

지난 1월 25일 국가인권위원회는 고(故) 박원순 전 서울시장 성추행 의혹과 관련해, 박전 시장이 피해자에게 한 성적 언동 일부를 사실로 인정하며 성희롱에 해당한다고 판단했다. 인권위는 이날 전원위원회를 열고 박 전 시장 성희롱 등 직권조사 결과보고 안건을 상정해 심의한 결과 서울시와 여성가족부, 대한민국시도지사협의회에 관련 제도 개선을 권고하기로 의결했다.

인권위의 이 같은 판단에 더불어민주당은 "고(故) 박원순 전 서울시장의 행위가 성희롱에 해당한다는 국가인권위원회의 판단을 존중한다"고 밝혔다. 서울시도 이번 사건의 책임 있는 주체로서 인권위의 판단을 겸허히 받아들이겠다고 입장을 밝혔다.

**정답** ④

## 06 올해 설 명절 기준 청탁금지법상 농축수산물 선물 가액 한도는?

① 5만원
② 10만원
③ 20만원
④ 40만원

**해설** 정부가 지난 추석에 이어 올해 설 명절에도 농축수산물에 한해 청탁금지법상 선물 가액 한도를 기존 10만원에서 20만원으로 상향했다.

### 설 명절 '농축수산물 선물 한도' 상향

정부가 설 명절을 맞아 농축수산물에 한해 청탁금지법상 선물 가액 한도를 높이기로 했다. 1월 19일 국민권익위원회와 농림축산식품부, 해양수산부는 정부서울청사에서 '청탁금지법 시행령 개정 및 농수산물 소비촉진 방안'을 발표했다. 설 명절 농축수산 선물 가액을 기존 10만원에서 20만원으로 상향하고, 소비확대를 위한 각종 행사 계획을 내놨다.

정부는 이번 시행령 개정이 한시적이라는 점을 강조했다. 코로나19 장기화로 인한 강도 높은 사회적 거리두기 등으로 사회·경제적 어려움이 누적됨에 따라 범정부적 민생대책의 일환으로 부득이하게 취해진 조치라는 것이다. 문성혁 해수부 장관은 "이번 설에는 코로나19로 고향을 찾지 못하는 아쉬운 마음을 우리 농수산물로 대신 전할 수 있기를 바란다"고 말했다.

**정답** ③

## 07 특수형태근로종사자로 분류된 직종이 아닌 것은?

① 방송작가
② 택배기사
③ 방문교사
④ 골프장 캐디

**해설** 특수형태근로종사자(특고)는 계약의 형식과 관계없이 근로자와 유사하게 노무를 제공함에도 근로기준법 등이 적용되지 않아 업무상 재해로부터 보호할 필요가 있는 사람을 말한다. 특고로 분류된 직종은 ▲보험설계사 ▲건설기계조종사 ▲골프장 캐디 ▲학습지교사 ▲택배기사 ▲퀵서비스기사(전속) ▲대출모집인 ▲신용카드모집인 ▲대리운전기사(전속)가 있고, 2020년 7월 1일 이후 ▲방문판매원 ▲대여제품 방문점검원 ▲방문교사 ▲가전제품 설치기사 ▲화물차주가 추가로 포함되어 총 14개의 직종이다.

### 택배회사가 분류작업 책임...심야배송 제한

택배업계 노사가 택배 노동자 과로사 방지를 위한 분류작업 책임 문제 등에 대해 최종 합의했다. 합의문은 택배 분류작업에 대한 책임이 택배업체에 있다는 점을 명확히 했다. 이 밖에 근로환경 개선을 위한 내용이 대거 포함됐다. 택배 노동자의 작업시간을 주 최대 60시간·일 최대 12시간을 목표로 하고, 불가피한 사유를 제외하고는 오후 9시 이후 심야 배송이 제한된다.

택배 노사가 분류작업을 택배사의 책임으로 명시한 사회적 합의를 한 지 6일 만에 민주노총 전국택배노조가 다시 총파업에 나서기로 했다. 노조는 택배사와의 사회적 합의 이후에도 택배 현장이 달라지지 않았다고 주장하며 택배사들이 일방적으로 사회적 합의를 파기했다고 규탄했다.

**정답** ①

## 08 다음 중 2020년 공공기관으로 지정된 기관이 아닌 것은?

① 한국수목원관리원
② 한국원자력환경공단
③ 한국등산·트래킹지원센터
④ 사단법인 한국산학연협회

**해설** 사단법인 한국산학연협회는 2019년 공공기관으로 지정됐다가, 2020년 한국형수치예보모델개발사업단, 의료법인 한전의료재단 한일병원과 더불어 지정 해제됐다.

### 공공기관, 승진심사 때 군 경력 가산점 안 준다

▲ 홍남기 기획재정부 장관

앞으로 공공기관 재직자들이 군 복무를 이행하더라도 승진 심사 때 가산점을 받지 못하게 된다. 1월 25일 정부 등에 따르면 기획재정부는 최근 국내 공기업과 공공기관 등에 '군 경력이 포함되는 호봉을 기준으로 승진 자격을 정하지 말라'는 내용의 인사제도 개선 공문을 발송했다. 이번 지침이 반영된 곳은 36개 공기업, 95개 준정부 기관, 209개 기타 공공기관 등 모든 공공기관이다.

기재부의 이번 조치는 근로자의 교육·배치 및 승진에서 남녀를 차별해서는 안 된다는 '남녀고용평등과 일·가정 양립 지원에 관한 법률' 제10조에 따라 이뤄졌다. 또 동일한 학력의 소유자를 동일한 채용조건과 절차에 의해 채용했음에도 승진에 있어 군 복무기간만큼 승진 기간을 단축해 승진에 불이익을 초래한다면 이는 합리성이 결여된 차별이라는 고용부 유권 해석도 반영했다.

**정답** ④

## 09 2021년 1월 기준 교육부 장관은?

① 유은혜
② 정종철
③ 홍남기
④ 박양우

### 교육부 "개학 연기 없다... 유아·초등 저학년 등교수업 확대"

유은혜 사회부총리 겸 교육부 장관은 1월 26일 정부세종청사에서 '2021년 업무계획'을 발표하며 "사회적 요구와 발달 단계 등을 종합적으로 고려해 유아와 초등 저학년, 특수학교(급) 학생 등이 우선적으로 등교할 수 있도록 지원하겠다"고 밝혔다. 지난해처럼 3월 개학이 연기되는 일도 없을 것이라는 입장이다.

교육부는 초등 저학년의 과밀학급을 해소하기 위해 기간제 교사 2000명을 투입하기로 했다. 그러나 초등 고학년과 중·고등학교의 교실 수업 여건이 개선되기 어렵고, 부족한 교사 수를 기간제 교사로 채운다는 점에서 한계도 지적된다.

**해설** 유은혜는 2021년 1월 기준 사회부총리 겸 교육부 장관이다. 정종철은 현 교육부 차관이며, 홍남기는 경제부총리 겸 기획재정부 장관이다.

**정답** ①

## 10 조 바이든은 미국의 몇 대 대통령인가?

① 제44대
② 제45대
③ 제46대
④ 제47대

### 바이든, 미국 대통령 취임...새로운 리더십 공언

▲ 조 바이든 미국 대통령

지난 1월 20일(현지시간) 조 바이든 미국 대통령이 제46대 미국 대통령에 취임하며 '바이든 시대'의 막을 올렸다. 78세로 역대 최고령 취임 대통령인 바이든 대통령은 상원의원 36년, 부통령 8년을 지낸 화려한 경력의 정치인으로, 세 번째 도전 끝에 미국의 대통령 자리를 차지했다.

도널드 트럼프 전 미국 대통령과 정책과 노선에서 대척점에 선 바이든 대통령은 전임 행정부와의 철저한 단절 속에서 새로운 리더십을 공언했다. 이에 따라 국제사회 질서에도 큰 변화가 일어날 전망이다. 한편, 바이든 대통령은 이날 낮 워싱턴DC 연방의사당에 마련된 야외무대에서 취임선서와 취임사를 하고 대통령직 업무를 곧바로 개시했다.

**해설** 조 바이든 미국 대통령은 미국의 제46대 대통령이다. 제45대는 도널드 트럼프, 제44대는 버락 오바마, 제43대는 조지 W. 부시, 제42대는 빌 클린턴이다. 한편, 미국의 제1대 대통령은 조지 워싱턴이다.

**정답** ③

## 11 강력한 독극물 중 하나로 러시아 폴리안트 프로그램으로 개발된 제4세대 생화학 무기는?

① 사린
② VX
③ 노비촉
④ 루이사이트

### 나발니 폭로로 러시아 시위 격화

▲ 러시아 야권 운동가 알렉세이 나발니

블라디미르 푸틴 러시아 대통령의 최대 정적이자 수감 중인 러시아 야권 운동가인 알렉세이 나발니가 푸틴 대통령이 러시아 남부 흑해 연안에 1조4000억원대 비밀 궁전을 갖고 있다고 폭로했다. 지난해 8월 러시아 정보기관의 독극물(노비촉) 테러를 이겨내고 극적으로 살아난 나발니는 독일에서 치료받고 1월 17일 모스크바로 귀국하자마자 체포됐다.

체포 상태인 나발니는 자신이 이끄는 반부패재단을 통해 1월 19일 유튜브에 113분짜리 영상과 함께 푸틴 대통령의 비밀 궁전에 대한 조사 보고서를 공개했다. 러시아 전역에 번져있던 '나발니 석방' 시위가 나발니의 폭로에 반정부 시위로 번지는 모양을 보이며 푸틴 대통령에게 위협이 될 수 있다는 분석이 나오고 있다.

**정답** ③

**해설** '노비촉'에 대한 설명이다. 러시아어로 '새로운 자'라는 뜻을 가진 노비촉은 구소련에서 '폴리안트(Foliant)' 프로그램을 통해 개발된 제4세대 생화학 무기로, 생화학 무기 중 가장 강력한 독극물 중 하나로 손꼽힌다.

## 12 유럽중앙은행(ECB) 총재는?

① 데이비드 맬패스
② 안토니우 구테헤스
③ 크리스틴 라가르드
④ 크리스탈리나 게오르기에바

### ECB, 기준금리 동결…"유로존 더블딥 가능성"

▲ 크리스틴 라가르드 유럽중앙은행(ECB) 총재

유럽중앙은행(ECB)이 1월 21일 기준금리를 0%로 동결했다. 지난해 12월 확대한 통화정책 완화조치를 지속하기로 한 것이다. ECB는 이날 통화정책 결정문에서 "통화정책회의는 물가상승률이 지속해서 목표한 균형치에 다가갈 수 있도록 모든 적절한 수단을 동원할 준비가 돼 있다"고 밝혔다.

크리스틴 라가르드 ECB 총재는 이날 통화정책회의 후 기자들에게 "팬데믹(세계적 대유행)의 심화로 단기 경제전망에 하방위험이 제기될 것"이라고 밝혔다. 라가르드 총재는 이어 유로존 경제가 지난해 말 마이너스 성장을 했을 것으로 예상하면서 더블딥(double dip：침체되었던 경기가 잠시 회복되는 듯하다가 다시 침체되는 상태) 가능성을 시사했다.

**정답** ③

**해설** 현 유럽중앙은행(ECB) 총재는 크리스틴 라가르드이다. ① 데이비드 맬패스는 세계은행 총재이며, ②안토니우 구테헤스는 국제연합(UN) 사무총장, ④크리스탈리나 게오르기에바는 국제통화기금(IMF) 총재다.

**13** 우주기업 스페이스X에서 개발했고 재사용이 가능한 우주 로켓은?

① 팰컨9
② 델타IV
③ 아리안5
④ 아틀라스V

해설 스페이스X는 전기차 기업 테슬라의 창업자이기도 한 일론 머스크가 세운 민간 우주기업으로서 우주 개발 역사상 최초로 재사용이 가능한 로켓 팰컨(Falcon)9을 개발했다. 팰컨9은 높은 효율성으로 로켓 발사 비용을 크게 줄이는 데 기여했다. 팰컨9의 9는 1단에 사용되는 엔진 개수가 9개라는 뜻이다.

### 스페이스X, 143개 위성 쏘아 올렸다

미국 민간 우주기업 스페이스X가 팰컨9 로켓에 위성 143개를 실어 쏘아 올리고 지구 500km 상공의 궤도에 배치하는 데 성공했다. 단일 로켓으로 가장 많은 위성을 배치한 신기록이다. 기존 최고 기록은 인도 로켓 PSLV가 2017년 104개 위성을 쏘아 올린 것이다.

▲ 팰컨9 발사 장면

'트랜스포터-1'으로 명명된 이번 임무에서 팰컨9는 스페이스X의 위성 인터넷용 스타링크 전용 위성 10개, 위성사진 업체 플래닛 48개 등 다양한 업체와 우주기관들의 소형 위성을 지구 궤도로 쏘아 올렸다. 스페이스X는 2019년부터 팰컨X 로켓을 통해 소형 위성을 정기적으로 운송하는 서비스를 시작하겠다고 발표했고 트랜스포터-1은 이 계획을 시행한 것이다.

정답 ①

**14** 미국영화연구소가 선정하는 2020년 올해의 영화에 선정됐으며, 전미 비평가위원회에서 각본상을 받은 한국 영화는?

① 소울
② 미나리
③ 기생충
④ 작은 아씨들

해설 정이삭 감독의 영화 '미나리'는 1월 26일 미국영화연구소가 선정하는 2020년 올해의 영화에 이름을 올렸으며, 다음 날 전미 비평가위원회로부터 각본상과 여우조연상을 받았다.

### '미나리' 윤여정, 전미 비평가위원회 여우조연상...22관왕 기록

배우 윤여정이 전미 비평가위원회(NBR)에서 여우조연상을 받았다. 1월 27일 배급사 판씨네마에 따르면 리 아이작 정(정이삭) 감독의 영화 '미나리'는 112년 역사를 자랑하는 전미 비평가위원회에서 여우조연상과 각본상을 받았다. 윤여정은 최근 미국 온라인 비평가협회, 노스텍사스 비평가협회 등 미국 시상식에서 연기상 22관

▲ 영화 '미나리' 포스터

왕을 기록했다.

영화 '미나리'는 미국 온라인 비평가협회 외국어영화상, 뉴욕 온라인 비평가협회 작품상·외국어영화상, 노스텍사스 비평가협회 남우주연상·외국어영화상 등을 추가하며 지금까지 58관왕을 기록하고 있다. '미나리'는 전날 미국영화연구소(AFI)가 선정하는 '올해의 영화'에 이름을 올리기도 했다.

정답 ②

**15** 미국 아동 문학계에서 최고 권위를 자랑하는 상은?

① 공쿠르상

② 뉴베리상

③ 맨부커상

④ 몰리에르상

**한국계 미국인 테이 켈러,
미국 최고 아동 문학상 수상**

▲ 테이 켈러 (테이 켈러 홈
페이지 캡처)

한국계 미국인 작가가 미국 아동 문학계에서 최고 권위를 자랑하는 상인 '뉴베리상'을 수상했다. 지난 1월 25일(현지시간) 미국도서관협회는 지난해 출간된 아동·청소년 도서 중 가장 우수한 작품을 분야별로 선정해 소개하면서 켈러가 쓴 '호랑이를 잡을 때(When You Trap a Tiger)'를 '2021 뉴베리 메달' 수상작으로 발표했다.

뉴베리상은 1921년 처음 제정돼 이듬해부터 수상자를 내고 있으며, '아동·청소년 도서계의 노벨상'으로 불리는 권위 있는 상이다. 뉴베리상 100번째 수상자가 된 켈러는 어릴 적 외할머니에게 들은 한국 전래동화에서 영감을 받아 해당 장편 동화책을 쓴 것으로 알려졌다.

**해설** '뉴베리상'(Newbery awards)은 매년 미국 아동 문학 발전에 가장 크게 이바지한 작가에게 수여하는 아동 문학상이다. 미국도서관협회가 주관하며, 수상 작가에게 메달이 주어져 '뉴베리 메달'로도 불린다. 대상은 소설·시집·논픽션 등이며, 미국 시민이나 미국에 거주하는 사람의 작품에 한한다. ①공쿠르상과 ③맨부커상은 각각 프랑스와 영국의 권위 있는 문학상이며, ④몰리에르상은 프랑스의 연극상이다.

**정답** ②

**16** 현재 김연경의 소속 구단은?

① 현대건설

② 흥국생명

③ GS 칼텍스

④ KGC인삼공사

**11년 만에 국내 복귀한 김연경,
프로배구 올스타 최다 득표**

▲ 김연경

11년 만에 한국프로배구 V리그로 복귀한 배구 여제 김연경이 가장 많은 득표를 받으며 올스타에 선정됐다. 한국배구연맹(KOVO)은 지난 1월 26일 프로배구 '도드람 2020–2021 V리그' 올스타 팬 투표 결과를 공개했다. 투표 결과 남녀 최다 득표자는 흥국생명 핑크스파이더스의 레프트 김연경이었다.

1월 15일부터 25일까지 11일간 KOVO 홈페이지에서 진행된 온라인 팬 투표에서 김연경은 총 8만2115표를 얻었다. 김연경은 여자부는 물론이고, 남자부를 합해도 가장 높은 지지를 받았다. 한편, 남자부 최다 득표자는 한국전력 센터 신영석이었다. 신영석은 총 7만5824표를 획득했다.

**해설** 김연경은 현재 '흥국생명 핑크스파이더스'에 소속돼 있다. 여자 배구계의 글로벌 스타인 김연경은 지난해 11년 만에 국내 프로배구 V리그로 복귀해 흥국생명 배구단에 입단했다.

**정답** ②

부천시시설관리공단/CJ/제주MBC/경인일보

**01** '농작물에 이슬이 내리고 가을 기운이 완연해지는
때'는 24절기 가운데 언제인가?

① 한로
② 백로
③ 처서
④ 상강

**해설** '이슬이 내리고 가을 기운이 완연해지는 때'
는 가을의 3번째 절기에 해당하는 '백로(白
露)'다.
① 한로 : 가을의 5번째 절기. 공기가 차츰
선선해짐에 따라 이슬이 찬 공기를 만나
서리로 변하기 직전의 시기
③ 처서 : 가을의 2번째 절기. 여름이 지나면
더위도 가시고 신선한 가을을 맞이함
④ 상강 : 가을의 6번째 절기. 서리가 내리는
시기

**정답** ②

한국보훈복지의료공단/한국공항공사/국민은행/중앙일보/MBC

**02** 우리나라 최초로 연호를 사용한 왕은?

① 장수왕
② 유리왕
③ 세종대왕
④ 광개토대왕

**해설** 우리나라 최초로 연호를 사용한 왕은 광개
토 대왕으로, '영락'이라는 연호를 사용했다.

**정답** ④

SBS

**03** 우리나라 최초의 국한문혼용 기행문은?

① 관동별곡
② 연행가
③ 서유견문
④ 무오연행록

**해설** 유길준(俞吉濬)의 『서유견문』은 우리나라 최
초로 국한문 혼용체를 사용한 기행문이다.

**정답** ③

＊제공된 문제는 2020 에듀윌 **多통하는 일반상식**에서 발췌했습니다.

한국산업인력공단/장애인고용공단

**04** **다음 중 미국 브로드웨이의 연극상은?**

① 그래미상

② 에미상

③ 오스카상

④ 토니상

> **해설** 토니상(Tony Awards)은 1947년에 브로드웨이의 유명 여배우 앙트와네트 페리를 기념하기 위해 창설된 미국 브로드웨이의 연극상이다.
> ① 그래미상(Grammy award) : 예술과학아카데미(NARAS)가 1년간의 우수한 레코드와 앨범에 수여하는 상
> ② 에미상(Emmy awards) : 미국 최대의 프로그램 콩쿠르 상
> ③ 오스카상(Oscar Award) : 미국 최대의 영화상인 아카데미상(Academy award)을 일컫는 말
>
> **정답** ④

한국마사회/삼성/한국보훈복지의료공단/롯데

**05** **다음 중 멘델의 법칙에 해당하지 않는 것은?**

① 우열의 법칙

② 분리의 법칙

③ 보존의 법칙

④ 독립의 법칙

> **해설** 멘델의 법칙에는 우열의 법칙, 분리의 법칙, 독립의 법칙이 있다.
>
> **정답** ③

경기신용보증재단/YTN/광주은행

**06** **기소유예에 관한 설명 중 옳지 않은 것은?**

① 범죄를 저지른 사람에 대하여 공소를 제기하지 않는 검사의 처분을 말한다.

② 검사가 기소유예처분을 내린 사건이라도 언제든지 다시 공소를 제기할 수 있다.

③ 검사는 범인의 연령, 성행, 범행 후의 정황을 참작하여 공소를 제기하지 아니할 수 있다.

④ 기소유예를 인정하는 입법주의를 기소법정주의라고 하며, 이에 반대되는 개념을 기소편의주의라고 한다.

> **해설** 기소유예를 인정하는 입법주의를 기소편의주의라고 하며, 이에 반대되는 개념을 기소법정주의라고 한다.
>
> **정답** ④

인천교통공사/aT한국농수산식품유통공사/헤럴드경제

**07** 선심성 공약으로 대중을 호도하여 권력을 유지·쟁취하려는 정치형태를 일컫는 말은?

① 포퓰리즘
② 쇼비니즘
③ 섀도 캐비닛
④ 필리버스터

**해설** 포퓰리즘(populism)은 대중주의, 인기영합주의 등으로도 불린다.
② 쇼비니즘(chauvinism) : 배타적·맹목적·광신적·호전적 애국주의
③ 섀도 캐비닛(shadow cabinet) : 야당에서 정권을 잡을 경우에 대비하여 각료 후보로 조직한 내각으로 '그림자 내각'이라고도 함
④ 필리버스터(filibuster) : 의회에서 고의로 합법적인 방법을 이용하여 의사진행을 방해하는 것을 일컬음

**정답** ①

NH농협/한국마사회/국민건강보험공단/기업은행/한국전력공사

**08** 시장의 통화량이 과잉 상태일 때는 중앙은행이 보유한 유가 증권을 매각하고, 시장의 통화량이 부족할 때는 시중에서 유가 증권을 매입함으로써 물가와 경기에 영향을 주는 정책은?

① 출자 총액 제한
② 공개시장 운영
③ 재할인율 조정
④ 지급준비율 조정

**해설** 중앙은행이 공개시장에 개입하여 유가 증권을 시장 가격으로 매매하거나 금융기관을 상대로 매매하는 것을 공개시장 운영이라고 하며, 이는 중앙은행의 유효한 금리 정책 수단으로 사용된다.

**정답** ②

대한주택보증/충북개발공사

**09** 기업의 상품이나 서비스를 구매하지 않으면서 혜택만 챙겨가는 소비자를 일컫는 용어는?

① 체리피커
② 안티슈머
③ 블랙컨슈머
④ 트레저헌터

**해설** 체리피커(cherry picker)란 기업의 상품이나 서비스를 구매하지는 않으면서 부가서비스 혜택을 통해 실속차리기에만 관심을 두고 있는 소비자를 말한다.
② 안티슈머(anti sumer) : 구매력은 충분하나 개인적·사회적인 이유로 소비를 회피하거나 거부하는 소비자
③ 블랙컨슈머(black consumer) : 부당한 이익을 취하고자 고의적·상습적으로 악성 민원을 제기하는 소비자
④ 트레저헌터(treasure hunter) : 정보력을 적극적으로 상품을 발굴하는 소비자

**정답** ①

KBS

**10** 한국의 유네스코 세계 유산이 아닌 것을 고르면?

① 경복궁

② 남한산성

③ 석굴암과 불국사

④ 제주 화산섬과 용암 동굴

**해설** 한국의 유네스코 세계 유산: ▲산사, 한국의 산지승원(2018) ▲백제역사유적지구(2015) ▲남한산성(2014) ▲한국의 역사마을:하회와 양동(2010) ▲조선 왕릉(2009) ▲제주 화산섬과 용암 동굴(2007) ▲경주역사지구(2000) ▲고창, 화순, 강화의 고인돌 유적(2000) ▲창덕궁(1997) ▲화성(1997) ▲해인사 장경판전(1995) ▲종묘(1995) ▲석굴암과 불국사(1995)

**정답** ①

조선일보

**11** 인류 최초의 태양 탐사선을 고르면?

① 망갈리안

② 인사이트

③ 베피콜롬보

④ 파커 솔라 프로브

**해설** 미국 항공우주국(NASA)은 인류 최초의 태양 탐사선인 '파커 솔라 프로브(parker solar probe)'를 2018년 8월 12일 쏘아 올렸다.

**정답** ④

조선일보

**12** 새로 산 자동차가 반복적으로 고장을 일으키면 제조사가 이를 의무적으로 교환·환불해야 함을 명시한 법을 고르면?

① 레몬법

② 셔먼법

③ 제조물책임법

④ 착한 사마리아인의 법

**해설** 1975년 미국 포드 대통령이 서명한 매그너슨-모슨 보증법(Magnuson-Moss warranty act), 이른바 레몬법에 대한 설명이다. 새 차가 결함을 일으키는 상황에 대해 "단맛이 나는 오렌지인 줄 알고 샀더니 신맛이 나는 레몬이었다"라고 비유하면서 이같이 불리게 됐다.

**정답** ①

## 세계일보 (2021년 1월 10일)

※ 다음을 약술하시오. (01~19)

**01** 북극진동

**02** 미국 수정헌법 25조

**03** CVID

**04** 파리기후협약

**05** RCEP

**06** 2021년 예산안(국회 통과 기준)과 최저임금 (시급 기준)

**07** PIMFY

＊기출문제는 수험생의 기억에 의해 복원된 것이므로 실제 문제와 조금 다를 수 있습니다.

## 08 섬네일

_____

_____

_____

_____

_____

## 09 알고리즘

_____

_____

_____

_____

_____

**01** 북극진동은 북극에 존재하는 차가운 공기가 주기적으로 남하하는 현상이다. 수십 일 또는 수십 년을 주기로 북극을 둘러싼 제트기류(jet stream: 대류권의 상부 또는 성층권의 하부에서, 좁은 영역에 거의 수평으로 집중하는 강한 기류)의 세력이 변동함에 따라 차가운 공기의 세력이 바뀌는 게 북극진동의 원인이다. 제트기류는 고위도와 저위도 사이에서 북극의 찬 공기가 내려오는 걸 막아주는데 제트기류가 약해지면 북극의 냉기가 흘러나와 저위도 지역에 한파가 닥친다.

**02** 미국 수정헌법 25조는 대통령의 직무 수행 불능과 승계 문제를 규정한 조항이다. 부통령이나 의회가 위원회를 설치해 대통령의 직무수행 능력을 평가하고 의학적 무능이나 심리적 불안정 등의 근거가 있으면 대통령의 직무 수행을 정지할 수 있다. 이후 권력 승계 순위에 따라 대통령직이 승계되며 승계 순위 1위는 부통령이다. 미국 민주당은 트럼프 대통령이 국회의사당 난입 사건을 선동했다며 수정헌법 25조 발동을 통해 트럼프 대통령의 직무 정지를 촉구했다.

**03** CVID는 미국이 조지 W. 부시 행정부 당시부터 유지해온 북핵 문제 관련 원칙으로서 '완전하고 검증 가능하며 돌이킬 수 없는 핵 폐기(CVID, Complete, Verifiable, Irreversible Dismantlement)'를 의미한다.

**04** 파리기후협약은 기후변화의 주범인 온실가스 배출을 줄이기 위한 기존 기후변화협약인 교토의정서의 효력이 2020년 만료됨에 따라 이를 대체하는 신기후체제로서 2021년부터 적용됐다. 산업화 이전 수준 대비 지구 평균 온도가 2도 이상 상승하지 않도록 온실가스 배출량을 단계적으로 감축하는 내용이 골자다.

**05** RCEP(Regional Comprehensive Economic Partnership)는 아시아·태평양 지역을 하나의 자유무역지대로 통합하는 자유무역협정(FTA)으로, 역내포괄적경제동반자협정이라고 한다. 아세안과 한·중·일, 호주·뉴질랜드 등이 참여했으며 작년 11월 최종 타결 및 서명이 이루어졌다. 이로써 세계 최대 규모의 자유무역지대가 성립됐다.

**06** 2021년 예산(국회 통과 기준)은 약 558조원이다. 최저임금(시급 기준)은 8720원이다.

**07** PIMFY는 수익성 있는 사업을 내 지역에 유치하겠다는 지역 이기주의 행태를 말한다. 사전적으로 "Please In My Front Yard(제발 우리 앞마당에)"라는 뜻의 줄임말이다.

**08** 섬네일은 그래픽 파일의 이미지를 줄인 견본 이미지를 말한다. 인터넷이나 스마트 기기 애플리케이션 등에서 사진이나 영상을 쉽게 알아보며 찾을 수 있도록 하기 위한 용도로 쓰인다.

**09** 알고리즘은 컴퓨터 프로그램에서 실행 명령어들의 순서를 의미한다. 넓은 의미로는 어떠한 문제를 해결하기 위해 명확히 정의·한정된 절차와 규칙의 집합을 뜻한다.

**10** OTT

**11** 데드크로스

**12** 코백스 퍼실리티

**13** KADIZ

**14** 소득 크레바스

**15** 아시타비

**16** 국회선진화법

**17** ESG

## 18  PCR 검사

_____

_____

_____

_____

_____

## 19  탄력근로제

_____

_____

_____

_____

_____

**정답**

**10** OTT(Over The Top)는 기존 통신·방송사업자 이외 제3사업자들이 온라인을 통해 드라마, 영화 등 다양한 미디어 콘텐츠를 TV, PC, 스마트폰 등에 제공하는 온라인동영상서비스 서비스를 말한다. 넷플릭스나 티빙, 웨이브 등이 대표적이다.

**11** 데드크로스는 주식 시장에서 자주 쓰이는 용어로서 단기 이동평균선이 중장기 이동평균선 아래로 떨어져 약세장으로 전환하는 신호로 해석한다.

**12** 코백스 퍼실리티는 세계보건기구(WHO)·세계백신면역연합(GAVI) 등 국제 보건 기구가 공동으로 운영하는, 백신 공동 구매·배분을 위한 국제 프로젝트다. 개발도상국 등 주도적으로 코로나19 백신을 확보하기 어려운 전 세계 국가에 코로나19 백신을 공정하게 배분하려는 목적으로 설립되었다.

**13** KADIZ는 한반도 지역으로 접근하는 비행 물체에 대한 탐지와 식별 및 적절한 조치를 위해 설정된 대한민국의 방공식별구역을 지칭한다. 방공식별구역은 자국 공군이 국가 안보의 필요성에 따라 영공의 방위를 위해 영공 외곽에 설정하는 공역으로서 타국이 침범할 경우 군사적 예방조치를 할 수 있다.

**14** 소득 크레바스는 직장에서 은퇴한 뒤 국민연금을 받을 때까지의 소득 공백기를 말한다. 크레바스는 빙하가 갈라져 생긴 틈을 말한다. 한국에서 직장인은 보통 50대 중반에 은퇴해 60대에 연금을 받을 때까지 5년 정도의 소득 크레바스 기간이 발생하는데, 노후 준비가 부족한 은퇴자들은 생계에 위협을 받을 수 있다.

**15** 아시타비(我是他非)는 같은 일도 내가 하면 옳고 남은 그르다는 뜻으로, 이른바 내로남불(내가 하면 로맨스, 남이 하면 불륜)을 사자성어로 옮긴 신조어다. 매년 말 올해의 사자성어를 발표하는 교수신문에서 2020년의 사자성어로 아시타비를 선정했다.

**16** 국회선진화법은 지난 18대 국회에서 여야가 통과시킨 국회법 개정안으로, 여야의 극한 대립과 물리적 충돌이 빈번하자 국회 내 폭력을 예방하기 위해 만든 법이다. 핵심 내용은 법안 날치기 수단으로 악용된 국회의장의 직권상정 요건을 엄격히 제한하고 법안 신속 처리 제도인 패스트트랙 제도를 도입한 것이다. 또한 국회 내 폭력 행위에 대한 처벌을 강화했다.

**17** ESG란 환경보호(Environment)·사회공헌(Social)·윤리경영(Governance)의 줄임말로 기업이 환경보호에 앞장서고, 사회 약자 지원 등 사회공헌 활동을 하며, 법과 윤리를 철저히 준수하는 윤리경영 등을 실천해야 지속 가능한 발전을 할 수 있다는 경영 철학이다.

**18** PCR 검사는 DNA에서 원하는 부분을 복제·증폭시키는 분자생물학 기술인 중합효소 연쇄반응(PCR)을 이용한 검사다. PCR 검사는 염기 순서가 동일한 유전 물질을 선택적으로 증폭할 수 있어 여러 감염성 질환이나 유전 질환을 진단하는 데 활용된다. 코로나19 감염 표준진단법도 PCR 검사를 이용한다.

**19** 탄력근로제는 유연근무제의 일종으로 업무가 많을 때는 특정 근로일의 근무시간을 연장시키는 대신, 업무가 적을 때는 다른 근로일의 근무시간을 단축시켜 평균을 법정 근로시간인 1주 52시간 내에 맞추는 제도다. 기존 3개월 단위에서 올해부터 6개월 단위 탄력근로제가 도입돼 6개월간 1주 최대 64시간 근로가 가능해졌다.

**01** 미국 대통령 선거에 대한 설명으로 옳지 않은 것은?

① 현재 미국 부통령은 카멀라 해리스다.
② 리처드 닉슨은 대통령 재선에 성공했다.
③ 조 바이든은 59번째 미국 대통령으로 당선됐다.
④ 트럼프는 유권자 총 투표수에서 뒤졌지만 선거인단 수에서 이겨 대통령이 된 첫 사례다.

**해설** 미국 대통령 선거는 간접선거제도로 국민들이 선거인단을 선출해 대통령을 뽑는 제도를 채택하고 있다. 이로 인해 직접투표에 의한 유권자 득표에서 이기고도 선거인단 확보에서 뒤져 대선에서 패한 사례가 미국 역사상 다섯 차례나 있었다. 2016년 힐러리 클린턴 후보는 도널드 트럼프 후보보다 총 투표수에서 286만 표(약 2%p) 앞섰지만 선거인단 수에서 80명 차이로 패해 트럼프가 당선됐다. 그 이전에는 2000년 미국 대통령 선거에서 앨 고어 후보가 직접투표에서 앞섰지만, 선거인단 수에서 앞선 조지 W. 부시 후보가 대통령이 되었다.

**02** 문재인 정부 1기 내각에 포함되지 않은 사람은?

① 진영          ② 강경화
③ 김현미         ④ 박능후

**해설** 문재인 정부 1기 내각에서 행정안전부 장관은 김부겸이었고 진영은 2019년 4월 후임자로 임명됐다. 2020년 12월 이후 현재 행안부 장관은 전해철이다.

**03** 골프 경기 중 한 홀에서 기준타수보다 1타 많은 타수로 홀인하는 것은?

① 파          ② 보기
③ 버디         ④ 이글

**해설** 한 홀에서 기준타수보다 1타 많은 타수로 홀인하는 것을 보기(bogey)라고 한다.

❖ 골프 타수 용어

| 용어 | 내용 |
|------|------|
| 버디(birdie) | 한 홀에서 기준타수보다 1타 적은 타수로 홀인 |
| 이글(eagle) | 한 홀에서 기준타수보다 2타 적은 타수로 홀인 |
| 알바트로스 (albatross) | 한 홀에서 기준타수보다 3타 적은 타수로 홀인 |
| 보기(bogey) | 한 홀에서 기준타수보다 1타 많은 타수로 홀인 |
| 더블보기 (double bogey) | 한 홀에서 기준타수보다 2타 많은 타수로 홀인 |
| 트리플보기 (tripple bogey) | 한 홀에서 기준타수보다 3타 많은 타수로 홀인 |

**04** 조선 시대 붕당 정치에서 동인이 남인과 북인으로 분열된 계기는?

① 갑자사화
② 기축옥사
③ 예송논쟁
④ 기묘사화

**해설** 남인과 북인의 분열은 1589년(선조 22)에 발생한 기축옥사(己丑獄事 : 정여립 모반 사건)로 촉발되었다. 이때 정여립과 관련되었다는 혐의로 많은 인물이 희생되었다. 기축옥사는 국왕 선조가 주도했는데 북인은 정여립 모반이 조작된 것으로 생각했고 남인은 국왕에 대한 불경죄 부분을 수긍하여 북인과 남인이 분열됐다. 북인은 전제 군주를 사림의 공론으로 견제해야 한다고 생각한 반면 남인은 군주권을 가장 우위에 두었다.

## 05 〈보기〉의 빈칸에 들어갈 개념으로 적합한 것은?

> **보기**
>
> ( )(이)란 인간의 합리적, 이성적 판단 뿐만 아니라 인간의 비합리적 성격과 감정도 경제를 움직이는 요인이 될 수 있다는 것을 의미한다. 영국 경제학자인 존 케인스가 언급한 개념으로서 인간이 합리적이고 오류 없이 판단할 수 있는 존재라면 대공황이나 경제위기를 설명하기 어렵다는 인식에서 출발했다.

① 즉물적 감각
② 동물적 감각
③ 원시적 본능
④ 야성적 충동

**해설** 야성적 충동(animal spirit)에 대한 설명이다. 야성적 충동은 미래의 불확실성에 대해 동물적 감각이나 직관에 의해 과감한 투자 결정을 하는 기업을 비유할 때도 흔히 야성적 충동이라는 말이 쓰인다.

## 06 2017년 노벨 문학상 수상자의 작품이 아닌 것은?

① 파묻힌 거인
② 뉴욕 3부작
③ 남아 있는 나날
④ 나를 보내지 마

**해설** 2017년 노벨 문학상 수상자는 일본계 영국인 작가 가즈오 이시구로(Kazuo Ishiguro, 1954~)이다. 『뉴욕 3부작』은 폴 오스터의 작품이다. ①, ③, ④는 가즈오 이시구로의 장편소설이다.

## 07 베이비붐 세대 이후 1960년대 중반~1970년대 중후반 태어난 세대로서 물질적인 풍요 속에서 자기중심적 가치관을 형성한 세대는?

① Z세대  ② X세대
③ Y세대  ④ N세대

**해설** X세대는 1990년대의 20대를 가리키는 용어로서 본래 캐나다 작가인 더글러스 쿠플랜드가 1991년에 발표한 장편 소설 『X세대』에서 처음 사용된 말이다.

## 08 변창흠 국토교통부 장관이 제시한 개념으로, 개인이 공공기관에 임대료를 내며 거주하고 팔 때도 공공기관에 되팔아야 하는 주택의 명칭은?

① 행복주택
② 뉴스테이
③ 공공임대주택
④ 공공자가주택

**해설** 공공자가주택은 공공기관이 토지를 소유하고 건물만 분양한 뒤 일정 기간 토지 임대료를 저렴하게 받는 토지임대부 주택, 분양 후 개인이 집을 팔 때 반드시 공공기관에 되팔아야 하는 환매조건부 주택 두 가지를 묶은 개념이다.

**정답** 01 ④ 02 ① 03 ② 04 ② 05 ④ 06 ② 07 ② 08 ④

※ 단답형 (09~13)

**09** 유교 사상의 질서와 학문을 어지럽히는 선비를 비난하기 위해 사용한 말은?

**10** 냉전 시대 미국 외교관으로서 소련의 팽창주의 노선에 맞서 봉쇄 정책을 입안해 '냉전의 설계자'라고 불린 인물은?

**11** 1940년대 좌파 인민전선 정부와 프랑코 장군의 우파 쿠데타 세력 간에 있었던 내전으로 피카소의 그림 '게르니카'의 모티브가 된 사건은?

**12** 사우디아라비아, 이란, 쿠웨이트의 중요한 석유 운송로로서 지난 1월 이란 혁명수비대가 한국 국적 석유화학물질 운반선을 나포한 곳은?

**13** 프로 스포츠에서 한 팀에 오래 정착하지 못하고 여러 팀을 옮겨 다니는 '떠돌이 선수'를 일컫는 말은?

※ 약술형 (14~18)

**14** 딥스테이트

**15** 이노베이터스 딜레마

**16** 승어부

**17** liberal 과 libertarian

**18** PC

---

**09** 사문난적

**10** 조지 케넌

**11** 스페인 내전

**12** 호르무즈 해협

**13** 저니맨

**14** 딥스테이트란 '나라의 심부' 또는 '나라 안의 나라'라는 뜻으로, 정부 안에 깊숙이 뿌리박힌, 실체를 드러내지 않는 세력을 가정한 표현이다. 최근 미국 연방의회에 난입했던 큐어넌 등 극우 성향 트럼프 대통령 지지자들은 미 민주당이 비밀 관료 집단인 딥스테이트를 통해 사실상 국가를 통제하고 있다고 믿는다.

**15** 이노베이터스 딜레마(혁신가의 딜레마)는 시장을 선도하는 기업이 기존의 안전한 비즈니스 모델을 고수하고 새로운 기술이나 비즈니스 모델의 도입을 꺼리다가 혁신을 이루지 못해 시장에서 쇠퇴하고 후발 기업에 시장 지배력을 잠식당하는 현상을 말한다.

**16** 승어부(勝於父)는 아버지를 능가한다는 말로 청출어람과 비슷한 뜻이다. 이건희 전 삼성그룹 회장 영결식에서 한 참석자가 추도사를 통해 이건희 회장이 선친 이병철 회장을 이어 삼성그룹을 크게 발전시켰다는 의미로 "이건희 회장만큼 승어부한 인물을 본 적이 없다"고 말해 회자됐다.

**17** 리버럴(liberal)은 본래 개인의 자유와 법치주의를 존중하는 고전적 자유주의를 의미하며 최근에는 미국 보수주의 정치 세력과 대척하는 진보 성향 세력을 지칭하기도 한다. 리버테리언(libertarian)은 급진적 자유주의, 자유지상주의로서 자유주의와 달리 국가 권력에 회의적이고 정부의 개입을 인정하지 않는 무정부주의에 가깝다.

**18** PC는 '정치적 올바름(Political Correctness)'의 줄임말로서, 말의 표현이나 용어의 사용에서 인종·민족·종족·종교·성차별 등의 편견이 포함되지 않도록 하자는 주장을 일컫는다. 특히 다민족국가인 미국 등에서 정치적인 관점에서 차별·편견을 없애는 것이 올바르다고 하는 의미에서 사용하게 된 용어이다.

## 01 다음 상황이 나타난 시기를 연표에서 옳게 고른 것은?

> 흑치상지가 좌우의 10여 명과 함께 [적을] 피해 본부로 돌아가 흩어진 자들을 모아 임존산(任存山)을 지켰다. 목책을 쌓고 굳게 지키니 열흘 만에 귀부한 자가 3만여 명이었다. 소정방이 병사를 보내 공격하였는데, 흑치상지가 죽음을 두려워하지 않고 막아 싸우니 그 군대가 패하였다. 흑치상지가 본국의 2백여 성을 수복하니 소정방이 토벌할 수 없어서 돌아갔다.

| 612 | 618 | 645 | 660 | 676 | 698 |
|---|---|---|---|---|---|
| (가) | (나) | (다) | (라) | (마) | |
| 살수<br>대첩 | 당<br>건국 | 안시성<br>전투 | 황산벌<br>전투 | 기벌포<br>전투 | 발해<br>건국 |

① (가)   ② (나)   ③ (다)   ④ (라)   ⑤ (마)

**해설** 자료에서 흑치상지가 임존산(임존성)에서 목책을 쌓고 소정방 등에 맞서 싸웠다는 것을 통해 백제 부흥 운동 시기(660~663)의 사실임을 알 수 있다. 흑치상지는 백제 부흥 운동을 주도한 대표적인 인물이다.

④ 황산벌 전투는 백제가 멸망하기 전 계백이 결사대를 이끌고 신라군에 맞서 싸운 전투이다. 백제는 660년에 멸망하였고, 그 후 유민들이 백제 부흥 운동을 전개하였다.

## 02 (가) 제도에 대한 설명으로 옳은 것은?

> 설계두는 신라 귀족 가문의 자손이다. 일찍이 가까운 친구 4명과 함께 모여 술을 마시면서 각자 자신의 뜻을 말하였다. 설계두가 이르기를, "신라에서는 사람을 등용하는 데 (가) 을/를 따져서 진실로 그 족속이 아니면 비록 큰 재주와 뛰어난 공이 있더라도 [그 한도를] 넘을 수가 없다. 나는 원컨대, 중국으로 가서 세상에서 보기 드문 지략을 펼쳐서 특별한 공을 세우고 싶다. 그리고 영광스러운 관직에 올라 고관대작의 옷을 갖추어 입고 천자의 곁에 출입하면 만족하겠다."라고 하였다.

① 진대법이 실시되는 배경이 되었다.
② 원성왕이 인재 등용 제도로 제정하였다.
③ 후주 출신인 쌍기의 건의로 실시되었다.
④ 권문세족에 대한 견제를 목적으로 시행되었다.
⑤ 집과 수레의 크기 등 일상생활까지 규제하였다.

**해설** 자료에서 설계두가 신라에서는 사람을 등용하는 데 (가)를 따진다고 하였고, 큰 재주가 있어도 이를 넘기 어렵다고 하는 것으로 보아 (가) 제도는 신라의 신분제인 골품제임을 알 수 있다. 신라는 골품에 따라 승진할 수 있는 관등의 상한선이 정해져 있었다.

⑤ 골품제는 관등 승진뿐 아니라 집과 수레의 크기 등 일상생활까지 규제하는 폐쇄적인 제도였다.

[오답 피하기]
① 진대법은 고구려 고국천왕 때 을파소의 건의로 실시되었다.
② 원성왕이 제정한 인재 등용 제도는 독서삼품과이다.
③ 고려 광종 때 후주 출신인 쌍기의 건의로 과거제가 실시되었다.
④ 권문세족에 대한 견제를 목적으로 실시된 대표적인 제도는 과전법이다.

## 03 (가)에 들어갈 문화유산으로 옳은 것은?

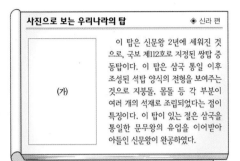

사진으로 보는 우리나라의 탑  ◈ 신라 편

이 탑은 신문왕 2년에 세워진 것으로, 국보 제112호로 지정된 쌍탑 중 동탑이다. 이 탑은 삼국 통일 이후 조성된 석탑 양식의 전형을 보여주는 것으로 지붕돌, 몸돌 등 각 부분이 여러 개의 석재로 조립되었다는 점이 특징이다. 이 탑이 있는 절은 삼국을 통일한 문무왕의 유업을 이어받아 아들인 신문왕이 완공하였다.

①  ②

③  ④

⑤

**해설** 자료에서 신문왕 때 세웠다고 한 점, 국보 제112호라고 한 점, 쌍탑이라는 점, 문무왕의 유업을 이어받아 신문왕이 지은 절에 있는 탑이라는 점 등을 통해 (가)에 들어갈 문화유산은 경주 감은사지 3층 석탑임을 알 수 있다.
① 경주에 있는 감은사지 3층 석탑이다.

[오답 피하기]
② 신라 경덕왕 때 세워진 경주 불국사 다보탑이다.
③ 신라 선덕 여왕 때 세워졌다고 추정되는 경주 분황사 모전 석탑이다.
④ 고려 시대의 탑인 평창 월정사 8각 9층 석탑이다.
⑤ 백제 말기의 탑인 익산 미륵사지 석탑이다.

## 04 (가)에 들어갈 내용으로 옳은 것은?

'불일보조국사'라는 시호를 받은 인물에 대해 말해 보자.

수선사 결사를 제창하여 불교계를 개혁하려고 했어.

(가)

① 무애가를 지어 불교 대중화에 힘썼어.
② 화엄일승법계도를 지어 화엄 사상을 정리했어.
③ 불교 교단 통합을 위해 해동 천태종을 개창했어.
④ 인도와 중앙아시아를 여행하고 왕오천축국전을 남겼어.
⑤ 돈오점수를 주장하며 수행 방법으로 정혜쌍수를 내세웠어.

**해설** 자료에서 '불일보조국사'라는 시호를 받은 점, 수선사 결사를 제창하였다는 점 등을 통해 (가)에 들어갈 내용은 고려의 승려 지눌에 대한 것임을 알 수 있다.
⑤ 지눌은 돈오점수를 주장하며 수행 방법으로 정혜쌍수를 내세웠다.

[오답 피하기]
① '무애가'를 지어 불교 대중화에 힘쓴 인물은 통일 신라의 승려 원효이다.
② 『화엄일승법계도』를 지은 인물은 통일 신라의 승려 의상이다.
③ 불교 교단 통합을 위해 해동 천태종을 개창한 인물은 고려의 승려 의천이다.
④ 인도와 중앙아시아 등지를 여행하고 『왕오천축국전』을 남긴 인물은 통일 신라의 승려인 혜초이다.

**정답**  01 ④  02 ⑤  03 ①  04 ⑤

## 05 다음 글을 쓴 인물에 대한 설명으로 옳은 것은?

중국의 재산이 풍족할 뿐더러 한 곳에 지체되지 않고 골고루 유통함은 모두 수레를 쓴 이익일 것이다. …… 평안도 사람들은 감과 귤을 분간하지 못하며, 바닷가 사람들은 멸치를 거름으로 밭에 내건만 서울에서는 한 움큼에 한 푼씩 하니 이렇게 귀함은 무슨 까닭인가. …… 사방이 겨우 몇천 리 밖에 안 되는 나라에 백성의 살림살이가 이다지 가난함은 한마디로 표현한다면 수레가 국내에 다니지 못한 까닭이라 하겠다.

－『열하일기』－

① 양반전에서 양반의 위선과 무능을 풍자하였다.
② 북학의에서 절약보다 적절한 소비를 강조하였다.
③ 곽우록에서 토지 매매를 제한하는 한전론을 제시하였다.
④ 우서에서 사농공상의 직업적 평등과 전문화를 주장하였다.
⑤ 색경에서 담배, 수박 등의 상품 작물 재배법을 소개하였다.

**해설** 자료에서 수레의 사용을 강조하고 있는 점, 출처가 『열하일기』인 점을 통해 해당 인물은 대표적인 중상학파 실학자인 박지원임을 알 수 있다.
① 박지원은 『양반전』을 저술하여 양반의 위선과 무능을 풍자하였다.

[오답 피하기]
② 『북학의』에서 절약보다 적절한 소비를 강조한 인물은 박제가이다.
③ 『곽우록』에서 한전론을 제시한 인물은 이익이다.
④ 『우서』에서 사농공상의 직업적 평등과 전문화를 강조한 인물은 유수원이다.
⑤ 『색경』에서 담배, 수박 등의 상품 작물 재배법을 소개한 인물은 박세당이다.

## 06 (가) 지역에서 있었던 사실로 옳지 않은 것은?

답사 계획서

■ 주제: (가) 의 유적과 인물을 찾아서
■ 기간: 2019년 ○○월 ○○일~○○일
■ 일정 및 경로
• 1일차: 대동문 → 보통문 → 을밀대 → 부벽루
• 2일차: 안학궁 터 → 대성산성

① 제1차 미·소 공동 위원회가 개최되었다.
② 안창호가 민족 교육을 위해 대성 학교를 설립하였다.
③ 고무 공장 노동자 강주룡이 노동 쟁의를 전개하였다.
④ 미국 상선 제너럴 셔먼호가 관민들에 의해 불태워졌다.
⑤ 조만식 등을 중심으로 조선 물산 장려회가 결성되었다.

**해설** 자료에서 대동문, 보통문, 을밀대, 안학궁 터 등이 제시된 것으로 보아 (가) 지역은 평양임을 알 수 있다. 안학궁은 고구려의 궁성이며, 을밀대는 고구려의 누정으로 일제 강점기에 평양 평원 고무 공장의 노동자 강주룡이 노동 쟁의를 벌인 곳으로도 유명하다.
① 제1차 미·소 공동 위원회가 개최된 곳은 덕수궁 석조전으로 덕수궁은 서울에 위치하고 있다.

[오답 피하기]
② 안창호가 설립한 대성 학교는 평양에 위치하였다.
③ 고무 공장 노동자 강주룡이 노동 쟁의를 전개한 곳은 평양의 을밀대이다.
④ 미국 상선 제너럴 셔먼호는 평양까지 왔다가 관민들에 의해 불태워졌다.
⑤ 조만식 등을 중심으로 한 조선 물산 장려회는 1920년 평양에서 결성되었다.

## 07 (가)에 대한 설명으로 옳은 것은?

□□신문

제△△호                    2019년 ○○월 ○○일

### 여성 독립운동가 기념 우표 발행

우정사업본부는 3·1 운동 100주년을 맞아 조국의 독립을 위해 헌신한 여성 독립운동가 4명의 기념 우표를 발행하였다. 그들 중 박차정은 근우회에서 활동하다가 보다 적극적인 독립운동을 위해 중국으로 망명하였다.

1938년 조선 민족 전선 연맹 산하의 군사 조직으로 우한에서 창설된 [ (가) ]의 부녀복무단장으로 무장 투쟁을 전개하다가 35세의 젊은 나이로 순국하였다. 1995년 건국 훈장 독립장이 추서되었다.

① 총사령 양세봉의 지휘 아래 활동하였다.
② 미국과 연계하여 국내 진공 작전을 계획하였다.
③ 쌍성보 전투에서 한·중 연합 작전을 전개하였다.
④ 간도 참변 이후 조직을 정비하고 자유시로 이동하였다.
⑤ 중국 관내(關內)에서 조직된 최초의 한인 무장 부대였다.

**해설** 자료에서 1938년 조선 민족 전선 연맹 산하의 군사 조직으로 우한에서 창설되었다는 점을 통해 (가)는 조선 의용대임을 알 수 있다.
⑤ 조선 의용대는 중국 관내에서 조직된 최초의 한인 무장 부대이다.

[오답 피하기]
① 양세봉이 총사령으로 지휘한 부대는 조선 혁명군이다.
② 미국과 연계하여 국내 진공 작전을 계획한 것은 한국광복군이다.
③ 쌍성보 전투 등에서 한·중 연합 작전을 전개한 것은 한국 독립군이다.
④ 간도 참변(1920~1921) 이후 조직을 정비하고 자유시로 이동한 부대는 서일이 이끈 대한 독립 군단이다.

## 08 (가) 정부 시기에 있었던 사실로 옳은 것은?

이 사건은 '평화 통일'을 주장하는 조봉암이 제3대 대통령 선거에서 200여만 표 이상을 얻어 [ (가) ] 정권에 위협적인 정치인으로 부상하자 조봉암이 이끄는 진보당의 민의원 총선 진출을 막고 조봉암을 제거하려는 [ (가) ] 정권의 의도가 작용하여 서울시경이 조봉암 등 간부들을 국가변란 혐의로 체포하여 조사하였고, 민간인에 대한 수사권이 없는 육군 특무대가 조봉암을 간첩 혐의로 수사에 나서 재판을 통해 처형에 이르게 한 것으로 인정되는 비인도적, 반인권적 인권 유린이자 정치 탄압 사건이다.

－「진보당 조봉암 사건 결정 요지」－

① 통일 주체 국민 회의 대의원이 선출되었다.
② 농촌 근대화를 표방한 새마을 운동이 전개되었다.
③ 사회 정화를 명분으로 삼청 교육대가 설치되었다.
④ 한·독 정부 간의 협정에 따라 서독으로 광부가 파견되었다.
⑤ 국가 보안법 개정안을 통과시킨 이른바 보안법 파동이 일어났다.

**해설** 자료에서 조봉암이 제3대 대통령 선거에서 (가) 정권에 위협적인 정치인으로 부상했다는 점, 조봉암을 간첩 혐의로 처형에 이르게 한 점 등으로 보아 (가) 정부는 이승만 정부임을 알 수 있다.
⑤ 이승만 정부 시기인 1958년 신국가 보안법을 통과시킨 보안법 파동이 일어났다.

[오답 피하기]
① 통일 주체 국민 회의는 박정희 정부 시기 유신 체제의 성립으로 만들어진 헌법 기구이다.
② 새마을 운동은 박정희 정부 시기부터 추진되었다.
③ 삼청 교육대는 전두환 정부 시기에 설치되었다.
④ 서독에 광부와 간호사가 파견된 것은 박정희 정부 시기의 사실이다.

**정답**  05 ①   06 ①   07 ⑤   08 ⑤

**01** 〈보기〉의 밑줄 친 말과 문맥적 의미가 가장 유사한 것은?

> **보기**
>
> 농사일이라는 것이 피땀으로 뼈를 저미는 일이라는 것은 잘 아실 것입니다.

① 매서운 바람이 칼날처럼 뺨을 저민다.
② 이가 성치 않은 할머니께 사과를 저며 드렸다.
③ 마음을 저미는 그의 사연에 모두 눈물을 흘렸다.
④ 너는 어째서 이토록 어미의 애간장을 저미게 하느냐.
⑤ 전은 쇠고기와 생선들을 얇게 저미거나 곱게 다져서 계란물을 입혀 부치는 것이다.

> **해설** 어휘
> 〈보기〉와 ①의 '저미다'는 '칼로 도려내듯이 쓰리고 아프게 하다.'의 의미로 사용되었다.
> ②와 ⑤는 '여러 개의 작은 조각으로 얇게 베어 내다.'의 의미로 쓰였다.
> ③와 ④는 '마음을 몹시 아프게 하다.'의 의미로 쓰인 표현이다.
> **정답** ①

**02** 다음 중 로마자 표기가 적절하지 않은 것은?

① 묵호 – Mukho
② 샛별 – Saetbyeol
③ 해운대 – Hae-undae
④ 대관령 – Daegwallyeong
⑤ 전목련 – Jeon mong-nyeon

> **해설** 외래어
> 인명을 성과 이름 순서로 쓰고, 붙임표를 쓸 수 있는 것은 맞지만, 이름에서 일어나는 음운 변화는 표기에 반영하지 않으므로 'Jeon moklyeon' 또는 'Jeon mok-lyeon'으로 쓴다.
> **정답** ⑤

**03** 밑줄 친 단어를 순화한 표현으로 적절하지 못한 것은?

① 전 납득(→ 이해)이 되지 않습니다.
② 설렁탕에 다대기(→ 다진 양념)를 넣어 드세요.
③ 부장님은 데드라인(→ 마감)을 지키라고 당부하셨다.
④ 우리는 전에 갔던 고수부지(→ 둔치)에서 만나기로 했다.
⑤ 동물보호에 힘쓰는 그녀는 레자(→ 가짜 가죽)로 만든 옷을 입었다.

> **해설** 순화어
> '레자(レザヤ)'는 영어 'leather'의 일본식 표현으로, '인조 가죽'으로 순화하여야 한다.
> **정답** ⑤

**04** 밑줄 친 관용 표현의 뜻풀이가 바르지 않은 것은?

① 엎드려 잤더니 얼굴에 자리가 났다. – 자취나 흔적이 남다.
② 하나 있는 자식 놈을 위해 속을 쓰는 것도 이제는 지쳤다. – 걱정하거나 염려하다.
③ 그 일이라면 이제 이골이 나서 눈감고도 할 수 있다. – 어떤 일에 완전히 길이 들다.
④ 아들은 머리가 컸다고 이제 모든 일을 혼자 결정하려고 한다. – 뒤떨어진 생각에서 벗어나다.
⑤ 사람들을 괴롭히고 있다는 죄책감이 어깨를 짓눌러 왔다. – 의무나 책임, 제약 따위가 중압감을 주다.

> **해설** 관용 표현
> '머리가 크다.'는 '어른처럼 생각하거나 판단하게 되다.'의 의미이다. 같은 표현으로는 '머리가 굵다.'가 있다.
> **정답** ④

**05** 다음 발음 중 표준 발음법에 어긋나는 것은?

① 희망[히망] − 맛있다[마싣따] − 쌓네[싼네]
② 안간힘[안간힘] − 떫다[떱따] − 줄넘기[줄
　럼끼]
③ 문득[문득] − 그믐달[그믐딸] − 불세출[불
　쎄출]
④ 광한루[광:할루] − 활용[화룡] − 각막염[강
　망념]
⑤ 넓둥글다[넙뚱글다] − 읽기[일끼] − 홑이불
　[혼니불]

> **해설** 표준 발음법
> '떫다'는 표준 발음법 제10항의 '겹받침 'ㄳ', 'ㄵ',
> 'ㄼ, ㄽ, ㄾ', 'ㅄ'은 어말 또는 자음 앞에서 각각
> [ㄱ, ㄴ, ㄹ, ㅂ]으로 발음한다.'와 표준 발음법 제
> 25항의 '어간 받침 'ㄼ, ㄾ' 뒤에 결합되는 어미의
> 첫소리 'ㄱ, ㄷ, ㅅ, ㅈ'은 된소리로 발음한다.'에
> 따라 [떨따]로 발음한다.

> **정답** ②

**06** 밑줄 친 외국어 번역투의 표현을 잘못 고친
것은?

① 조선은 태조 이성계에 의해 건국되었다.
　→ 조선은 태조 이성계가 건국했다.
② 의혹의 시선에서 자유롭지 않다. → 의혹
　의 시선을 피하기 어렵다.
③ 이번 선거에서 부정행위를 엄단합니다.
　→ 이번 선거에 있어서 부정행위를 엄단
　합니다.
④ 각 조사 대상 기관 주관 부서별로 소관 조
　사 대상 기관에 공문을 넘기고 → 조사를
　주관하는 부서별로 조사 대상이 되는 기
　관에 공문을 넘기고
⑤ 이 설문 조사 결과는 청소년 언어 개선책
　을 시급히 마련해야 한다는 것을 말하고
　있다. → 이 설문 조사를 통해 청소년 언
　어 개선책을 시급히 마련해야 한다는 것
　을 알 수 있다.

> **해설** 문장 표현
> '−에 있어서'에 사용되는 '있다'는 아무런 역할이
> 없는데도 습관적으로 사용되는 일본어 직역 투이
> 다. 따라서 다른 어구로 대체하는 것이 좋다.

> **정답** ③

---

### 자주 출제되는 고유어

| | |
|---|---|
| 갈팡질팡 | 갈피를 잡지 못하고 이리저리 헤매는 모양 |
| 되뇌다 | 같은 말을 되풀이하여 말하다 |
| 빌미 | 재앙이나 병 등의 불행이 생기는 원인 |
| 오달지다 | 허술한 데가 없이 야무지고 알차다 |
| 자못 | 생각보다 매우 |

### 자주 출제되는 외래어 표기법

| | |
|---|---|
| Mozart | 모차르트 |
| Georgia | 조지아 |
| juice | 주스 |
| snow tire | 스노타이어 |
| symbol | 심벌 |

# ENGLISH EXERCISE

**01** 밑줄 친 부분에 들어갈 말로 가장 적절한 것을 고르시오.

> A: Wow! Look at the long line. I'm sure we have to wait at least 30 minutes.
> B: You're right _____.
> A: That's a good idea. I want to ride the roller coaster.
> B: It's not my cup of tea.
> A: How about the Flume Ride then? It's fun and the line is not so long.
> B: That sounds great! Let's go!

① Let's find seats for the magic show.
② Let's look for another ride.
③ Let's buy costumes for the parade.
④ Let's go to the lost and found.

**[유형]** 생활영어
**[어휘]** cup of tea (보통 부정문에 사용) 기호에 맞는 사람[물건] / ride 놀이기구
**[해설]** 빈칸의 B의 말을 듣고 A는 그에 동의하며 다른 놀이 기구를 타고 싶다고 대답한다. 따라서 B가 다른 놀이기구를 타기를 제안했을 것으로 유추할 수 있다.
**[해석]** A: 우와! 저 긴 줄을 봐. 우린 적어도 30분은 기다려야 할 거야.
B: 네 말이 맞아. ②다른 놀이기구를 찾아보자.
A: 그거 좋은 생각이다. 나는 롤러코스터를 타고 싶어.
B: 나는 그걸 별로 좋아하지 않아.
A: 그럼 후룸라이드는 어때? 재미도 있고 줄도 별로 안 길어.
B: 그거 괜찮다! 가자!
**[정답]** ②

**02** 우리말을 영어로 잘못 옮긴 것을 고르시오.

① 그 클럽은 입소문을 통해서 인기를 얻었다.
→ The club became popular by word of mouth.
② 무서운 영화를 좋아한다면 이것은 꼭 봐야 할 영화이다.
→ If you like scary movies, this is a must-see movie.
③ 뒤쪽은 너무 멀어요. 중간에 앉는 걸로 타협합시다.
→ The back is too far away. Let's promise and sit in the middle.
④ 제 예산이 빠듯합니다. 제가 쓸 수 있는 돈은 15달러뿐입니다.
→ I am on a tight budget. I only have fifteen dollars to spend.

**[유형]** 문법
**[해설]** promise는 '~을 약속하다'라는 의미로 주로 타동사로 쓰인다. 우리말의 '타협하다'는 compromise로 쓴다.
① by word of mouth는 '입에서 입으로, 입소문을 통해서'라는 뜻으로 알맞게 사용되었다.
② must-see는 '꼭 보아야 할[볼만한] 것'이라는 뜻으로 알맞게 사용되었다.
④ on a tight budget은 '돈이 없는, 빈곤한'이라는 뜻의 관용구이고, 두 번째 문장에서 to spend는 명사 fifteen dollars를 수식하는 형용사적 용법으로 쓰였다.
**[정답]** ③

*제공된 문제는 『2020 에듀윌 9급 공무원 6개년 기출문제집 영어』에서 발췌했습니다.

## 03 밑줄 친 부분과 의미가 가장 가까운 것을 고르시오.

These days, Halloween has drifted far from its roots in pagan and Catholic festivals, and the spirits we <u>appease</u> are no longer those of the dead : needy ghosts have been replaced by costumed children demanding treats.

① assign

② apprehend

③ pacify

④ provoke

[유형] 어휘

[해설] appease는 '~을 달래다'라는 뜻으로 선지의 단어 중 가장 가까운 의미를 지닌 것은 pacify이다.

[해석] 요즘, 핼러윈은 이교도와 가톨릭 축제의 기원으로부터 많이 변화해 왔다. 그리고 우리가 달래는 영혼들은 더 이상 죽은 자들의 영혼이 아니다. 굶주린 영혼들은 분장을 하고 과자를 요구하는 아이들로 대체되었다.

[정답] ③

## 04 어법상 옳은 것을 고르시오.

① My father was in the hospital during six weeks.

② The whole family is suffered from the flu.

③ She never so much as mentioned it.

④ She would like to be financial independent.

[유형] 문법

[해설] never so much as는 '~조차 하지 않다'라는 의미의 부사구로 주어와 동사 사이에 삽입되었다. 'not so much as' 형태에서 not 대신 never를 쓴 옳은 문장이다.

[해석] ① 우리 아버지는 6주간 병원에 계셨다.
② 가족 모두가 감기로 고생한다.
③ 그녀는 그것을 언급조차 하지 않았다.
④ 그녀는 경제적으로 독립하고 싶어 한다.

[정답] ③

## 언어논리

**01** 다음 중 밑줄 친 단어와 가장 동일한 의미로 쓰인 것을 고르면?

> 그분의 호감을 <u>사기</u> 위해 별의별 노력을 다 했다.

① 오늘 받은 성과급으로 자동차를 한 대 샀다.
② 이번 일이 잘되면 내가 한 잔 사지.
③ 나는 그 친구의 성실함을 높이 산다.
④ 짐꾼을 사서 이삿짐을 날랐다.
⑤ 의혹을 한 번 사면 쉽게 불식시키기 어렵다.

**해설** 주어진 문장에서는 '호감'이라는 무형의 개념을 사고 있으므로 실제 존재하는 물질 또는 사람을 사는 ①, ②, ④를 소거할 수 있다. 또한 주어진 문장의 '사다'는 상대방의 감정, 생각 등이 나에게로 향한다는 뉘앙스이므로 '얻다', '불러일으키다'라는 단어로 대체해도 문장이 성립한다. 그런데 ⑤의 '사다'는 '얻다', '불러일으키다'로 대체해도 문장이 성립되는 반면, ③은 문장이 어색해지므로 정답은 ⑤이다.

**정답** ⑤

**02** 다음 중 나머지 단어들의 뜻을 모두 포함하는 단어를 고르면?

① 들다          ② 가다          ③ 생기다
④ 작동하다      ⑤ 유지하다

**해설** 선택지의 단어 중 의미가 협소한 단어는 정답이 되기 어렵다. 따라서 한자어인 ④, ⑤를 소거할 수 있다. 또한 짧은 단어일수록 많은 의미를 포함하는 경향이 있으므로 ①, ②를 중점적으로 살펴본다. '가다'는 "전기차는 전기의 힘으로 간다(=작동하다).", "방부 처리하면 3년까진 간다(=유지하다).", "벽에 금이 가다(=생기다).", "손이 많이 가네(=들다)."와 같은 용례가 있으므로 정답은 ②이다.

**정답** ②

＊제공된 문제는 『2020 하반기 에듀윌 GSAT 삼성직무적성검사 최신기출유형+실전모의고사 5회+온라인 실전연습 서비스』에서 발췌했습니다.

**03** 다음 글의 (A), (B), (C), (D) 안에 들어갈 가장 적절한 단어를 [보기]에서 찾아 순서대로 나열한 것을 고르면?

> 소리를 저장하는 축음기 시대에는 음반 포맷으로 SP나 EP를 주로 사용하였다. 그러다가 1940년대 말, SP나 EP보다 훨씬 긴 재생 시간을 자랑하는 LP가 (A)되면서 음반 시장은 (B)적으로 성장하게 된다. 또한 재생 시간의 연장 덕에 음반화가 매우 더뎠던 오페라의 전곡 음반도 활발하게 발매되기 시작했다. 수십 년 동안 음반 시장을 지배했던 LP도 1980년대에 더 강력한 기능의 CD가 등장하자 (C)이/가 굉장히 좁아지며, 시장의 중심이 LP에서 CD로 (D)되었다.

**보기**

㉠ 이행 ㉡ 급속 ㉢ 발명 ㉣ 위치 ㉤ 발간 ㉥ 비약 ㉦ 입지

| | (A) | (B) | (C) | (D) |
|---|---|---|---|---|
| ① | ㉠ | ㉡ | ㉦ | ㉥ |
| ② | ㉢ | ㉥ | ㉣ | ㉦ |
| ③ | ㉢ | ㉥ | ㉦ | ㉠ |
| ④ | ㉤ | ㉡ | ㉠ | ㉣ |
| ⑤ | ㉤ | ㉥ | ㉣ | ㉠ |

**해설** 전체 지문을 모두 읽을 필요 없이 빈칸의 앞만을 읽어도 충분히 정답을 찾을 수 있다. 우선 선택지를 보면 (A)에는 ㉢ 또는 ㉤이 올 가능성이 매우 높다. 그런데 LP는 책, 신문 등의 활자 매체가 아니므로 '발간'은 어울리지 않으며, 기존에 없던 새로운 것이 생긴다는 의미의 '발명'이 문맥상 가장 자연스럽다. 한편 남은 선택지 ②와 ③ 모두 (B)가 같으므로 (C)만 확인하면 된다. (C)에는 글의 흐름상 '위치'와 '입지' 모두 올 수 있지만, '위치'는 뒤따르는 '좁아지며'라는 표현과는 어울리지 않고 '흔들리며' 또는 '위협받으며'라는 표현과 어울린다. '좁아지며'라는 표현은 '입지'와 더 어울리므로 정답은 ③이다.

**정답** ③

**04** 다음 중 밑줄 친 단어의 뜻풀이가 적절하지 않은 것을 고르면?

① 집터가 세다. → 사물의 감촉이 딱딱하고 뻣뻣하다.
② 바람이 세다. → 물, 불, 바람 따위의 기세가 크거나 빠르다.
③ 고집이 세다. → 행동하거나 밀고 나가는 기세 따위가 강하다.
④ 주먹이 세다. → 힘이 많다.
⑤ 돈을 세다. → 사물의 수효를 헤아리거나 꼽다.

**해설** ①의 경우 자주 사용되지 않는 표현이라 혼동될 수 있지만 ②~⑤의 뜻풀이가 명확하므로 ①이 정답이라는 것을 알 수 있다. ①의 경우 "운수나 터 따위가 나쁘다."라는 뜻풀이가 더 적절하며, "사물의 감촉이 딱딱하고 뻣뻣하다."라는 뜻풀이는 "붕어는 가시가 세고 별로 맛이 없다."와 같은 용례에 적절하다.

**정답** ①

## 수리능력

**01** 코레일 K부서에 A, B, C, D, E 5명의 직원이 회의 참석 현황에 대해 이야기하고 있다. 3명이 진실을 말하고 남은 2명이 거짓을 말한다고 할 때, 다음 [조건]을 보고 회의에 참석하지 않았으며, 거짓을 말한 사람을 고르면?

**조건**

- A: 나는 회의에 참석하였다.
- B: 나와 A, C는 모두 회의에 참석하였다.
- C: A는 회의에 참석하지 않았다.
- D: E만 빼고 전부 회의에 참석하였다.
- E: A, C와 나만 회의에 참석하였다.

① A               ② C               ③ E

④ C, D           ⑤ C, E

**해설** A와 C의 발언이 상반되므로 우선 A가 거짓이라고 가정하고 문제를 풀어 본다.

(i) A의 발언이 거짓인 경우

C의 발언은 진실이 되며, A는 회의에 참석하지 않았다. 따라서 A, C와 함께 회의에 참석하였다고 말한 B와 E의 발언은 거짓이고, E만 빼고 전부 회의에 참석하였다고 말한 D의 발언도 거짓이다. 즉, C를 뺀 모두가 거짓을 말한것이 되므로 모순이다.

(ii) A의 발언이 진실인 경우

C의 발언은 거짓이 되며, A는 회의에 참석하였다. D는 E만 빼고 전부 회의에 참석하였다고 말하였고, E는 A, C, 자신만 참석하였다고 말하였으므로 두 사람의 발언이 상반된다.

만약 D의 진술이 진실이라면 E의 진술은 거짓이 되고, A, B, C, D가 회의에 참석한 것이므로 A, B, C가 회의에 참석하였다고 말한 B의 발언은 참이다. 즉, C, E가 거짓이면 A, B, D가 진실을 말하므로 모순되지 않는다.

만약 D가 거짓이라면 이미 C, D 2명이 거짓을 말한 것이므로 남은 B, E는 참이 되어야 한다. 그런데 B는 A, B, C가 회의에 참석하였다고 말하였고, E는 A, C, E만이 회의에 참석하였다고 말하였으므로 둘 중 하나는 반드시 거짓이 된다. 따라서 거짓을 말한 사람이 3명 이상이 되므로 문제의 조건에 모순된다.

따라서 A, B, D 발언이 진실, C, E 발언이 거짓이고, 회의에 참석한 사람은 A, B, C, D이다. 그러므로 회의에 참석하지 않았으며, 거짓을 말한 사람은 E이다.

**정답** ③

**02** K기업은 A, B, C, D, E지점에 충전소를 설치하려고 한다. 다음 [조건]이 모두 성립한다고 할 때, 항상 옳은 것을 고르면?

조건

㉠ B에 설치하면 D에도 설치한다.
㉡ E에 설치하지 않으면 C에 설치한다.
㉢ A 또는 C에 설치한다.
㉣ A, B 중 적어도 한 곳에 설치한다.
㉤ C, D에는 모두 설치하거나 모두 설치하지 않는다.

① A에 설치한다.
② C와 D에는 설치하지 않는다.
③ 충전소는 단 두 지점에만 설치할 수 있다.
④ 'D에 설치하지 않는다.'는 항목이 추가된다면 A, E에만 설치할 수 있다.
⑤ 'B와 C에 설치하지 않는다.'는 항목이 추가된다면 아무 지점에도 설치할 수 없다.

**해설** 'D에 설치하지 않는다.'는 항목이 추가된다면 ㉠에 따라 B에는 설치할 수 없다. 또한 ㉤에 따라 C에도 설치할 수 없다. ㉢, ㉣에 따라 A에는 반드시 설치해야 하고, ㉡에 따라 E에도 설치해야 한다. 따라서 'D에 설치하지 않는다.'는 항목이 추가된다면 A, E에만 설치할 수 있다.

**오답풀이**
① A에 설치하지 않고, B, C에 설치하면 ㉢, ㉣을 만족하고, D에도 설치하면 ㉠, ㉤도 만족한다. E에 설치하지 않으면 ㉡을 만족한다. 즉, B, C, D에 설치하면 모든 조건을 만족하므로 항상 참이라고 할 수 없다.
② A, B, C, D에 설치하거나, A, C, D에 설치하면 모든 조건을 만족하므로 항상 참이라고 할 수 없다.
③ ①, ②에서 살펴보았듯이 B, C, D에 설치하거나 A, C, D/A, B, C, D에 설치하는 경우가 있으므로 항상 참이라고 할 수 없다.
⑤ 'B와 C에 설치하지 않는다.'는 항목이 추가된다면 D에 설치할 수 없다. ㉢, ㉣에 따라 A에 반드시 설치해야 하고, ㉡에 따라 E에도 설치해야 한다. 따라서 A, E에 설치하므로 옳지 않은 내용이다.

**정답** ④

다음 [표]와 [보고서]는 2014~2017년 IT산업 3개(소프트웨어, 인터넷, 컴퓨터) 분야의 인수·합병 건수에 관한 자료이다. 이를 바탕으로 판단할 때, A~E국 중 갑국에 해당하는 국가의 2017년 IT산업 3개 분야 인수·합병 건수의 합을 고르면?

[표1] 소프트웨어 분야 인수·합병 건수 (단위: 건)

| 연도＼국가 | 미국 | A | B | C | D | E |
|---|---|---|---|---|---|---|
| 2014년 | 631 | 23 | 59 | 44 | 27 | 20 |
| 2015년 | 615 | 47 | 61 | 45 | 30 | 19 |
| 2016년 | 760 | 72 | 121 | 61 | 37 | 19 |
| 2017년 | 934 | 127 | 118 | 80 | 49 | 20 |
| 계 | 2,940 | 269 | 359 | 230 | 143 | 78 |

[표2] 인터넷 분야 인수·합병 건수 (단위: 건)

| 연도＼국가 | 미국 | A | B | C | D | E |
|---|---|---|---|---|---|---|
| 2014년 | 498 | 17 | 63 | 48 | 20 | 16 |
| 2015년 | 425 | 33 | 57 | 42 | 19 | 7 |
| 2016년 | 528 | 44 | 64 | 51 | 31 | 14 |
| 2017년 | 459 | 77 | 69 | 46 | 38 | 21 |
| 계 | 1,910 | 171 | 253 | 187 | 108 | 58 |

[표3] 컴퓨터 분야 인수·합병 건수 (단위: 건)

| 연도＼국가 | 미국 | A | B | C | D | E |
|---|---|---|---|---|---|---|
| 2014년 | 196 | 12 | 33 | 32 | 11 | 3 |
| 2015년 | 177 | 17 | 38 | 33 | 12 | 8 |
| 2016년 | 200 | 18 | 51 | 35 | 16 | 9 |
| 2017년 | 240 | 24 | 51 | 58 | 18 | 10 |
| 계 | 813 | 71 | 173 | 158 | 57 | 30 |

*제공된 문제는 『2021 에듀윌 PSAT형 NCS 자료해석 실전 380제』에서 발췌했습니다.

---

**[보고서]**

갑국의 IT산업 3개(소프트웨어, 인터넷, 컴퓨터) 분야 인수·합병 현황은 다음과 같다. 갑국의 IT 산업 인수·합병 건수는 3개 분야 모두에서 매년 미국의 10% 이하에 불과했다. 또한 연도별 인수·합병 건수 증감 추이를 살펴보면, 컴퓨터 분야의 인수·합병 건수는 매년 증가하였고, 인터넷 분야 인수·합병 건수는 한 해를 제외하고 매년 증가하였다. 한편 갑국의 소프트웨어 분야에서의 미국 대비 인수·합병 건수의 비율은 2014년 대비 2017년에 감소하였다.

---

① 51

② 105

③ 184

④ 228

⑤ 238

정답 풀이

A~E국가 중 소프트웨어, 인터넷, 컴퓨터의 3개 분야에서 IT산업 인수·합병 건수가 미국의 10%를 초과하는 국가는 다음과 같다.
- 소프트웨어: A국(2017년), B국(2016~2017년)
- 인터넷: A국(2017년), B국(2014~2017년), C국(2017년)
- 컴퓨터: B국(2014~2017년), C국(2014~2017년)

따라서 IT산업 인수·합병 건수가 3개 분야 모두에서 매년 미국의 10% 이하인 국가는 D국과 E국이다.

주어진 자료를 바탕으로 D국과 E국의 연도별 인수·합병 건수 증감 추이를 보면, 컴퓨터 분야의 인수·합병 건수는 두 국가 모두 매년 증가하였고, 인터넷 분야의 인수·합병 건수는 두 국가 모두 2015년에만 전년 대비 감소하였고, 나머지 해는 모두 증가하였다.

한편 D국과 E국의 소프트웨어 분야에서의 2014년과 2017년 미국 대비 인수·합병 건수의 비율은 다음과 같다.

[D국]

- 2014년: $\frac{27}{631} \times 100 ≒ 4.28(\%)$

- 2017년: $\frac{49}{934} \times 100 ≒ 5.25(\%)$

[E국]

- 2014년: $\frac{20}{631} \times 100 ≒ 3.17(\%)$

- 2017년: $\frac{20}{934} \times 100 ≒ 2.14(\%)$

D국은 2014년 대비 2017년에 미국 대비 인수·합병 건수의 비율이 4.28% → 5.25%로 증가하였지만, E국은 3.17% → 2.14%로 감소하였다. 따라서 A~E국 중 갑국은 E국이다.

그러므로 E국의 2017년 IT산업 3개 분야 인수·합병 건수의 합은 20+21+10=51이다.

정답 ①

해결 TIP

이 문제는 2020년 5급 공채 PSAT 기출 변형 문제로 다수의 표와 보고서의 내용을 바탕으로 결괏값을 구하는, 일반적인 NCS 자료해석 유형과 다른 복합자료 유형입니다.

이런 유형의 경우에는 보기 혹은 선택지의 정오를 판단하는 유형과 다르게 소거법을 사용할 수 없지만, 발문에서 물어보는 대상을 찾는 과정에 있어 보고서의 내용에서 비교적 간단하게 판단할 수 있는 내용을 먼저 확인하여, 여러 경우의 수에서 빠르게 제외할 수 있는 풀이 방법으로 해결해나가도록 합니다. 보고서에 주어진 여러 조건의 내용을 순차적으로 확인하는 것보다 그래프 변환 유형과 유사하게 주어진 자료의 수치만으로 판별할 수 있는 내용부터 먼저 확인하도록 합니다. 그다음으로 간단한 사칙 연산 또는 대소 관계에 대한 내용으로 분수 비교법 등을 통해 판별할 수 있는 내용 순으로 확인하여 풀어나가도록 합니다.

보고서의 내용을 보면, 크게 '매년 미국의 10% 이하', '컴퓨터 분야와 인터넷 분야의 인수·합병 건수 추이', '2014년 대비 2017년 소프트웨어 분야의 미국 대비 인수·합병 건수의 비율 감소'로 3개의 조건이 있습니다. 3개의 조건 중 주어진 자료의 수치만으로 판별할 수 있는 조건은 두 번째 조건인 '컴퓨터 분야와 인터넷 분야의 인수·합병 건수 추이'로 해당 조건을 먼저 확인하도록 합니다.

컴퓨터 분야의 인수·합병 건수가 매년 증가한 국가는 A~E국 중 B국을 제외한 4개 국가이고, 인터넷 분야 인수·합병 건수가 한 해를 제외하고 매년 증가한 국가는 2015년에만 전년 대비 감소하고 나머지 해는 모두 증가한 B국, D국, E국입니다. 따라서 두 번째 조건을 만족하는 국가는 D국과 E국이므로 A국, B국, C국은 갑국 대상에서 제외할 수 있습니다. 그다음으로 남은 두 조건 중 빠르게 확인할 수 있는 첫 번째 조건인 '매년 미국의 10% 이하'를 보면, 직접 비율을 계산할 필요 없이 각 국가의 수치에 0을 붙인 값이 미국의 수치를 초과하는지 대소 비교를 할 수 있습니다. 예를 들어 C국의 2017년 인터넷 분야 인수·합병 건수를 보면, 46으로 해당 수치에 0을 붙인 값인 460이 미국의 459보다 크므로 미국의 10%를 초과한다고 바로 판단할 수 있습니다. 이와 같은 방법으로 첫 번째 조건을 확인하면, D국과 E국은 매년 미국의 10% 이하를 만족한다는 것을 알 수 있으므로, 마지막 조건을 바탕으로 D국과 E국 중 갑국에 해당하는 국가를 찾아야 합니다. 마지막 조건인 '2014년 대비 2017년 소프트웨어 분야의 미국 대비 인수·합병 건수의 비율 감소'는 비율의 대소 관계를 판별하는 내용이므로, 소프트웨어 분야에서의 2014년과 2017년 미국 대비 인수·합병 건수의 비율을 직접 구할 필요 없이 분수 비교법을 이용하여 해결할 수 있습니다. D국의 $\frac{27}{631}$과 $\frac{49}{934}$의 분자, 분모를 비교해보면, 49는 27에 27의 절반 정도인 14를 더한 값인 41보다 커 1.5배 이상이지만, 분모 934는 631에 631의 절반 정도인 315를 더한 값인 946보다 작아 1.5배 미만이므로, 분모의 증가율보다 분자의 증가율이 더 크다는 것을 알 수 있습니다. 따라서 $\frac{27}{631} < \frac{49}{934}$임을 알 수 있으며, E국의 $\frac{20}{631}$과 $\frac{20}{934}$의 분자, 분모를 비교해보면, 분자는 같지만 분모는 934가 더 크므로 $\frac{20}{631} > \frac{20}{934}$임을 알 수 있습니다.

그러므로 D국과 E국 중 갑국은 E국이고, E국의 2017년 IT산업 3개 분야 인수·합병 건수의 합을 구하면, 20+21+10=51되므로 정답을 ①로 선택할 수 있습니다.

김성근
에듀윌 취업연구소 연구원

# PART

# 04

# 상 식 을
# 넘은 상식

사고의 틀이 넓어지는 깊은 상식

# '코로나 이익공유제' 도입해야 하나

## "기업 부담 가중" – "상생협력 대안"

### 이슈의 배경

국내외 경제가 코로나19로 쑥대밭이 된 가운데 'K 자형 회복'이라는 말이 유행한다. 온라인·언택트 관련 등 코로나19의 영향을 덜 받는 대기업의 이익은 커지는데, 대인 서비스를 위주로 한 중소기업과 자영업자는 더욱 궁핍해진다는 뜻이다. 말만 회복이지 양극화의 다른 표현이다.

최근 정부 여당이 코로나19 양극화 해결 방안으로 '코로나 이익공유제' 추진에 속도를 내고 있다. 코로나19 확산으로 호황을 누린 기업들이 자발적으로 이익을 나누도록 유도하는 내용이 골자다.

일례로 은행·증권업은 코로나19 수혜를 본 대표적 업종이다. 코로나19로 멈춘 경제를 심폐소생하기 위해 각국 정부는 돈을 뿌려댔고 저금리 기조에서 넘쳐나는 유동성이 주식시장으로 빨려 들어갔다. 사회적 거리두기로 사실상 강제 폐업을 당한 자영업자·소상공인 등은 투자는커녕 당장 끼니를 걱정해야 할 판이다.

이러한 코로나19발(發) 양극화의 해법으로 여권은 이익공유제를 제시했다. 이낙연 더불어민주당 대표는 "코로나 이익공유제는 역사상 가장 불평등한 불황을 방치하지 않고 연대와 상생 틀을 만들자는 보완적 방안"이라고 밝혔다. 이 대표는 "코로나는 고통이지만 코로나로 호황을 누리는 쪽도 있다. 유럽은 호황 계층을 코로나 승자로 부르며 사회적 책임을 요구하고 있는데, 코로나로 많은 이득을 얻는 계층과 업종이 피해가 큰 쪽을 돕는 다양한 방식을 논의해야 한다"고 주장했다.

## 이슈의 논점

### 이익공유제 추진 현황

여당은 코로나 이익공유제의 원칙으로 ▲민간의 자발적 참여 ▲이익공유제 참여 기업에 대한 세제 혜택 등 인센티브 지원 등을 제시했다. 코로나19로 이익을 본 기업에 일종의 기부금을 받아 자영업자, 소상공인을 지원하는 재원으로 사용하고 기부금을 낸 기업에 세제 혜택을 주자는 것이다.

코로나 이익공유제는 사회적 거리두기로 영업이 힘들어진 자영업자들의 임대료를 감면해주는 건물주에게 세제 혜택을 주는 '착한 임대인 운동'의 확장판이다. 착한 임대인 운동이 정부의 강제 영업 제한 조치에 따른 자영업자의 소득 손실을 '건물주의 선의'로 보완하려 했다면 이익공유제는 불가항력의 재난에 따른 복구 비용을 대기업의 '자발적인 기부'로 충당하는 셈이다.

정부는 코로나19 대응 차원을 넘어 대기업과 중소기업 간 상생협력이 뿌리내리도록 협력이익공유제도 다시 추진하는 분위기다. 협력이익공유제는 대기업과 중소기업이 사전에 계약을 맺고 목표 판매액이나 이익을 달성했을 때 기여분을 나눠 갖는 성과 배분 제도다.

현재 상생협력법에 따라 이미 **성과공유제**가 도입돼 있다. 성과공유제가 수직적 하도급 구조인 제조업 중심으로 운영되는 것과 달리 협력이익공유제는 채택 여부를 업종에 관계없이 기업의 자발적이고 합리적 결정에 따라 하도록 한다. 예를 들어 화장품 업계에서 화장품 온라인몰의 구매액 일부를 오프라인상의 대리점과 공유하는 협력이익 사례를 볼 수 있다.

정부는 앞서 협력이익공유제 도입을 100대 국정과제로 추진했다. 지난 20대 국회에서 협력이익공유제 법안이 발의됐지만 재계와 야당의 반발로 국회 문턱을 넘지 못했다가 21대 국회 들어 재발의된 상태다. 코로나19라는 변수에도 불구하고 협력이익공유제에 대한 찬반 논쟁은 여전하다.

정부는 "현재 시행 중인 성과공유제의 한계를 극복하고 대기업과 중소기업의 균형발전을 위해 새로운 이익공유모델이 필요하다"고 설명하고 있지만, 일부 제조업 기반 대기업은 "성과공유제가 운용되고 있는데도 경제활동을 통한 이익을 중소기업과 나누는 제도를 추가로 법제화하는 것은 과도한 시장 개입"이라며 반발하고 있다.

---

**성과공유제 (benefit sharing)**

성과공유제는 대기업이 중소기업 협력사와 함께 원가 절감을 위한 공정 개선과 품질 향상, 신기술 개발 등으로 성과를 올리면 이를 공유하는 제도이다. 성과공유제는 2004년 국내 최초로 포스코가 도입했다. 성과공유제는 대기업과 협력사 협력에 기여한 만큼의 과실을 나누는 것으로서 납품 물량을 늘려주는 등 다양한 방식으로 성과를 공유할 수 있다. 이에 비해 이익공유제는 재무적으로 영업이익만 늘면 약속한 만큼 오로지 현금을 배분해야 하므로 대기업 측의 부담이 더 크다.

## 이익공유제 반대 ① : 기업 부담 가중

예기치 못한 재난을 당해 생존 기반이 무너진 사람들을 보조하고 대기업의 부당한 이윤 독점을 방지하는 것은 정부의 역할이다. 코로나 이익공유제와 협력이익공유제는 모두 정부가 해결해야 할 문제를 민간에 떠넘기는 것이다.

정부는 이익공유제 도입을 자율에 맡기고 이를 시행하는 기업에 세금 감면과 정책자금 우대 등의 인센티브를 제공하려 한다. 그러나 기업은 이익공유제에 참여하지 않으면 정부로부터 불이익을 받지 않을까 울며 겨자 먹기로 참여할 수밖에 없다. 이미 코로나19 극복을 위해 사회공헌 활동에 활발히 참여하고 협력업체와 상생을 도모하고 있는 기업은 이익공유제로 이중의 부담을 지게 된다.

특히 정부가 추진 중인 협력이익공유제는 대기업의 이익이 늘어나면 협력업체가 그 이익을 배분받지만 만약 손해가 발생해도 협력업체가 손해를 보전해주지 않는 형태다. 이는 경영활동의 자기부담 원칙을 위배하는 것으로서 대기업에만 책임을 전가하는 불리한 제도다.

## 이익공유제 반대 ② : 모호한 이익 기준

이익공유제는 공유 대상인 이익의 기준이 모호하다. 코로나 이익공유제는 이익 공유 주체의 명확한 기준 없이 코로나19로 호황을 맞은 택배사, 배달앱, 언택트 관련 IT기업 등을 포괄적으로 언급하고 있다. 이들 업종은 코로나19 이전부터 4차 산업 혁명 패러다임 변화에 따라 혜택을 받았다.

쿠팡이나 신세계는 승승장구하고 롯데쇼핑은 부진을 면치 못하듯 같은 업종이라도 매출과 이익은 천차만별이다. 코로나19로 누가 어떻게 득을 봤는지 측정하기 어렵다. 단순히 코로나19 때문에 매출과 순이익이 증가했다고 단정한다면 기업 경영 능력의 차이를 무시하는 것이다.

협력이익공유제도 마찬가지다. 이익은 금리, 환율, 국내외 시장 상황 등에 다양한 외부 변수에 영향을 받는다. 협력사와의 노력을 통해 증가하는 이익을 계산한다는 것 자체가 쉬운 일이 아니다. 대기업은 1차 협력사만 해도 수천, 수만 개다. 이 중 어떤 협력 업체의 노력이 이익 증가에 얼마나 기여했는지 측정하고 기여도에 따라 이익을 배분한다는 발상은 현실성이 없다.

## 이익공유제 반대 ③ : 시장 원칙 역행

이익공유제는 시장 논리와 주주 자본주의 원칙에도 역행한다. 대기업이 이익만 낸다면 자동으로 이익이 보장되는 협력업체는 굳이 연구개발비를 투입해서 납품 단가를 낮춰야 할 유인을 찾지 못할 것이다. 구체적인 원가 절감이나 기술 개발 등 협력업체에 혁신 유인을 줄 수 있는 성과공유제보다도 퇴보한 제도다.

이익공유제는 주주재산권을 침해할 소지도 있다. 주주는 기업이 달성한 수익을 배당 형태로 받는다. 그러나 배당으로 가야 할 기업 이익의 일부가 다른 회사에 강제로 돌아간다면 주주 가치가 훼손된다. 국내 증시에 영향력이 큰 외국인들이 크게 반발하면서 한국에 투자를 꺼릴 수도 있다. 이익공유제 수혜 대상에서 해외 협력사를 제외한다면 세계무역기구(WTO)에서 금지하는 보조금으로 해석돼 무역·관세 불이익을 받을 우려도 있다.

## 이익공유제 찬성 ① : 해외 기업 성공 사례

이익공유제는 외국 글로벌 기업들도 활용해 온 경영 모델이다. 고급 자동차뿐만 아니라 항공기 엔진 제조사로도 유명한 롤스로이스는 1971년 적자에 시달리다가 자동차 부문이 독일 BMW에 팔리고 항공기 엔진 부문은 영국 정부에 국유화됐다.

경영 위기 극복을 위해서 신형 항공기 엔진 개발이 절박했지만 막대한 연구·개발비를 댈 수 없었던 롤스로이스는 부품사와 협력이익공유 계약을 맺었다. 신형 항공 엔진 개발의 리스크가 큰 만큼 투자 비율에 따라 이익과 위험을 공유하기로 했다. 이 계약을 통해 롤스로이스는 신형 엔진 개발에 성공했고, 협력사들도 큰 이익 분배를 받았다. 이러한 성공으로 롤스로이스는 세계 2위의 항공기 엔진 제조사로 발돋움했다. 보잉이나 도요타도 비슷한 개념으로 성과를 거뒀다.

현재 정부 여당이 추진하는 방식은 위험 부분을 빼고 이익공유만 가져온 것으로서 대기업이 부담을 느낄 수 있다. 그러나 이는 이익이 적으면 공유하지 않는다는 조항 등으로 보완하면 될 일이지, 이익공유제 자체를 반(反)시장적 제도로 치부할 까닭은 없다. 항공 엔진 개발 분야에서 이익공유제가 업계 표준이 되었듯, 생산성을 높이면서 대기업과 협력사가 상생할 수 있는 협력 모델이 존재한다.

## 이익공유제 찬성 ② : 기업친화적 정책

보수 야당과 일부 언론은 이익공유제에 대해 '세계에서 유례가 없는 악법', '사회주의 하자는 것'이라며 온갖 트집 잡기에 나섰다. 그러나 정부가 누누이 밝혔듯 이익공유제에 참여할지 말지는 기업의 자발적인 결정에 달렸다.

정부가 캠페인에 그치지 않고 이익공유제의 입법화를 추진하는 까닭은 제도 확산을 위해 인센티브 제공의 법적 근거가 필요해서다. 여당은 이익공유제 참여 기업이 상생기금에 출연하는 출연금의 공제 비율을 대폭 올리기로 했다. 여기에 대기업과 중소기업이 협력해 이익을 공유하면 추가로 세제 감면을 해주는 방안도 제시했다.

재계의 숙원인 세제 감면 등 파격적인 인센티브를 제공하면서 자발적 상생 협력을 뒷받침 하는 제도가 어떻게 대기업 때리기일 수 있겠는가. '비즈니스 프렌들리(business friendly)'를 표방한 이명박 정부에서도 초과이익공유제를 추진했고 박근혜 정부에서도 기업소득환류세제를 시행했다.

## 이익공유제 찬성 ③ : 말뿐인 상생협력 되어서야

대기업과 중소기업 간 상생 협력을 통한 지속가능한 발전은 시대적 과제이자 당면한 코로나19 위기 극복의 대책이다. 기업 간 양극화는 곧 삶의 양극화를 초래하는 치명적인 시장 실패 사례다. 이를 보완하기 위해 정부와 정책이 존재한다.

여야, 대·중소기업 누구도 상생협력이란 가치에 반대하지 않는다. 그 가치를 실현할 정책이 없다면 공허한 슬로건에 그치고 만다. 이익공유제는 상생협력을 시행하기 위한 대안이다. 이 제도가 실질적 성과를 내고 혁신성장을 꽃피울 수 있도록 정부 여당은 정책적 지원을 아끼지 말아야 한다. 그러다 보면 기업의 참여 또한 자연히 활발해질 것이다.

정부 여당이 코로나 이익공유제 또는 협력이익공유제를 추진하고 있다. 이에 대해 설명하고 찬성 또는 반대 의견을 논하라. (1000자, 50분)

※ 논술대비는 실전연습이 필수적입니다. 반드시 시간을 정해 놓고 원고지에 직접 써 보세요.

200

400

600

800

1000

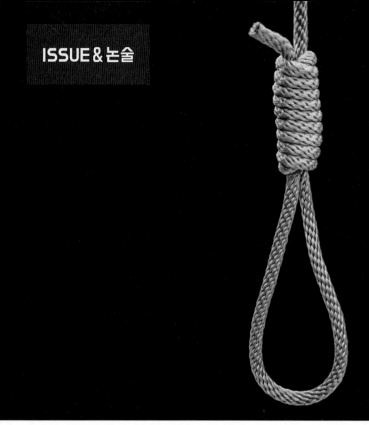

# 사형제도를 완전히 폐지해야 하는가

"오판 가능성 · 국제적 폐지가 흐름" – "국민 법 감정 · 위하력 고려해야"

## 이슈의 배경

지난 2월 3일 국가인권위원회가 **사형제도** 위헌 여부를 심리하고 있는 헌법재판소에 "사형제도는 생명권의 본질적 내용을 침해하는 것으로 폐지해야 한다"는 의견을 제출했다. 현재 헌재는 지난 2019년 2월 한국천주교주교회의 정의평화위원회 사형제도폐지소위원회가 제출한 헌법소원에 따라 사형제도 위헌 여부를 심리하고 있다.

2005년 의견표명을 시작으로 최근까지 사형제도 폐지 입장을 일관되게 밝히고 있는 인권위는 "사형제도에 대한 세 번째 헌법재판소 결정을 앞두고

대한민국이 '사실상 사형폐지국'을 넘어 사형제도 완전 폐지를 통해 인간의 존엄한 가치가 존중될 수 있기를 기대한다"고 밝혔다.

헌재가 사형제 폐지 여부와 관련해 판단을 하는 것은 이번이 세 번째다. 지난 1995년 헌재가 사형제도의 위헌 여부를 최초로 판단했을 때에는 7 대 2로 기각하며 합헌결정을 했다. 지난 2010년 두 번째 심판 때는 5 대 4로 기각했다.

두 번째 심판이 있은 후로 10년여의 세월이 지난 지금은 사형제 폐지 수순에 한 발짝 가까워진 것으로 보인다. 정부는 지난해 UN(국제연합) 총회

제3위원회에서 '사형 집행 모라토리엄(중단)' 결의안에 찬성표를 던졌다.

우리나라가 해당 결의안에 찬성표를 던진 것은 최초다. 당시 법무부는 "한국은 사실상 사형폐지국이고, 국제사회의 인식과 결의안 찬성국이 꾸준히 늘어나는 점 등을 고려해 찬성표를 던졌다"고 설명했다. 해당 결의안은 찬성 120개국, 반대 39개국, 기권 24개국으로 통과돼 사형제 폐지 추세가 전 세계의 압도적 흐름임을 나타냈다.

그간 UN 자유권규약위원회 등 국제사회는 대한민국 정부에 사형제도 폐지를 지속적으로 권고해왔다. 그러나 사형제도 폐지는 흉악범죄자에 대한 우리나라 국민의 법 감정을 고려하면 쉽게 결정할 수 없는 문제이기도 하다.

지난해 형기를 마치고 출소한 조두순이 국민 세금으로 매달 120만원의 복지급여를 받고 있다는 사실이 알려지자 여론은 분노했다. 사형을 선고받고 형기를 살고 있는 흉악범들 역시 국민 세금으로

---

**사형제도 (死刑制度)**

사형제도는 수형자의 목숨을 끊는 형벌인 사형에 관하여 규정한 것으로, 우리나라는 형법 41조에서 형벌의 종류에 법정 최고형으로 사형을 포함하고 있다. 사형은 국가에 따라 여러 가지 방식으로 집행되는데 우리나라는 교수형으로 집행한다.
국제인권단체 앰네스티는 우리나라를 '실질적 사형폐지국'(10년 이상 기결수 사형 집행이 이뤄지지 않은 국가)로 분류하고 있다. 우리나라가 1997년 12월 30일 23명에 대한 사형을 집행한 이후 사형을 집행하지 않고 있기 때문이다. 그러나 우리나라는 사형 집행을 유예하고 있을 뿐 완전히 폐지한 것이 아니어서 사형선고를 받은 사형수는 언제든 사형이 집행될 수 있다.

---

숙식을 제공받고 있다. 혈세로 흉악범을 먹여 살리지 말고 사형을 집행했으면 하는 것이 국민감정의 솔직한 단편이다.

사형제도는 유지해야 하는가, 폐지해야 하는가. 헌재가 사형제도 위헌 여부와 관련해 세 번째 판단을 앞둔 상황에서 오랜 시간 이어져 온 논쟁에 결론을 낼 때가 왔다.

## 이슈의 논점

### 사형제도 폐지론 ① : 사법 당국의 오판 가능성

범죄자에 대한 사형 선고를 내리는 것은 인간의 몫이다. 인간이 다른 인간의 생명을 박탈할 권리는 없다. 아무리 학식이 높고 지혜로운 인간이라도 오류를 범할 가능성은 존재한다. 사형제도가 유지되는 한, 사법부의 잘못된 판단으로 사형을 당한 뒤 진범이 밝혀지는 참담한 상황이 벌어질 위험성은 언제나 존재한다.

최근 화성 살인사건의 진범으로 몰려 20년 옥살이를 한 윤성여 씨에 대한 무죄가 확정됐다. 윤 씨는 '이춘재 연쇄살인 8차 사건' 당시 범인으로 지목돼 20년간 억울하게 옥살이를 했다. 윤 씨는 다행히 해당 사건의 진범이 잡히고 나서야 비로소 명예 회복을 할 수 있었지만, 사형제도로 인해 회복할 수 없는 피해를 남긴 경우도 있다.

유신 정권 당시 정치권력에 종속된 수사기관과 사법부의 불법이 낳은 대표적인 사법살인 사건 '인민혁명당 사건'이 그러하다. 사법당국의 오판에 의해 사형이 집행돼 무고하게 제거된 생명의 가치

는 영원히 회복할 수 없다. 어떤 공익성이 있다고 하더라도 사형제도를 정당화할 수 없는 까닭이다. 사법 당국은 사법제도의 한계를 보완하기 위해 재심제도를 두고 있지만, 사형이 집행된 경우에는 재심제도도 아무런 가치를 가지지 못한다.

물론 사법부의 착오로 무고한 사람에게 사형이 집행될 수 있는 가능성은 매우 낮을 수 있다. 그러나 권력이 정치적 반대 세력이나 정적을 탄압하기 위해 사형제도를 악용할 가능성은 언제든지 있다. 민주주의와 권력 균형은 달성하기도 어렵지만 보존하기도 어렵다.

우리나라에서도 그리 멀지 않은 과거에 이 같은 일이 일어났다. 김대중 전 대통령은 군부 독재에 항거하다가 전두환 신군부 세력으로부터 1980년 7월에 '내란음모죄'로 사형을 선고받은 바 있다.

당시 국제 앰네스티가 김 전 대통령을 '양심수'로 지정하며 구명 활동을 전개하는 등의 노력으로 김 전 대통령은 가까스로 사형을 면했지만 그렇지 못했던 원혼들은 아직도 구천을 떠돈다.

한국에서 앞으로 그런 일이 벌어지지 않을 것이라고 단정할 수 없다. 사형제도 완전 폐지는 미래에 나타날지도 모를 민주주의의 적들을 견제하기 위한 최후의 보루다.

돌이킬 수 없는 결과를 초래할 위험성이 있는 사형제도는 폐지하는 것이 마땅하다. 사형제도 완전 폐지와 함께 중범죄자들이 죗값을 충분히 치르도록 가석방 없는 무기징역을 제도화하는 등 대체형벌에 대한 논의가 함께 이루어져야 한다.

## 사형제도 폐지론② : 완전 폐지가 국제적 흐름

연좌제나 노예제가 역사 속으로 사라졌듯이 사형제도 역시 전근대사회의 유물로서 국제적인 폐지의 길로 접어들고 있다. 현재 사형제도를 전면 폐지한 국가는 100여 개국 이상이다. 특히 OECD(경제협력개발기구) 국가 중 사형을 집행하는 나라는 일본과 미국뿐이다.

OECD 국가 중 사형이 형법에 규정되고 사형 판결이 내려지지만 집행을 유예하는 국가도 한국뿐이다. 나머지 국가는 모두 사형제도를 폐지했다. 그러나 우리나라는 이런 국제적 추세에 발맞추지 못하고 '눈에는 눈 이에는 이' 형식의 감정적 여론에 부딪혀 이미 실효성을 잃은 사형제도를 역사의 뒤안길로 보내지 못하고 있다.

사형제도의 범죄 억제 효과는 확실하게 검증된 바가 없다. 과거 UN은 두 차례 사형제도와 범죄 억제의 관계에 대한 조사를 실시했지만, 유의미한 상관관계를 증명하지 못했다. 캐나다는 오히려 사형제도를 폐지하고 살인율이 감소하는 모습을 보였고, 주마다 다른 제도를 가진 미국은 사형을 폐지한 주의 살인율이 사형을 집행하고 있는 주보다 훨씬 낮게 나타났다.

이미 끊어진 생명은 교육해 순화하는 것이 불가능하므로, 사형제도는 교육·순화의 목적을 달성할 수 없는 유일한 형벌이라는 문제점도 있다. 흉악한 범죄를 저지른 사람은 그에 상응하는 처벌을 받아야 하지만 처벌이 또 다른 살인을 야기해서는 안 된다. 흉악범죄를 저질렀다고 사람을 처형하는 것은 정의가 아닌 보복일 뿐이다.

사형제도는 모든 책임을 한 개인에게 전가함으로써 사회 구조 개선에 대한 논의를 차단한다. 국제 사회의 흐름에 발맞춰 낡은 사형제도를 완전히 폐지할 시점이 됐다.

## 사형제도 존치론 ① : 국민 법 감정 고려해야

흉악한 범죄를 저지른 범죄자의 인권을 보호하기 위해 사형제도를 폐지하자는 주장은 무고하게 희생된 피해자의 인권을 경시하는 역설적인 결과를 낳는다. 피해자의 억울함은 물론이고, 피해자의 유가족들이 겪을 정신적인 피폐함을 전혀 고려하지 않는 것이다.

천인공노할 범죄자에 대한 마땅치 않은 판결로 국민의 법 감정을 무시하는 사례가 한두 건이 아니다. 법 위반자를 찾아내 확실하게 처벌하는 것이 국민감정에 더욱 부합하는 것이다. 실제로 지난 2018년 인권위가 국민 1000명과 전문가 132명을 대상으로 실시한 설문조사에 따르면 응답자의 79.7%가 사형제도 유지에 찬성하는 것으로 조사됐다.

법은 약자를 보호하기 위해 존재하는 것이다. 흉악범죄가 급증하고 약자를 상대로 한 범죄 수법이 갈수록 흉포해지는 우리나라에서 사형제도를 폐지한다면 국민 안위에 부정적인 영향을 미칠 것이다. 사형을 선고하고 집행을 재개함으로써 흉악한 범죄를 저지른 사람은 반드시 잡히고 그에 상응하는 벌을 받는다는 점을 강력하게 경고하여 다수 국민의 안전을 보장할 필요가 있다.

사형제도는 타인의 인권을 무참하게 짓밟은 범죄자의 인권을 제한함으로써 잠재적인 피해자들의 인권을 보호하기 위해 우리 사회에 반드시 존재해야 하는 필요악이다. 무고하고 선량한 시민의 안전을 보장하기 위한 제도로써 사형제도는 유지되어야 한다.

## 사형제도 존치론 ② : 범죄 억제 '위하력' 효과 존재

사형제도를 폐지하고 살인율이 감소한 경우도 있지만, 사형제도를 폐지했다가 살인율이 늘어난 사례도 존재한다. 영국은 1966년 사형제 폐지 전후 각 20년간 살인사건 발생률을 비교 분석한 결과 폐지 후에 살인사건이 60% 증가한 것으로 알려져 있다.

사형을 집행하고 살인율이 감소한 사례도 있다. 가령 1981년 텍사스주 휴스턴은 701건의 살인사건이 발생하여 살인율이 가장 높았는데, 1982년에 사형 집행을 부활시키고 살인범죄가 격감하여 1981년에 701건이던 살인사건이 1996년에는 261건으로 줄어들어 63%나 감소했다.

이 같은 사례를 살펴봤을 때 사형제도가 흉악범죄에 대해 위하력(威嚇力:처벌을 통해 다수 일반인에 대한 범죄 억지력을 높여 범죄를 예방하는 것)을 갖지 못해 범죄 억제 효과가 없다는 주장은 근거가 부족하다. 사형제도는 오히려 일벌백계의 기능을 가진다고 볼 수 있다. 잘못이 명백하고 죄질이 극히 나쁜 흉악범죄자에 한해서라도 사형을 집행하여 사형제도가 무고한 생명을 해칠 수 있는 극악범죄에 위하력을 발휘할 수 있게 해야 한다.

## 연습문제

최근 국가인권위원회가 헌법재판소에 사형제도 폐지 의견을 제출했다. 사실상 '실질적 사형폐지국가'로 분류돼 있는 우리나라가 사형제도를 완전 폐지해야 하는지 자신의 생각을 논하시오. (1000자, 50분)

※ 논술대비는 실전연습이 필수적입니다. 반드시 시간을 정해 놓고 원고지에 직접 써 보세요.

200

400

600

800

1000

# 명절 김영란법 완화 논쟁

## "범정부적 민생 대책 일환" vs "정책 신뢰성 훼손 우려"

**배경상식** 지난해 추석 명절에 이어 올해 설날에도 청탁금지법(김영란법)이 완화됐다. 문재인 대통령은 코로나19로 어려움에 빠진 농어민을 돕기 위해, 1월 19일 주재한 국무회의에서 설 명절 기간 동안 농축수산물 선물 상한액을 10만원에서 20만원으로 상향 조정했다. 김영란법은 청탁금지법의 정식 명칭인 '부정청탁 및 금품 등 수수의 금지에 관한 법'을 의미하며, 지난 2012년 관련 법안을 발의한 김영란 당시 국민권익위원회 위원장의 이름을 따 지은 이름이다. 김영란법은 음식물·선물·경조사비 상한액을 3만원·5만원·5만원으로 제한하는 '3·5·5 규정'을 두고 있는데, 선물의 경우 농축수산물에 한해 10만원까지 허용한다.

올해 설 명절에도 농축수산물 선물 상한액이 10만원에서 20만원으로 일시적으로 상향되자, 찬반의 목소리가 쏟아져 나왔다. 정세균 국무총리는 국무회의에서 "선물 한도가 한시적으로나마 상향조정된다면, 지친 농어민들에게 소중한 단비가 될 수 있을 것"이라고 언급했고, 이에 일부 위원들은 같은 취지로 개정 필요성을 주장했다. 반면, 이를 두고 우려의 목소리도 나왔다. 시민사회단체 출신의 비상임위원 등은 법적 안정성과 정책 신뢰성 훼손을 우려하면서 재난 상황이 다시 일어난다면 또 시행령 개정을 반복해 김영란법의 입법취지가 무색해질 것이라고 지적했다.

## 범정부적 민생대책의 일환

이번 김영란법 시행령 한시 개정은 코로나 19의 장기화로 인한 강도 높은 '사회적 거리두기' 등으로 사회·경제적 어려움이 누적됨에 따라 범정부적 민생대책의 일환으로 취해진 조치다. 특히 사과·한우·굴비 등 주요 농축수산물은 명절 소비에 크게 의존하고 있는데, 코로나19에 따른 귀성인구 감소로 관련 소비가 줄 경우, 농축수산가의 피해가 우려된다.

정부는 작년 추석에도 같은 취지로 김영란법 상 농축수산물의 선물가액을 일시적으로 상향 조치한 바 있다. 법안을 완화한 결과, 농축수산물 매출이 전년도 추석에 비해 7% 증가하고, 특히 10만~20만원대 선물이 10% 증가하는 효과가 있었다. 이번 조치 역시 농축수산업계에 도움이 될 것이다.

## 농축수산업계 침체 극복

농축수산물은 사치품과 달리 김영란법 거래 대상이 되기 어렵다. 정부는 지난해 추석을 맞이해 김영란법 농축수산물 선물가액을 20만원으로 임시 조치했지만, 어떠한 위반사례도 발생하지 않았고, 농축수산업계 농민과 유통업계에 활기를 가져다줬다.

김영란법은 직무 관련 공직자에 대한 금품 제공을 제한하는 법이지만 일반인끼리도 이를 준용하는 경우가 많아 일시적 규제 완화에도 파급 효과가 컸다. 이번뿐만 아니라 앞으로 명절 등 성수기만이라도 선물 상한액 기준을 높여야 한다.

## 정책 신뢰성 훼손 우려

권익위는 지난해 추석에도 농축수산물 선물가액을 20만원으로 상향한 바 있다. 하지만 당시 전원위원회는 잦은 개정으로 김영란법이 흔들리면 잘못된 인식이 생길 수 있다고 우려하면서 예외적으로 한 차례 조정할 뿐 추가 조정은 불가하다는 전제로 의결했다. 스스로의 약속을 1년도 지키지 못한 것이다.

법은 일관성이 중요하다. 재난 상황이 일어날 때마다 시행령 개정을 반복하면 김영란법은 누더기가 되고 신뢰성이 훼손될 것이다. 이는 농축수산물에 한정되지 않는다. 앞으로 또 어떤 이유로 음식물·경조사비 등 김영란법에 해당하는 기준이 어떻게 변할지는 알 수 없는 일이다. 이번 정부의 조치는 '공정성'이라는 원칙에 또다시 생채기를 냈다.

## 소상공인에게 도움 안 돼

이번 대책은 코로나19에 따른 소상공인들의 어려움을 해결하는 대책이 될 수 없다. 농축수산물의 가격이 10만 원을 뛰어넘는 고가인 경우 대부분 백화점에 집중돼 있다. 김영란법이 완화되더라도 고가의 물품을 살 사람들은 전통시장을 찾지 않아 실질적으로 전통시장과 소상공인들에게 이득이 되지 않는다.

농민들도 마찬가지다. 백화점으로 유통되는 농축수산물은 20%에도 미치지 못하는 수준인데, 일시적 완화가 농축수산물 소비 촉진에 도움을 줄지 의심스럽다. 이번 조치의 예상 효과는 공직자들이 받을 수 있었던 10만원 이하 사과·배 선물이 10만원이 넘는 한우와 굴비로 바뀌는 것뿐이다.

# 토크콘서트
# 총/정/리

지난 1월 18~22일 '2021 공공기관 채용 정보 박람회'가 온라인으로 열렸다. 취준생들이 취업하고 싶은 공기업의 현직자들로부터 절실한 조언과 구직 정보를 들을 수 있는 기회였다. 공기업 인사팀이 알려주는 꿀팁을 〈에듀윌 시사상식〉이 요점만 모아 정리해준다.

## Q1
입사 후 포부는 어떻게 작성해야 할까요?

**A** **한국인터넷진흥원** 모호하게 답변하기보다는 기간별로 어떤 성과를 내겠다고 말씀하는 것이 설득력 있습니다. 구체적으로 말씀해야 평가자들을 설득할 수 있습니다. 단기 목표를 말씀할 때에는 공부를 많이 하고 기관의 사업이나 여러 상황을 자세히 확인해야 합니다.

**한국자산관리공사** 본인이 스스로를 되돌아보며 몇 년 차에 어떤 직무를 수행하고 어떠한 역량을 키워나갈지에 대해서 기관의 사업과 연계하여 작성하는 것이 큰 도움이 될 것입니다. 단순히 시간대별, 연차별로 기술하기보다는 지원한 기관에 어떠한 직무를 수행할지에 초점을 맞추어 논리적으로, 구체적으로 작성하면 도움이 될 것입니다.

**인천국제공사** 입사 후 포부는 어떤 일을 어떻게 하겠다는 점을 구체적으로 작성해야 합니다. 입사 후 포부를 작성할 때는 업무 실현을 위해 본인의 역량과 경험을 연결시키는 것이 매우 중요합니다. 단순히 나열하는 것은 좋지 않습니다.

" 입사 후 포부는 기관에 대한 이해도를 묻는 질문이다. "
" 본인의 역량과 경험을 바탕으로 어떤 업무를 할지 논리적으로 구성해보자. "

### 자기소개서 작성 팁

자기소개서를 작성할 때 가장 중점적으로 생각해야 할 부분은 본인이 지원하고자 하는 분야에 필요한 역량이다. 채용 공고를 올릴 때 지원 분야마다 직무기술서를 같이 공지한다. 본인이 지원하고자 하는 직무기술서를 토대로 필요한 역량을 도출하고 본인의 역량에 해당하는 부분을 어떻게 발전시킬 수 있는지를 고려하여 작성해야 한다.

**한국가스공사** 회사에서 지원동기를 요구하는 이유는 그 회사를 특별하게 생각한 점을 알고 싶기 때문입니다. 지원하고자 하는 회사의 특성, 현황, 원하는 인재상을 지원 동기에 녹여낸다면 고득점을 받을 수 있습니다.

**국립공원공단** 지원하게 된 직접적인 계기를 제시하는 지원서가 인상적으로 보였습니다. 예를 들어 '국립공원에 방문하여 노는 모습을 보고, 어떻게 하면 공원을 관리하여 다음 세대에게 전달할 것인가?'라는 키워드로 작성한 지원서가 인상이 깊었습니다.

**인천국제공항공사** 지원동기는 지원자가 회사에 대해 얼마나 알고 관심을 가져왔는지에 대한 질문입니다. 지원동기를 작성할 때는 회사가 어떤 업무를 하고 있는지에 대해 확실히 표현하는 것이 매우 중요합니다. 또한 본인이 어떤 역량을 가지고 있고, 회사에서 어떤 일을 펼칠 수 있는지에 대해 간략하게, 그리고 지금까지 해왔던 경험을 구체적으로 작성하는 것이 도움이 될 것 같습니다.

**한국산업은행** 기업을 분석하면서 회사가 어떤 일을 하는지, 왜 가고 싶은지 정리하는 단계로 생각하면 좋습니다. 회사에 관심을 보이는 데 과도하게 신경을 쓰다보니 지원서에 회사의 정보나 현재 상황을 나열하면서 정작 본인 얘기를 빼는 경우가 많습니다. 그렇지 않도록 본인이 왜 지원했는지 살아온 환경과 배경을 잘 담아서 서술하는 것이 좋은 점수를 받는 것 같습니다.

**국립생태원** 애인에게 좋아하는 이유를 설명할 때 "눈이 예쁘다"라고 하는 것처럼 명확하게 짚어서 설명하는 것이 중요합니다. 국립생태원에 다녀야 하는 이유를 연애편지 쓰는 것처럼 심혈을 기울여서 상대방의 마음을 움직일 수 있으면 좋은 점수를 받을 수 있습니다.

**한국 승강기안전공단** "이 회사여서 지원한다"라는 점을 어필하는 것이 중요합니다. 지원동기 중 "면접 당일 아침에 일어나서 이용하게 된 엘리베이터와 에스컬레이터의 수, 면접 전달 계단을 이용한 횟수를 비교하면서, 승강기안전공단에서 일하는 분들이 대단했다"라는 이야기가 기억에 남습니다. 지원동기를 머릿속에서 생각해 글로 표현하는 것보다는 몸으로 체험한 것을 글로 녹여내는 것이 새로웠습니다.

" 지원동기는 회사에 얼마나 관심이 있는지에 대한 질문이다. "
" 왜 우리 기관에 입사하고 싶은지 구체적으로 사례를 들어 작성하자. "

**A** 한국주택금융공사 자신이 어떠한 단점을 가졌는지 인지하되 그것을 아는 것으로 끝내지 말고 이를 어떻게 고쳐 장점으로 승화시킬지 노력해왔는지, 조직문화나 업무환경에 얼마나 잘 녹아들 수 있는지를 묻는 취지입니다. 단점을 얼마나 적극적으로 개선하려고 노력했는지 어필하는 것이 포인트입니다.

한국수력원자력 서류 통과만이 목적이라면 꾸며서 답변하는 게 도움이 될 수 있겠지만, 면접을 거치면서 그 내용이 사실인지 아닌지 판단할 수 있으니 솔직하게 기재하는 것이 좋습니다. 장점보다는 단점에 주목하여 기재하고, 단점을 기재할 경우 극복하기 위해 어떤 노력을 했는지, 현재는 어떻게 극복하여 어떠한 상태인지를 포함하는 것이 좋습니다.

**A** 축산물품질평가원 사실 성격의 장단점을 물어보는 이유는 자신에 대한 파악, 자기 성찰이라고 봅니다. 결국 본인의 성격 장단점을 일상생활에서 어떻게 적용하고 극복할 것인지를 보는 것이기 때문에 솔직하게 어떻게 개선했는지, 나의 성격이 어떻게 업무에 적용될 수 있는지를 구체적으로 얘기하면 어떤 장단점을 이야기하더라도 좋다고 생각합니다.

해양수산과학기술진흥원 글을 평가하는 사람들은 성격에 따른 직무와 성과를 판단하게 됩니다. 나의 성격이 어떤 도움이 될 것인지를 글에 녹이면 좋을 것 같습니다.

" 단점을 어떻게 개선했는지가 중요 포인트다."
"나의 성격이 회사 업무에 어떻게 적용될 지 생각해보자. "

**A** **국립생태원** 공신력 있고 공식적인 정보를 제공하는 사이트로 기획재정부의 '알리오(www.alio.kr)'가 있습니다. 기관에 대한 전략과 현황, 국회에서 지적받은 사항, 개선해야 할 업무 계획을 모두 확인할 수 있습니다.

**한국자산관리공사** 알리오를 통해 기관에서 공시하는 내용을 우선 파악하여 어떤 사업이 있는지, 어떤 상태에 있는지 확인하기 바랍니다. 각 회사의 블로그, 공식 홈페이지에는 기관들이 수행하고 있는 관심 업무나 부서별 직원 인터뷰 등이 있습니다. 여기서 어떤 업무를 구체적으로 하는지 취준생 입장에서도 쉽게 이해할 수 있도록 상세하게 적어두었습니다.

**한국남부발전** 저는 개인적으로 회사 홈페이지를 자세히 살펴봤습니다. 회사소개 하단에 해외사업, 신재생에너지 발전현황, 국내 사업현황 등이 자세히 안내되어 있습니다. 정확한 내용을 숙지한 지원자가 드물기에 회사 홈페이지만 숙지해도 충분할 것 같습니다.

> **순환근무**
>
> 순환근무는 기본적으로 2년 근무를 기준으로 운영된다. 주요 공기업은 직원들의 불만을 최소화하기 위해 연고지 중심으로 배치하도록 노력하고 있지만, TO문제로 인해 그렇지 못하는 경우도 있다. 한국수력원자력이나 한국전력공사의 경우는 마일리지 제도를 통해 공정한 순환근무가 될 수 있도록 노력하고 있다. 외지에서 근무할 경우 다음 순환근무 때 본인이 희망하는 지역으로 갈 수 있도록 가산점을 주고 있다. 사무직의 경우 선호하는 도심지역으로 가기 위해서는 시간이 오래 걸리지만, 기술직군인 경우 대략 2~3년이 걸린다고 한다.

**인천국제공항공사** 홈페이지에 주요사업, 연차보고서, 다양한 자료와 이슈 등 웬만한 정보가 다 있습니다. 인터넷에서 뉴스를 검색해도 다 나옵니다. 해당 내용을 참고하여 면접에서 질문이 어떻게 들어올지 간략하게 준비하면 나중에 질문을 받았을 때 덜 당황하지 않을까 합니다.

**해양수산과학기술진흥원** 우리 진흥원은 페이스북, 인스타그램 등 SNS로 소통하고 있습니다. 내부 정보를 알기 위해서는 대학생·취업준비생 등을 대상으로 창업 콘테스트, 대학생기자단 등의 활동도 있습니다.

" 정보는 공식사이트인 알리오나 기관의 홈페이지를 이용하자. "

**A** **한국전력공사** 공기업은 수요 타깃층이 정해진 사기업과 달리 국민 전반을 대상으로 서비스하고 있습니다. 공공적인 목표를 분명하게 생각해야 합니다. 본인의 장점이나 가치관을 활용하여 본인의 성격과 함께 녹여낸다면 인재상에 적합한 인재라고 어필을 할 수 있을 것 같습니다. 부족한 면이 있더라도 본인의 입사 후 포부처럼 회사에 도움이 되는 인재를 꿈꾸고 있음을 어필하면 될 것 같습니다.

**한국환경공단** 기관의 인재상 실현을 위해 어떻게 준비했는지를 채용 과정에서 드러내는 것이 좋습니다. 특히 본 공단의 경우 평상시 환경과 관련하여 어떤 노력을 하고 있는지를 생각해보면서 생활 속에 실천하는 것이 중요합니다. 환경 관련 뉴스 등 다양한 정보를 접하면서 그것들에 대한 본인의 생각을 정립하면서 취업 과정에서 어필하는 것이 중요합니다.

**한국가스공사** 저희 공사의 인재상으로는 신뢰, 변화, 도전, 책임이 있습니다. 현재 공사는 변화의 시기에 있다고 생각합니다. 네 가지 인재상 모두 필요하지만 최근 수소, 연료전지 등 신에너지 및 4차 산업혁명 시대로 변화해 가고 있으므로 이번 채용에는 변화나 도전의 측면에서 새로움을 즐기는 분이 오면 더 점수를 많이 받지 않을까 생각합니다.

**소상공인시장진흥공단** 저희 공단에서 가장 중요한 인재상은 소통입니다. 보통 소상공인은 매출액 증대 문제, 홍보나 마케팅 조언, 대출 상품을 알아보러 오는 경우가 많습니다. 이야기를 잘 듣고 어떤 지원 사업과 연계할 수 있는지 종합적으로 사고하고 판단하는 소통이 중요합니다.

" 본인이 회사에 적합한 인재상이라는 것을 적극적으로 어필하자. "

**기본스펙과 자기소개서의 중요성**

공공기관은 기본적으로 블라인드 채용을 시행하고 있다. 따라서 지원자의 학벌, 학점, 공고문에 나와 있는 고급 자격증을 제외한 자격증은 전혀 영향을 미치지 않는다. 그러나 자기소개서는 면접관이 실제로 읽어보는 자료이므로 공사의 핵심가치 및 인재상 등을 잘 반영하여 작성하는 것이 좋다.

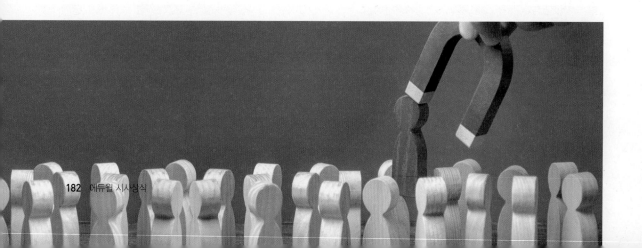

**A** **한국자산관리공사** 학과 공부를 병행하면서 인터넷 강의를 수강한 기간을 포함하면 적어도 1년 이상 준비했습니다. 채용 기간이 다가왔을 때 해당 기관에서 제출하는 문제 유형에 맞춰서 스스로 공부하는 방법을 되짚어보는 것을 추천합니다. 공부는 평소에 많이 하되 채용 기간에 맞춰 요약된 공부를 하는 것이 큰 도움이 될 것입니다.

**한국산업은행** 개인마다 준비한 정도가 달라 일률적으로 기간을 말하기 어렵습니다만, 저는 1년 정도 공부했던 것 같습니다. 필기시험의 경우 중요한 전공 핵심과목이나 이론을 중심으로 출제하고 있으므로 공부한 정도를 파악하여 중요한 이론·논리를 암기하고 푸는 연습을 하는 것이 시간 관리에 도움이 될 것입니다.

**한국환경공단** NCS 기반 시험의 경우 기초 문제를 풀어보고 다양한 문제를 풀면서 준비하면 도움이 됩니다. 직렬별 전공과목의 경우 공단 홈페이지나 알리오에 게시되어 있습니다.

**국립생태원** 필기시험 준비도 중요하지만 생각보다 인성검사에서 탈락하는 경우가 많습니다. 인성검사도 인터넷이나 문제집을 통해 체크해보기 바랍니다. 또한 전공시험의 경우 관련 분야의 기사 자격증 수준의 난도로 출제됩니다. 시중의 기사 자격증 문제를 어느 정도 풀 수 있다면 필기시험은 무리 없이 합격할 수 있을 것입니다.

**한국수력원자력** NCS 시험은 전반적으로 문제 난도가 높지 않아 시간 싸움이 중요합니다. 형태나 유형은 다르지만, 기본적으로 제한시간 내에 많은 문제를 풀어야 하므로 시간을 효율적으로 관리하는 것이 중요합니다. 꾸준히 시험문제를 풀고, 막연히 풀어보기보다는 시건 관리 연습을 꾸준히 하는 것이 시간 단축에 도움이 됩니다.

**축산물품질평가원** 개인적으로 할 수 있는 것은 다 했습니다. 주요 채용 직무인 축산물질평가직의 필기 과목인 축산학 개론, 식육 과학, 식품 미생물학이 있는데 식품 미생물학은 축산학과생에게 약한 부분이다보니 식품 기사의 문항까지 전반적으로 준비했습니다.

**한국전력공사** 회사마다 NCS가 조금씩 다르므로 전략을 어떻게 짜는지도 중요합니다. 최소한 시험 일주일 전부터는 회사의 NCS가 어떻게 출제되는지, 오답·감점 요소에 대한 전략을 세우는 것을 추천합니다.

**한국지역난방공사** NCS의 경우 실력이 계단형으로 발전하므로 꾸준함이 중요합니다. 시험현장과 같은 환경을 갖춰 문제 푸는 것이 실력 향상에 도움이 됩니다. 그래도 성적이 오르지 않으면 오답 노트를 만들고 스터디를 통해 같이 공부하는 것도 효과가 있습니다.

" 필기시험 준비는 1년! NCS는 꾸준함이 중요! "

**A** **한국인터넷진흥원** 대단한 경력이 있어야 성공하는 것은 아닙니다. 사소한 경험이라도 이를 통해 어떤 것을 배웠는가를 설득력 있게 전달하느냐가 중요합니다. 직무와 연관된 경험이면 좋지만, 봉사활동 등 직무와 관련되지 않은 경험이라도 이러한 경험이 기관에 입사하여 어떤 도움이 되는지를 논리적으로 전달하면 좋은 점수를 얻을 수 있습니다.

**국립생태원** 공공기관은 수치화된 것을 좋아합니다. 수치화된 경험을 제시하는 것이 제일 좋고, 그것이 어렵다면 경험을 드라마틱하게 제시해야 합니다. 어려움과 갈등을 어떻게 해결했는지를 서류나 면접 심사 담당자가 재미있게 읽을 수 있게 작성한다면 좋습니다.

**A** **한국전자통신연구원** 직무와 관련된 경험이 없는 사람은 본인이 가지고 있는 부분을 끌어내지 못하는 경우가 많습니다. 여태까지 해왔던 포트폴리오를 정리해보고, 관심 있는 분야에 대한 채용공개 내 직무 내용을 확인하고, 어떤 내용을 반영할지를 체계적으로 정리해보기 바랍니다.

" 사소한 경험이라도 어떤 것을 배웠는지, 회사에 어떻게 도움이 될지 전달하자."
"수치화된 경험을 제시하자. "

### 공백기는 어떻게 대처해야 할까?

면접위원에게는 자기소개서의 공백기가 눈에 띈다. 공백기에 관한 질문을 받았을 때는 공백기 때 무엇을 어떻게 준비했는지 답변하면서 공백기에 대해 숨기지 말고 오히려 인정하는 것도 하나의 답이다. 다만 공백기가 3년 이상이라면 그 안에 자기발전을 위해 무엇을 어떻게 했는지 어필하는 것이 좋다.

**A** **한국토지주택공사** 매년 입사하는 사원을 대상으로 인턴 경험이 있는지 수치를 계량화했는데, 작년의 경우 10%가 인턴 경험이 있었습니다. 이 말은 반대로 90%는 인턴 경험이 없다는 뜻입니다. 인턴 경험이 꼭 필요하지는 않지만, 해당 경험을 하면 직무에 대한 이해도는 높아질 수 있습니다.

**국립공원공단** 무분별한 인턴 경험보다는 지원하고자 하는 직무에 맞는 경험을 찾는 것이 더 중요합니다. 직무분야와 연관되어 있는지, 이 회사에서 어떤 역량을 발휘할 수 있는지가 더 중요하다고 생각합니다.

**한국교통안전공단** 청년 인턴의 경험이 있다면 자기소개서나 면접 전형에서 공단의 어떤 조직문화를 경험했고, 사업이 대략 어떻게 진행되는지를 알고 있다는 점을 어필하면 좋습니다. 다만 블라인드 채용이므로 실제로 본인이 어떤 부서에서 근무했는지에 관한 언급은 자제하면 좋은 점수를 받을 수 있습니다.

<blockquote>" 인턴 경험은 필수적인 것은 아니다. "</blockquote>

### 체험형 인턴 어떤 경험을 하나요?

체험형 인턴으로 채용된다면 최대한 지원자의 선호와 전공을 반영하여 부서에 배치된다. 기존 실무자와 같은 업무는 하지 못하지만, 실무자를 도와주며 배치된 부서의 업무를 간접적으로 경험할 수 있다. 이러한 경험을 자기소개서에 잘 녹여낸다면 면접전형 시 큰 도움이 될 것이다.

INTERNSHIP

**A** **해양수산과학기술진흥원** 면접관으로서는 정해진 면접시간 내에 구직자를 정확히 판단해야 합니다. 꼬리에 꼬리를 물고 질문이 계속 이어질 수 있도록, 면접관이 궁금해할 수 있는 경험을 말씀하기 바랍니다. 만약 이것이 없다고 하더라도 고민하면서 최대한 찾아내어 면접에 임하는 것이 팁입니다.

**축산물품질평가원** 면접을 하다보면 진실성이 느껴지지 않거나, 지원자가 질문의 의도를 정확히 파악하지 못하거나, 준비한 것만 대답한다는 생각이 들어 안타까웠습니다. 내가 준비하는 것을 모두 말한다기보다는, 순간순간마다 면접관이 나에 대해 무엇을 알고 싶을까를 한 번 더 생각해서 대답하면 좋은 결과가 있을 것 같습니다.

**한국지역난방공사** 면접을 하다보면 실무적 질문에 대한 답변을 모르는 상황이 발생하는 경우가 있습니다. 본인이 아는 선에서 최대한 답변을 하고, 모르는 것은 어쩔 수 없는 것 같습니다. '더 연구하겠다', '입사 후에 더 알아보도록 하겠다'처럼 긍정적인 방향으로 자신감 있게 답변하면 되지 않을까 싶습니다.

**소상공인시장진흥공단** 우리 공단 면접은 크게 직무 PT 토론 면접과 직무 인성 면접 두 가지입니다. PT 토론을 어려워합니다. 개별 주제를 받고 발표하고 조별 토론하는 형식인데 대부분 답변이 비슷하지만 핵심가치와 인재상을 고려하여 답변하면 좋은 점수를 가져갈 것 같습니다.

**한국교통안전공단** 스터디를 통해 면접 말하기를 연습하는 것도 중요하지만, 회사에 대해 많이 아는 것이 중요합니다. 같은 질문에 답변하더라도 본인의 경험으로 끝나는 것이 아니라, '이러한 경험이 공단의 어떤 사업과 맞는 것 같다', '이 사업에서 내 역량을 이렇게 펼쳐서 이러한 사업을 이어가겠다', '회사에 다니며 이러한 방식으로 경력 설계를 실천할 것이다' 등을 면접관에게 보여준다면 좋을 것 같습니다.

**한국가스공사** 채용을 진행하면서 면접장 안에서의 태도뿐만 아니라 밖에서의 태도도 지켜보게 됩니다. 면접 점수에는 영향을 미치지 않지만, 태도가 괜찮다고 생각하는 분들이 보통 합격하는 경향이 있습니다. 평소 행동이나 마음가짐을 다시 한번 생각해보시기 바랍니다.

" 면접은 솔직함이다. "

**면접에서 피해야 할 말!말!말!**

공공기관은 블라인드 채용을 하고 있기 때문에 블라인드 채용의 취지에 위배되는 말은 절대 피해야 한다. 이름·과거 근무기관명 등 본인을 특정할 수 있는 말은 채용에서 감점 요인으로 작용할 수 있다. 또한 본인의 경험을 답할 때는 특정한 경험을 통해 어떤 부분을 깨닫고 도움을 줬는가를 어필해야 한다. 예를 들어 "한 번도 지각이나 결석한 적이 없다"로만 끝나는 식의 답변은 평가하기가 곤란하다.

**A** **신용보증기금** 합격자를 보면 논술의 경우 신문이나 경영·경제 관련 책을 많이 읽는 사례가 많습니다. 그룹 스터디를 하면 스터디원과 계속 교류하면서 피드백을 받고 공부를 하는 목표를 가질 수 있습니다. 동시에 직접 공부한 내용을 적는 연습이 중요합니다.

**한국자산관리공사** 토론 면접인 경우 경제신문이나 뉴스를 통해 본인들의 의견을 정리하고, 적어나가면서 본인의 생각을 적는 것이 도움이 됩니다. 토론할 때 논리를 전개하는 것도 중요하지만, 본인만의 의견을 개진하는 것보다는 다란 사람의 의견을 경청하고 합의점을 만들어나가는 모습을 갖추어야 합니다.

**A** **한국산업은행** 1차 면접은 직무 능력 면접으로 자기소개서 내용에 대한 질의응답, PT, 토론, 팀 과제가 있습니다. 당사는 그해의 중요한 트렌드, 시사 이슈를 포함하려고 노력하고 있습니다. 최근에 관심과 논란이 되는 이슈를 위주로 준비하는 것을 추천합니다.

### Generalist VS Specialist

공공기관에서는 기본적으로 Generalist가 선호된다. 한 분야에 강점을 가지고 있는 것도 중요하다. 그러나 조직에서 원하는 방향은 한 분야에서 일하는 직원보다는 조직 어디든지 잘 근무하고 직원들과 잘 융화될 수 있는 직원이 선호된다. 따라서 서류를 작성할 때 어떠한 장점이 있으며 동시에 공사 전반적으로 얼마나 이바지할 수 있는지를 서술하는 것이 중요하다. 이후 전문성을 기르고자 하는 분야에서 Specialist로 성장할 수 있다.

※ 〈에듀윌 월간 NCS 3월호〉에서는 주요 공기업 11곳의 상세한 채용 일정을 정리했습니다.
　온라인 공공기관 박람회 배포 자료에서 수정·추가된 최신 일정 및 요강까지 수록하였으니 꼭 확인해 보시기 바랍니다.

# 포스트 코로나 시대
# NCS 블라인드 채용 준비로 이겨내자

포스트 코로나 시대, 올해도 취업시장 상황은 만만치 않다. 취업의 문턱은 점점 높아지고 경쟁은 나날이 치열해지는데 코로나라는 뜻하지 않는 복병까지 나타나 취준생들의 어려움을 가중시키고 있다. 이럴 때일수록 현재 상황에 대한 올바른 이해와 성공의 전략이 필요하다.

## 2021년 채용 시장 트렌드

먼저 2021년 올해 채용 시장의 트렌드를 알아보자. 첫 번째 코로나 영향으로 언택트로 진행되는 화상면접이 늘어나고 있다. 화상면접이라는 익숙지 않은 환경에서 자신의 역량을 잘 보여주려면 평소 카메라 앞에서 많은 연습이 필요하다.

두 번째, 대규모 모임이 불가능한 상황에서 역시 채용 박람회도 랜선으로 운영되고 있다. 본인이 관심과 의지만 있다면 이동하는 시간의 불편이나 추가 비용 없이도 방안에 앉아서 편하게 실시간으로 채용에 대한 다양한 정보를 수집할 수 있다.

세 번째, 기업의 대규모 채용이 줄어드는 대신 수시로 소수의 인원을 채용하는 수시 채용이 늘어나고 있다. 현대차, LG에 이어 최근 SK도 공채를 폐지하고 100% 수시 채용으로 변경했다. 취준생 입장에서 보면 지속적으로 채용 정보를 수집하고 대비해야 한다는 어려움이 있다. 관심 기업에 대한 지속적인 모니터링과 정보 수집이 필요하다.

네 번째, 올해도 여전히 스펙 보다는 직무역량 중심의 블라인드 채용이 확대될 것이다. 직무역량 중심 블라인드 채용을 적용하고 있는 공기업 취업을 목표로 도전해보는 것은 취준생들에게 매우 좋은 전략이라고 본다. 지역별 균형발전을 위해서 공기업의 지역인재 선발 숫자도 크게 늘었기 때문에, 지역에 소재한 대학에 재학 중이라면 지역 내 유망한 공기업을 목표로 도전해보는 것이 필요하다.

## NCS 블라인드 채용 등장

NCS 블라인드 채용이 대두된 배경은 무엇일까? 과거에 기업들은 우수한 인재를 채용하기 위해서 주로 학벌, 학점 등 소위 말하는 스펙을 중시했다. 하지만 그렇게 채용한 고스펙 사원들에게 막상 일을 시켜보니 업무 성과가 그리 만족스럽지 않았다. 한 조사 결과에 따르면, 출신 학교와 업무 성과와의 상관관계는 20% 미만이었다고 한다. 오히려 직무 관련 경험이나 적성 여부가 업무 성과에 더 큰 영향을 미쳤다. 뿐만 아니라 취준생의 묻지마 스펙 쌓기로 인한 과도한 시간과 비용의 낭비가 사회적인 이슈로 대두되었다.

이에 대한 대안이 바로 NCS 블라인드 채용이다. 블라인드 채용에서는 선입관, 편견을 유발할 수 있는 출신 학교, 성별, 출신 지역, 나이, 부모의 직업 등을 기재하지 못하게 되어 있다.

이제는 기업에서 막연히 고학력·고스펙의 화려한 지원자보다는 해당 직무를 맡겼을 때, 잘 해낼 수 있는 준비가 되어 있는 지원자를 채용하고자 한다. 직무 역량 중심으로 사람을 선발하는 데 방해가 되는 요소들을 가리는 것이 바로 블라인드 채용이다.

## NCS 블라인드 채용, 면접스킬 중요

블라인드 채용에서는 면접스킬이 과거에 비해서 더 중요해졌다. 왜 그럴까? 지원자를 평가할 정보가 과거에 비해서 적어지기 때문에 많은 지원자 중에서 누가 가장 적합한 인재인지 가려내는 데 상당히 고민이 생길 수밖에 없다. 과거 선발의 기준이었던 출신 학교, 학점, 외국어 점수 등의 정보가 배제된 상황에서 잘못하면 깜깜이 채용이 될 위험성이 있다. 그래서 블라인드 채용에서는 다양한 형태의 면접으로 집요하게 지원자를 평가한다. 체계적이고 구조화된 면접을 통해서 지원자의 직무 및 조직 적합도를 평가한다.

과거에는 성장 배경, 장단점, 취미 등 직무와는 무관한 일상적 질문 위주의 구조화되지 않은 면접 방식이었던 것에 반해 NCS 면접은 해당 직무에 관련된 역량을 평가하기 위해서 매우 체계적인 접근을 하고 있다. 먼저 지원자의 과거 경험을 통해서 직업 기초 및 직무 역량을 가졌는지를 평가하는 역량 면접, 입사 후 닥칠 수 있는 상황에 어떻게 대응할 것인지 질문함으로써 지원자의 미래 행동을 예측하려는 상황 면접, 찬반 토론 상황에서 지원자의 모습을 관찰하면서 평가하는 토론 면접, 지원자의 문제해결력 및 발표력을 평가하는 발표 면접까지 다양한 형태로 이루어지게 된다.

NCS 블라인드 채용의 마지막 관문인 면접 상황은 녹화 방송이 아닌 생방송이다. 서류 전형부터 NCS 채용을 체계적으로 준비해왔다 하더라도 면접에서 자신감 있게 자신의 역량을 보여주지 못한다면, 그간의 노력이 수포가 될 수 있다. 각각의 면접 형태별로 목적은 무엇인지, 무엇을 평가하려고 하는지, 어떻게 준비해야 하는지에 대한 이해를 바탕으로 준비하는 것이 필요하다.

돌아다니는 기출문제와 모범답안을 기계적으로 외우는 것보다는 나만의 콘텐츠를 가지고 승부하는 것이 중요한데 이때 기본 로직이 있어야 한다.

## 스펙 쌓기의 올바른 방향성 필요

이제 묻지마 스펙의 시대는 가고, 능력 채용의 시대가 왔다. 물론 스펙이 필요 없다는 것이 절대 아니다. 다만 그 스펙의 방향성이 중요하다. 내가 원하는 직무에 맞는 스펙이라야 의미가 있다. 그러한 스펙을 쌓는 과정에서 얻은 성취의 경험들을 진정성 있게 풀어내고, 역량을 면접이라는 매우 중압감이 높은 상황에서 자신감 있게 증명할 수 있어야 한다.

'나는 스펙 빈자(貧者:부족한 사람)라서 어차피 안 돼'라며 포기하거나 혹은 '뽑아만 주신다면'의 막연한 접근법보다는 먼저 희망 기업과 직무에 대한 방향성을 명확하게 정한 후, 자신감을 가지고 블라인드 면접에 대한 대비를 하나하나 차근차근 해나가는 것이 중요하다. 올바른 전략과 긍정적인 마인드를 가진 취준생에게 기회의 문은 늘 열려 있다.

**김은주** happyinside72@gmail.com
- 現) Synergy Learning 소장
- 前) Dale Carnegie Korea 부소장 및 Training Director
- 고용노동부 주관 NCS 직기초 온라인 과정 [대인관계] 개발 및 강의
- 한국생산성본부 PAC(Presentation Ability Certificate) 자격 과정 교수
- https://license.kpc.or.kr/nasec/qlfint/qlfint/selectPat.do
- 다수 공기업 및 공공기관 면접관 수행
저서 : 착한 언니들이 알려주는 NCS 취업면접

D10
Democracies 10 Countries
Canada
France
Germany
Italy
Japan
United Kingdom
United States
South Korea
Australia
India

팩트 시사

# '월드클래스 선진국' 노크하는 대한민국

## 월클의 기준

"손흥민은 과연 월클(월드클래스)인가"라는 논쟁이 국내외 축구 팬 사이에서 유행했다. 올 시즌 개인 기록으로 본다면 잉글랜드 프리미어리그(EPL)를 평정하다시피 한 손흥민의 월클 논쟁은 무의미하다. 그럼에도 "손흥민이 메시나 호날두 수준의 월클 선수인가"라고 묻는다면 쉽사리 답할 수 없는 것도 사실이다.

"한국은 선진국인가"라는 논쟁도 비슷하다. 한국은 경제, 군사력, 문화 등 많은 부분에서 세계 상위권이지만 한국인은 스스로를 선진국과 비교하길 좋아한다. 선진국의 기준은 다양하다. 물질적 풍족함으로는 1인당 국내총생산(GDP)이 5만달러를 넘는 카타르가 4만5000달러대인 독일보다 선진국이라고 말할 수 있을 것이며, 국민들의 정신건강이 기준이라면 퍽 가난하지만 국민행복지수(GNH)가 높은 부탄도 선진국이다.

북한이 자국을 '지상 낙원'이라고 선전해봤자 남들이 귀 기울이지 않듯, 국제사회에서는 경제력과 무역 규모, 인구, 군사력, 자유와 인권 수준 등 보편적으로 측정·비교할 수 있는 척도에서 상위권에 있는 나라들이 신진국으로 분류된다. 프로 축구에도 1부·2부 리그가 있듯, 선진국이라도 각자의 수준에 따라 참석할 수 있는 모임은 제한된다.

## 선진국의 1부 리그 G7

경제협력개발기구(OECD) 36개 회원국은 선진국 범위의 마지노선이라고 할 수 있다. 그중에서 대륙별 경제 규모가 큰 나라로 G20(Group of Twenty)을 추릴 수 있다. 대한민국은 1996년 OECD에 가입했을 때 선진국 클럽에 들어갔다고 감격했지만 2년도 안 돼 IMF(경제협력개발기구) 금융위기가 터지고 말았다. 이후 재기에 성공, 2008년 G20 회원으로 발돋움 했다.

G20보다 격이 높은 최상위 선진국 클럽은 G7(Group of Seven)이다. 미국, 일본, 독일, 영국, 프랑스, 캐나다, 이탈리아로 구성된 G7은 IMF가 공식 인정한 7대 선진 경제국이다. 이들 7개국은 인구가 세계 인구의 14%에 불과하지만 세계 부의 62%를 차지한다. 세계 2대 경제 대국인 중국이 명단에 없는 데서 짐작할 수 있듯이, G7은 경제 규모뿐만 아니라 자유민주주의가 확립된, 친미 성향의 국가로 멤버가 한정된다.

1994년 G7은 러시아를 편입해 G8을 구성했다가 2014년 크림반도를 무력 병합한 러시아를 퇴출하며 G7으로 환원했다. 허울 좋게 선거를 치를 뿐 사실상 푸틴 러시아 대통령의 영구 독재가 이어지는 체제가 '유사(pseudo) 민주주의'에 불과해, G7이 지향하는 자유민주주의 이념에 배척된다고 판단한 것이다.

전 세계 10위권 경제력을 갖췄으며, 1인당 소득 3만달러 이상·인구 5000만 명 이상인 7개국 중 하나인 한국이 G7 대열에 못 낄 이유는 없다. 다만 G7은 자격과 조건을 충족해도 기존 회원들이 가입을 승낙하지 않으면 들어갈 수 없는 회원제 클럽이다.

한국이 G7에 들어감으로써 '월클 선진국' 인증을 받을 수 있으리란 기대감은 작년 6월 도널드 트럼프 전 미국 대통령의 구상으로 구체화했다. 트럼프 당시 대통령은 "G7은 세계에서 일어나는 일들을 적절히 대표하지 못하는 낡은 국가 모임"이라며 G7에 한국·러시아·인도·호주를 포함해 G11으로 확대 개편하는 구상을 추진했다. 트럼프 대통령은 문재인 대통령에게 한국의 G7 합류를 공식 제안했다.

이 구상은 크림반도 병합 문제가 해결되지 않은 상황에서 러시아의 복귀에 반대하는 다른 회원국들의 반대에 가로막혔고 트럼프 대통령이 재선에 실패한 탓에 흐지부지됐다. 회원국들은 세계 최고 선진국 클럽인 G7의 희소성이 희석되는 것을 원치 않았다. 특히 아시아의 유일한 멤버인 일본은 한국의 참여를 경계했고 앞으로도 훼방을 놓을 심산이다.

## 월클 승격의 무게

그러나 2021년 G7 개최 의장국을 맡은 영국의 보리스 존슨 총리가 최근 문 대통령에게 G7 정상회의 초청을 공식 확인함으로써 한국의 G7 진입은 현실로 다가왔다. 영국은 한국과 함께 인도, 호주 정상도 함께 초청함으로써 이른바 D10(Democracy Ten : 민주주의 10개국) 구상을 본격화하고 있다는 관측이 나온다. 13억 인구를 자랑하는 인도는 세계 최대의 민주주의 국가이다. 호주 또한 민주주의 가치를 공유하며 한국과 경제 규모가 비슷한 수준이다.

한국의 G7 진입 타당성은 수치로도 증명된다. 한국은 G7 회원국 이탈리아의 GNI(국민총소득)를 뛰어넘을 것으로 확실시된다. 블룸버그 통신에 따르면 한국은 2020년 코로나19 여파로 2019년 대비 연간 −0.9% 역성장한 것으로 추정되는데 이는 OECD 회원국 가운데 가장 양호한 성장률이다. 2020년 이탈리아 경제는 대규모 봉쇄 때문에 약 −9% 정도 위축돼 한국에 역전될 전망이다.

한국의 G7 진입은 자랑스러운 일이지만 마냥 기뻐할 수만은 없다. 트럼프의 G7 확대 제안은 미중 갈등 배경에서 중국을 고립시키기 위한 시나리오로 해석됐다. 트럼프 퇴장 이후에도 바이든 행정부가 대(對)중국 강경 기조를 이어가고 있듯이, 영국이 보낸 G7 초청장도 중국 견제의 필요성에서 비롯된 것이다. 중국과 상극인 인도·호주와 달리 한국은 아직 대중국 포위 전선에 가담하겠다는 뜻을 내비친 바 없다. G7은 '월클 한국'에 도취된 '국뽕 무대'가 아닌 국제 정치의 냉엄한 현실 속에서 치열하게 전략을 재편해야 할 시험대가 돼야 한다.

# 하늘에 도전한 알리바바 제국… 구름(雲)위의 말(馬)이 떨어지다

마윈(馬雲) 전 알리바바그룹 회장이 실종된 지 88일 만에 돌아왔다. 마윈은 행방이 묘연했다가 1월 20일 시골 교사들에게 화상으로 연설하는 모습으로 다시 등장했다. 앞서 중국 금융 당국은 알리바바의 핀테크 자회사 앤트그룹의 상장을 중단시키고, 반(反)독점법 위반 혐의로 알리바바에 대한 조사를 벌였다. 이후 중국에서 '재계의 신'이자 '작은 거인'으로 추앙받던 마윈은 하루아침에 돈과 명성을 잃고 자취를 감췄다.

## 馬, 중국 후진적 금융 감독 정책 맹비난

사건은 지난해 10월 24일 상하이에서 열린 '와이탄 금융서밋'에서 시작됐다. 당시 마윈은 '금융 안정'을 강조했던 시진핑(習近平) 중국 국가주석의 최측근 왕치산(王岐山) 국가부주석 앞에서 "당국이 지나치게 보수적인 금융 감독 정책을 취하고 있으며 시대의 흐름을 따르지 못하고 무능력하다"고 맹비난했다.

중국 증권감독관리위원회는 11월 3일 중국 중앙은행인 인민은행, 증권감독관리위원회, 은행보험관리감독위원회, 외환관리국 등 4개 기관이 앤트그룹을 실질적으로 통제하는 마윈과 주요 관계자들에 대한 '예약 면담'을 진행했다고 밝혔다. 그 이후로 마윈의 대외활동은 뚝 끊겼다.

당국은 앤트그룹의 상하이·홍콩 동시 상장을 전격 중단시켰다. 340억달러 규모의 세계 최대급 기업공개(IPO)가 무산되자 알리바바 주가는 곤두박질쳤고 마 전 회장의 재산은 120억달러가 증발했다. 알리바바는 반독점 위반 행위로 조사를 받았고 해체 위기에 몰렸다. 황금알을 낳는 온라인 대출사업을 중단하고 결제서비스인 알리페이(支付寶·즈푸바오) 사업만 하라는 당국의 지시가 떨어지면서 앤트그룹의 날개가 꺾였다.

## 공산당을 위협한 알리바바 제국

중국인 약 10억 명은 알리페이로 결제하고, 앤트그룹의 대출을 받은 개인은 약 5억 명, 중소기업은 2000만 곳 정도다. 여기서 축적된 빅데이터를 활용해 앤트그룹은 14억 거대시장에서 소비자들의 수요와 물류 흐름을 꿰뚫어 보면서 영토를 계속 넓혀갔다. 중국인들의 일상 소비와 금융을 공산당이 아닌 마윈이 지배하는 상황이 되었다.

이에 중국 당국의 경계심은 커졌다. 마윈의 개인

기업이 14억 중국인들의 금융 생활과 정보를 과도하게 지배하는 상황도 더 이상 두고 보기 어려웠다. 앤트그룹에 자산과 영향력을 빼앗긴 국유은행들도 반격을 원했다. 2019년부터 당국은 앤트그룹을 비롯한 빅테크 그룹들에 대한 규제를 준비하기 시작했다. 마윈의 10월 24일 연설은 당국의 규제가 조여 오는 상황에서 마윈 나름의 역습이었지만 결국 패배로 끝났다.

## 中, '전자결제 규제' 초안 발표

당국은 1월 20일 전자결제 기업에 대한 규제 초안을 발표했다. 마윈이 등장한 후 불과 몇 시간 만이었다. 당국에 미운털이 박힌 뒤 실종설이 제기됐던 마윈이 무사한 모습으로 다시 등장해 증권시장은 반색했으나, 중국은 보란 듯 마윈을 정조준한 규제를 내놓은 것이다.

당국은 전자결제 서비스를 계좌 개설과 결제 서비스 등 크게 두 가지로 구분했으며, 전자결제 업체는 신용대출을 하면 안 된다고 밝혔다. 또한 온라인 결제 시장에서 한 개 법인의 점유율이 50%를 넘거나 두 개 법인의 점유율이 합쳐서 3분의 2를 넘어가면 반독점 조사 대상이 된다. 독점으로 판단될 경우 인민은행은 조사에 착수할 수 있으며 당국에 해당 회사의 분할을 요청할 수 있다.

지난해 6월 기준 알리페이의 중국 모바일결제 시장 점유율은 55.4%다. 중국정부가 매기는 시장점유율의 기준은 아직 정해지지 않았지만, 이 규제가 실질적으로 알리페이 저격이라고 평가받는 이유다. 그뿐만 아니라 알리페이는 소액신용대출서비스 제베이와 화베이도 운영하는 상황이다.

## '중국'에 도전했던 기업인들의 몰락

중국에서 중국 공산당보다 더 큰 기업이나 개인은 있을 수 없다. 누구든지 중국 최고지도자에 도전하면 관용 없이 처리했다. 중국 부동산 부호였던 런즈창(任志强) 전 화위안그룹(華遠集團) 회장은 지난해 3월 중국 정부 코로나19 방역 대책을 비판하며 시 주석을 '벌거벗은 광대'에 빗댔다가 실종됐으며, 7월엔 당적이 박탈됐다. 실종 6개월 만인 2020년 9월 런즈창은 부패와 뇌물수수 혐의로 징역 18년형과 벌금 420만위안을 선고받으며 몰락했다.

2017년엔 중국 투자회사 밍톈그룹(明天集團)의 샤오젠화(肖建華) 회장 역시 돌연 실종돼 지금까지도 행적이 발견되지 않았다. 2020년 중국 당국은 밍톈그룹과 관련해 "금융시장 안전성을 심각하게 위협하고 있다"면서 "밍톈그룹 산하 9개 사를 정부가 직접 경영하겠다"고 밝혔다.

1995년 중국 최초의 인터넷 기업 차이나옐로페이지를 창업하고 4년 후 전자상거래 사이트 알리바바를 만들어 중국 최고의 기업으로 키운 마윈은 마지막으로 중국에 도전했지만 결국 무릎을 꿇었다. 앤트그룹은 사업 비중이 큰 소액 대출 등에서 손을 떼고 본연의 지불 결제 업무에 주력하게 될 전망이다. 이번 마윈 사태로 중국 규제 당국은 확실한 메시지를 보냈다. 중국에서는 어떤 것도 공산당보다 클 수 없다는 사실을.

# 독서를 위한 유급 휴가_
# 사가독서賜暇讀書

대학교수에게는 일반적으로 6년 이상 정규직으로 근무했을 경우 1년의 연구년(안식년)을 보낼 수 있는 자격이 주어진다. 연구년이란 교수들이 온전히 학문연구에만 몰두할 수 있도록 강의나 학업지도의 부담을 면제해주는 제도이다. 공무원도 5년 이상 재직했을 때 최대 1년간 자기계발을 위한 무급 휴직을 신청할 수 있다. 일반 직장인에게 너무나 매력적인 이 제도의 연원은 조선 시대의 사가독서제賜暇讀書制에서 찾을 수 있다.

'사가독서賜暇讀書'는 한자 뜻 그대로 관리들에게 휴가(暇)를 주어(賜) 독서와 학문연구에 전념할 수 있도록 한 일종의 유급휴직제도로, 세종世宗(조선 제4대 왕, 재위 1418~1450) 때 처음 시행하여 영조 英祖(조선 제21대 왕, 재위 1724~1776) 때 폐지될 때까지 340여 년 동안 시행되었다.

조선은 유교주의 국가로서 건국 이래 문文을 숭상하고 유교적 인재를 양성하는 것이 국가적 과업이었다. 세종이 집현전을 설치하여 집현전 학자들을 우대한 것도 이러한 이념 아래 이루어진 것이었다. 세종은 집현전의 젊고 유능한 인재들이 실무에 치인 나머지 학문연구와 성장에 악영향이 있을 것을 걱정하며 권채權採·신석견辛石堅·남수문

南秀文 등에게 다음과 같이 지시하였다.

"내가 너희들에게 집현관集賢官을 제수한 것은 나이가 젊고 장래가 있으므로 다만 글을 읽혀서 실제 효과가 있게 하고자 함이었다. 그러나 각각 직무로 인하여 아침저녁으로 독서에 전심할 겨를이 없으니, 지금부터는 본전本殿에 출근하지 말고 집에서 전심으로 글을 읽어 성과를 나타내어 내 뜻에 맞게 하고, 글 읽는 규범에 대해서는 변계량卞季良의 지도를 받도록 하라."[1]

처음에는 휴가자들이 집에서 글을 읽었으나(재가독서在家讀書) 김자金赭가 '집에 있으면 사물事物과 빈객賓客을 응접하지 않을 수 없어 산속의 고요한 절에서 읽는 것보다 못하다'고 아뢰자 세종은 1442년 신숙주申叔舟·박팽년朴彭年 등 6인에게 휴가를 줄 때는 북한산의 진관사津寬寺에서 하도록 지시하였다. 이를 상사독서上寺讀書라고 한다.

세조世祖(조선 제7대 왕, 재위 1455~1468) 때 잠시 중단되었던 사가독서제는 성종成宗(조선 제9대 왕, 재위 1469~1494) 때 다시 부활하였다. 증조할아버지인 세종만큼 호학(好學)의 군주였던 성종은 독서제를 위한 별도 공간 '독서당讀書堂'을 본격적으

---

1) 『世宗實錄』 卷34, 世宗 8年(1426) 12月 11日.

로 운영하였으며, 중종中宗(조선 제11대 왕, 재위 1506~1544) 때 설치된 동호독서당東湖讀書堂은 임진왜란으로 불에 타 없어지기 전까지 75년 동안 그 역할을 수행하였다.

▲ 독서당계회도讀書堂契會圖. 조선 시대 독서연구기관인 독서당을 배경으로 그린 계회도[2] (자료 : 문화재청)

현대인들에게 독서당의 존재는 집현전이나 규장각, 홍문관보다 덜 알려져 있지만 당대의 지위는 대단하였다. 사가독서자들은 정월이나 동지와 같이 전 관원이 참석해야 하는 행사 외에는 불참해도 된다는 특전이 있었으며, 왕은 수시로 선온宣醞(임금이 신하에게 술을 내려 주던 일, 또는 그 술)을 내려 위로하였고, 대개 당하관堂下官(정3품 이하~종9품) 이하였던 사가독서 참여자들은 당상관堂上官(정3품 이상)의 대우를 받았다.[3] 독서당을 경험한 이들의 면면도 매우 화려하여 신숙주·주세붕周世鵬·이황李滉·이이李珥·정철鄭澈·유성룡柳成龍 등 조선을 대표하는 학자들이 독서당을 거쳐 갔다. 이이의 저서 중『동호문답東湖問答』은 이이가 동호독서당에서 사가독서하며 지은 것이다.

현재 서울 성동구의 행당초등학교에서 한남동 76-6번지에 이르는 '독서당길'은 서울의 핫플레

▲ 서울 옥수동 독서당 터의 현재 모습 (자료 : 한국콘텐츠진흥원)

이스 중 한 곳이며, 독서당이 있었던 장소이다. 옥수역 3번 출구 근처에 가면 조선의 인재를 위한 전용 연구 공간이었던 독서당의 터를 만나볼 수 있다.

신민용
에듀윌 한국사교육연구소 연구원

2) 계회도契會圖란 같은 소속의 문인들끼리 친목 도모와 풍류를 즐기기 위해 가졌던 모임을 그린 것이다.
3) 서범종, 2003,「조선시대 사가독서제의 교육적 성격」『한국교육학연구』9권 2호, 안암교육학회, 16~17쪽.

# 刻舟求劍

새길 **각** 배 **주** 구할 **구** 칼 **검**

## 배에다 표시를 새기고 강에 빠뜨린 검을 찾는다

출전 : 『呂氏春秋』

춘추전국春秋戰國 시대 초楚나라의 한 젊은이가 배를 타고 강을 건너다 가지고 있던 칼을 실수로 빠뜨린다. 그는 즉시 칼을 떨어뜨린 곳을 확인하여 배에 표시를 새겼다. 강을 건너고 나서 표시한 곳에 가서 칼을 찾으려 했지만, 배가 움직인 것을 생각하지 않고 표시했으니 결국 칼을 찾을 수 없었다.

각주구검刻舟求劍은 칼을 강물에 떨어뜨리자 뱃전에 그 자리를 표시했다가 나중에 그 칼을 찾으러 간다는 뜻으로, 판단력이 둔하고 융통성이 없어 세상일에 어둡고 어리석다는 의미다. 이는 한 글자라도 고칠 수 있는 사람이 있으면 천금을 준다는 일자천금一字千金과 관련된 진나라 역사서인 『여씨춘추呂氏春秋』「찰금편察今編」에서 유래됐다.

각주구검은 흔히 어리석고 융통성 없는 사람이나 행위를 가리키지만 원래 뜻은 좀 다르다. 이 이야기 뒤에는 다음과 같은 말이 나온다. "옛 법을 가지고 나라를 다스리는 것은 이와 마찬가지이다. 시대는 지나갔지만 그 법은 변하지 않았으니 이로써 나라를 다스린다면 어찌 어렵지 않겠는가?" 즉 각주구검은 시대는 변하는데, 정작 우리는 변하지 않는 모습을 비판하는 말이다.

세상은 하루가 다르게 변하고 있다. 코로나19 쇼크가 오면서 세계는 다시 한번 격동의 시기를 맞이했다. 시간이 흘러가면 문화도 바뀌고 살아가는 방법도 바뀌게 된다. 흘러가는 강물처럼 현실은 매 순간 변하지만, 우리는 인식의 틀에 각인된 과거의 잔재를 현실이라 착각하고 그것으로 현실에 대처하려고 한다.

각인된 현실과 실제 현실이 별 차이가 없을 때는 문제가 되지 않지만, 그 차이가 클 때는 심각한 문제를 낳는다. 깨어 있는 마음으로 수시로 인식의 틀 자체를 점검하는 마음을 가질 때 각주구검의 오류를 최소화할 수 있다.

## 한자 돋보기

刻은 돼지(亥)를 자르다(刂)라는 뜻으로, 오늘날에는 '새기다'라는 의미로 사용된다.

새길 **각**
刂 총8획

- 刻骨難忘(각골난망) : 은혜에 대한 마음이 뼈에 새겨 잊지 않음
- 刻骨銘心(각골명심) : 마음속 깊이 새겨 둠

舟는 통나무배를 본뜬 글자로, '배'를 의미한다.

배 **주**
舟 총6획

- 吳越同舟(오월동주) : 뜻이 다른 사람들이 한자리에 모임
- 一月三舟(일월삼주) : 사람마다 견해가 다름

求는 털 가죽옷을 본뜬 글자로, 당시 털 가죽옷이 비싸 '구하다'라는 뜻으로 사용됐다.

구할 **구**
氺 총7획

- 緣木求魚(연목구어) : 목적과 수단이 일치하지 않음
- 苛斂誅求(가렴주구) : 가혹한 정치

劍은 양날(僉)에 날(刀)이 있다는 뜻으로 '검'을 의미한다.

칼 **검**
刂 총15획

- 口蜜腹劍(구밀복검) : 겉으로는 친절하나 마음속은 음흉함
- 見蚊拔劍(견문발검) : 작은 일에 큰 대책을 세움

## 유의어

수주대토(守株待兔)
교주고슬(膠柱鼓瑟)
미생지신(尾生之信)

## 반의어

임기응변(臨機應變)
간풍사범(看風使帆)

## 한자 상식+

### 고사성어 기출문제-2021 CBS 필기복원

**다음 중 고사와 관련 없는 성어는?**

① 刻舟求劍
② 我是他非
③ 吳越同舟
④ 三顧草廬

**답** ②

**해설** 각주구검은 『여씨춘추』 「찰금편」, 오월동주는 『손자』 「구지」, 삼고초려는 『출사표』에서 나온 말이다. 아시타비는 '내가 하면 로맨스, 남이 하면 불륜'을 성어로 표기한 신조어로, 교수신문이 선정한 2020년 올해의 사자성어로 뽑혔다.

# Books

## 『모래알만 한 진실 이라도』 | 박완서 저 | 세계사

올해는 한국 문학계에 한 획을 그은 소설가 박완서가 우리 곁을 떠난 지 10년이 되는 해다. 이를 기려 박완서의 산문 660여 편을 살펴 그중 35편을 선별한 책이 출간됐다. 박완서 에세이의 진솔한 정수가 담긴 이 책은 많은 이들에게 위로를 줄 것이다.

## 『관종의 조건』 | 임홍택 저 | 웨일북

많은 사람이 '관종'(관심을 받고 싶어 하는 욕구가 지나치게 높은 사람)의 의미를 부정적인 것으로 여기지만, 관종력이 중요한 역량인 시대가 왔다. 이 책은 관종의 부정적 의미를 뒤집고 시선을 끌고 승리를 거머쥐는 관종의 핵심 전략을 소개한다.

## 『2030 축의 전환』 | 마우로 F. 기엔 저·우진하 역 | 리더스북

세계적인 경영 석학 마우로 F. 기엔 와튼스쿨 교수가 파격적 통찰을 선보였다. 기엔 교수는 이 책을 통해 현재 진행 중인 많은 추세들이 2030년에 수렴하면 완전히 다른 개념들로 뒤바뀔 것이라며, 혼란을 헤쳐나가기 위한 전략을 제시한다.

# Exhibition

## 「아세안 거리음식 : 호로록 찹찹 오물오물」
| 아세안문화원 | 2020. 12. 22.~2021. 04. 11.

산해진미 아세안 거리음식을 현대미술로 맛보는 전시가 *아세안문화원에서 진행되고 있다. 그 나라의 음식은 그 나라의 문화를 담고 있기 마련이다. 특히 거리음식은 그 나라 주민들의 일상을 구체적으로 반영하고 있다. 이번 전시는 태국 현대미술가 한 명과 한국 현대미술가 다섯 팀이 아세안 거리음식을 주제로 창의적인 해석을 담은 작품들을 선보인다. 전시를 찾은 관람자들은 이들 작품을 통해 아세안 거리음식이 가진 지역적 특색과 이를 색다르고 매력적으로 해석한 예술가들의 작품을 감상해볼 수 있다.

*아세안문화원 : 한국과 동남아시아국가연합(ASEAN · 아세안)이 상호 교류 할 수 있는 쌍방향 국제교류 플랫폼으로서, 아세안 창설 50주년을 맞은 2017년에 개원하였다.

# Movie

▲ 「톰과 제리」 예고편 (예고편 영상 캡처)

## 「톰과 제리」

팀 스토리 감독 | 클로이 모레츠, 마이클 페냐, 켄 정 출연

전 세계가 사랑하는 라이벌 콤비이자 영원한 앙숙인 톰과 제리가 실사 애니메이션으로 돌아왔다. 1940년 첫 등장 이후 80년이 넘게 많은 이들의 사랑을 받아온 톰과 제리는 20C 최고의 애니메이션 중 하나로 손꼽히는 작품으로, *슬랩스틱 코미디의 전설로 일컬어 진다. 그간 다양한 시리즈 형태로 관객을 찾은 「톰과 제리」는 아카데미상 단편 애니메이션 부문에서 7번을 수상했고, 에미상에서도 7 번 수상했다. 한편, 「톰과 제리」가 실사로 관객을 찾는 것은 이번이 처음이다. 이번 영화는 뉴욕이라는 화려한 대도시를 배경으로 톰 과 제리가 유쾌한 이야기를 펼쳐 보인다.

*슬랩스틱 코미디(slapstick comedy) : 연기와 동작이 과장되고 소란스러운 희극으로, 영화 산업 초기의 무성 영화에 인기가 있었던 장 르다. 슬랩스틱 코미디 분야의 대표적인 배우로는 찰리 채플린을 들 수 있다.

# Concert

## 「한국인이 사랑하는 러시아 작곡가 시리즈 : 라흐마니노프」

| 예술의전당 콘서트홀 | 2021. 03. 21.

낭만주의 음악가 *세르게이 라흐마니노프의 음악을 몬테카를로 피아노 마스터즈 우 승자 세르게이 타라소프·퀸 엘리자베스 콩쿠르 특별상 박종해·하마마쓰 국제 콩쿠 르 우승자 일리야 라쉬코프스키가 연주한다. 3명이 연주하는 3곡의 피아노 협주곡은 「라흐마니노프 피아노 협주곡 2번」·「라흐마니노프 피아노 협주곡 3번」·「파가니니 주제에 의한 광시곡」이다. 지휘는 성기선이 맡았다. 라흐마니노프의 풍부한 선율성과 애수를 담은 서정성이 관객들의 마음을 울릴 예정이다.

*세르게이 라흐마니노프(Sergei Rachmaninoff, 1873~1943) : 러시아 출신의 피아니 스트로, 19C 차이콥스키가 구체화한 낭만주의 음악 어법의 마지막 작곡가였다.

# 1위 상식 월간지가 모바일에 쏙!

# 에듀윌
# 시사상식 앱

☑ 매월 업데이트 되는 HOT 시사뉴스

☑ 20개 분야 1007개 시사용어 사전

☑ 취업전문가의 명쾌한 무료 상식특강

## 확! 달라진 에듀윌 시사상식 앱

QR코드를 스캔 후 해당 아이콘 클릭하여 설치 or
구글 플레이스토어나 애플 앱스토어에서 '에듀윌 시사상식'을 검색하여 설치

시사상식 App

# 베스트셀러 1위! 에듀윌 취업

## 대기업 인적성 시리즈

**GSAT 삼성직무적성검사**
기본서

**GSAT 봉투모의고사**

**온라인 GSAT
파이널 모의고사**

**SKCT SK종합역량검사**
기본서

**대기업 인적성 통합**
기본서

**LG그룹 인적성검사**
기본서

**CJ그룹 종합적성검사**
기본서

**롯데 L-TAB 실전모의고사**

**끝까지 살아남는 대기업 자소서**

## 공기업 NCS 시리즈

**NCS BASIC | 모듈형**
기본서

**공기업 NCS 통합**
기본서 | 봉투모의고사

**한국철도공사**
기본서 | 봉투모의고사

**부산교통공사 | 서울교통공사**
봉투모의고사 | 추가특별판 봉투모의고사

**교통공사 통합**
봉투모의고사

**PSAT형 NCS
자료해석 실전 380제**

**국민건강보험공단**
기본서 | 봉투모의고사

**한국전력공사**
기본서 | 봉투모의고사

**한국수자원공사**
봉투모의고사

**한수원+5대 발전회사**
봉투모의고사 | 한수원특별판

**농협은행 | 지역농협 6급**
기본서 | 봉투모의고사

**한국토지주택공사**
봉투모의고사

**IBK기업은행**
봉투모의고사

**6대 출제사 기출PACK |
결정적 기출문제집**

**면접관이 말하는 NCS 자소서와 면접**
사무 · 행정 | 전기

취업, 공무원, 자격증 시험준비의 흐름을 바꾼 화제작!

# 에듀윌 히트교재 시리즈

에듀윌 교육출판연구소가 만든 히트교재 시리즈!
YES24, 교보문고, 알라딘, 인터파크, 영풍문고 등 전국 유명 온/오프라인 서점에서 절찬 판매 중!

공인중개사 기초서/기본서/핵심요약집/문제집/기출문제집/실전모의고사 외 12종

주택관리사 기초서/기본서/핵심요약집/문제집/기출문제집/실전모의고사

7·9급 공무원 기본서/단원별 기출&예상 문제집/기출문제집/기출팩/실전, 봉투모의고사

공무원 국어·영어·한국사 매일 기출한자/문법 필기노트/기출 영단어/빈문법/매일 3문 독해/킬러 모의고사/흐름노트

7급 공무원 PSAT 기본서/기출문제집

계리직 공무원 기본서/문제집/기출팩

군무원 기출문제집/모의고사

경찰공무원 기본서/기출문제집/모의고사/면접

소방공무원 기출문제집/모의고사

맞춤형 화장품 조제관리사

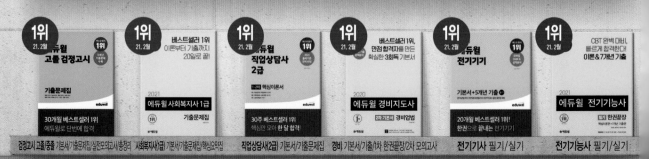

검정고시 고졸/중졸 기본서/기출문제집/실전모의고사/총정리

사회복지사1급 기본서/기출문제집/핵심요약집

직업상담사(2급) 기본서/기출문제집

경비 기본서/기출/1차 한권끝장/2차 모의고사

전기기사 필기/실기

전기기능사 필기/실기

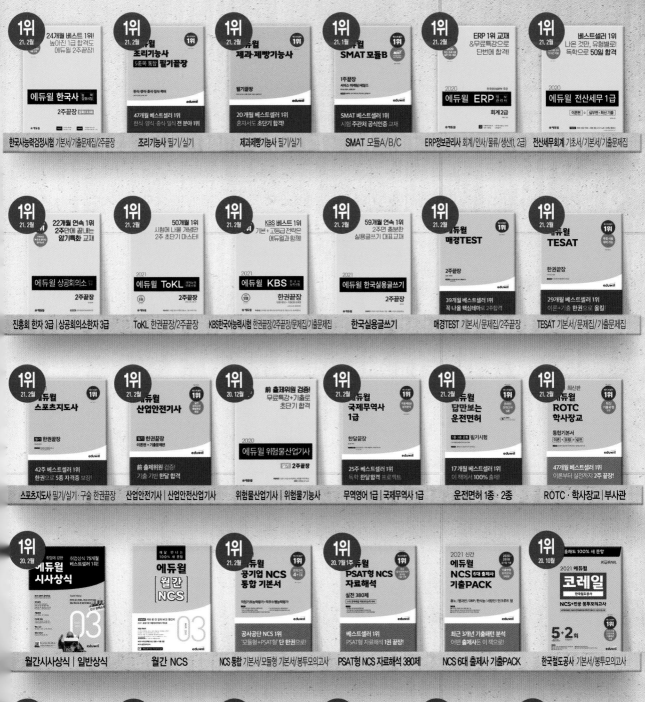

| 1위 24개월 베스트 1위 높아진 1급 합격도 에듀윌 2주끝장 | 1위 2월 조리기능사 5종목 통합 필기끝장 | 1위 2월 제과·제빵기능사 필기끝장 | 1위 2월 SMAT 모듈B | 1위 ERP 1위 교재 &무료특강으로 단번에 합격! | 1위 베스트셀러 1위 나온 것만, 유형별로 독학으로 50일 합격 |
|---|---|---|---|---|---|
| 에듀윌 한국사 2주끝장 | 47개월 베스트셀러 1위 한식 양식 중식 일식 전 분야 1위 | 20개월 베스트셀러 1위 혼자서도 초단기 합격! | SMAT 베스트셀러 1위 시험 주관처 공식인증 교재 | 2020 에듀윌 ERP 회계 2급 | 2020 에듀윌 전산세무 1급 |
| 한국사능력검정시험 기본서/기출문제집/2주끝장 | 조리기능사 필기/실기 | 제과제빵기능사 필기/실기 | SMAT 모듈A/B/C | ERP정보관리사 회계/인사/물류/생산(1, 2급) | 전산세무회계 기초서/기본서/기출문제집 |

| 1위 22개월 연속 1위 2주안에 끝내는 암기특화 교재 | 1위 50개월 1위 시험에 나올 개념만 2주 초단기 마스터 | 1위 KBS 베스트 1위 기본+고등급 전략은 에듀윌과 함께 | 1위 59개월 연속 1위 2주면 충분한 실용글쓰기 대표교재 | 1위 에듀윌 매경TEST 2주끝장 | 1위 에듀윌 TESAT 한권끝장 |
|---|---|---|---|---|---|
| 에듀윌 상공회의소 2주끝장 | 2021 에듀윌 ToKL 2주끝장 | 2021 에듀윌 KBS 한권끝장 | 2021 에듀윌 한국실용글쓰기 2주끝장 | 39개월 베스트셀러 1위 꼭 나올 핵심테마로 2주합격 | 29개월 베스트셀러 1위 이론+기출 한권으로 올킬 |
| 진흥회 한자 3급 \| 상공회의소한자 3급 | ToKL 한권끝장/2주끝장 | KBS한국어능력시험 한권끝장/2주끝장/문제집/기출문제집 | 한국실용글쓰기 | 매경TEST 기본서/문제집/2주끝장 | TESAT 기본서/문제집/기출문제집 |

| 1위 에듀윌 스포츠지도사 한권끝장 | 1위 에듀윌 산업안전기사 한권끝장 이론편+기출문제편 | 1위 前 출제위원 검증! 무료특강+기출로 초단기 합격 | 1위 에듀윌 국제무역사 1급 한달끝장 | 1위 에듀윌 답만보는 운전면허 필기시험 | 1위 최신판 에듀윌 ROTC 학사장교 통합기본서 이론+유형+실전 |
|---|---|---|---|---|---|
| 42주 베스트셀러 1위 한권으로 5종 자격증 보장! | 前 출제위원 검증! 기출 기반 한달 합격 | 2020 에듀윌 위험물산업기사 실기 2주끝장 | 25주 베스트셀러 1위 독학 한달합격 프로젝트 | 17개월 베스트셀러 1위 이 책에서 100% 출제! | 47개월 베스트셀러 1위 이론부터 실전까지 2주 끝장! |
| 스포츠지도사 필기/실기/구술 한권끝장 | 산업안전기사 \| 산업안전산업기사 | 위험물산업기사 \| 위험물기능사 | 무역영어 1급 \| 국제무역사 1급 | 운전면허 1종·2종 | ROTC·학사장교 \| 부사관 |

| 1위 에듀윌 시사상식 03 | 매달 만나는 에듀윌 월간 NCS 03 | 1위 에듀윌 공기업 NCS 통합 기본서 | 1위 에듀윌 PSAT형 NCS 자료해석 실전 380제 | 2021 신간 에듀윌 NCS 6대 출제사 기출PACK | 1위 올해도 100% 새 문항 2021 에듀윌 코레일 한국철도공사 NCS+전공 봉투모의고사 5+2회 |
|---|---|---|---|---|---|
| 취업에 강한 취업상식 75개월 베스트셀러 1위! | PSAT 표준 및 월간 NCS 열심히 공부 | 공사공단 NCS 1위 '모듈형+PSAT형' 단 한권으로! | 베스트셀러 1위 PSAT형 자료해석 1권 끝장! | 최근 3개년 기출패턴 분석 어떤 출제사도 이 책으로! | |
| 월간시사상식 \| 일반상식 | 월간 NCS | NCS통합 기본서/모듈형 기본서/봉투모의고사 | PSAT형 NCS 자료해석 380제 | NCS 6대 출제사 기출PACK | 한국철도공사 기본서/봉투모의고사 |

| 1위 에듀윌 국민건강 보험공단 NCS 봉투모의고사 4+2회 | 1위 2021 에듀윌 한국전력 공사 NCS+전공 봉투모의고사 5+3회 | 1위 2021 에듀윌 부산 교통공사 NCS+전공 봉투모의고사 4회+전공 | 1위 2021 에듀윌 GSAT 삼성직무적성검사 수리·추리 봉투모의고사 4+1회 | 1위 에듀윌 SKCT SK그룹 종합역량검사 최신기출유형+실전모의고사 4회 &직무모의고사 | 1위 최신판 에듀윌 끝까지 살아남는 대기업 자소서 |
|---|---|---|---|---|---|
| 국민건강보험공단 기본서/봉투모의고사 | 한국전력공사 \| 한수원 \| 수자원 | 서울교통공사 \| 부산교통공사 \| 교통공사통합 | GSAT 기본서/봉투모의고사/파이널 | 12개월 베스트셀러 1위 기출유형+직무 1주 끝장! 최종 합격을 만든! 자소서 멘토링 | 최종 합격을 만든! 자소서 멘토링 |
| | | | | LG \| SKCT \| CJ | NCS \| 대기업 자소서&면접 |